KNAUR

FLORIAN SCHWIECKER

MICHAEL TSOKOS

DIE LETZTE LÜGNERIN

Justiz-Krimi

KNAUR

Besuchen Sie uns im Internet:
www.knaur.de

Aus Verantwortung für die Umwelt hat sich die Verlagsgruppe Droemer Knaur zu einer nachhaltigen Buchproduktion verpflichtet. Der bewusste Umgang mit unseren Ressourcen, der Schutz unseres Klimas und der Natur gehören zu unseren obersten Unternehmenszielen. Gemeinsam mit unseren Partnern und Lieferanten setzen wir uns für eine klimaneutrale Buchproduktion ein, die den Erwerb von Klimazertifikaten zur Kompensation des CO_2-Ausstoßes einschließt. Weitere Informationen finden Sie unter: www.klimaneutralerverlag.de

FSC
www.fsc.org
MIX
Papier aus verantwortungsvollen Quellen
FSC® C014496

Originalausgabe März 2023
Knaur Taschenbuch

Ein Imprint der Verlagsgruppe
Droemer Knaur GmbH & Co. KG, München

Ein Projekt der AVA International GmbH Autoren- und Verlagsagentur
www.ava-international.de
Redaktion: Antje Steinhäuser
Covergestaltung: ZERO Werbeagentur, München
Coverabbildung: Collage unter Verwendung von Motiven von Tetra Images / Getty Images und Shutterstock.com
Satz: Sandra Hacke, Dachau
Druck und Bindung: GGP Media GmbH, Pößneck
ISBN 978-3-426-52845-7

2 4 5 3 1

TEIL EINS

DIE RÜGEN-GATE-AFFÄRE

I. KAPITEL

Berlin-Moabit, Kriminalgericht,
Schwurgerichtssaal 700: Mittwoch, 24. Februar

Mit dem Selbstverständnis des erfahrenen Strafverteidigers blickte Rocco Eberhardt von seinen Unterlagen auf. Er hatte im Laufe seiner Karriere Hunderte von Schlussplädoyers gehalten. Und in all den Jahren hatte ihn das Gericht in nur einem einzigen Fall mit dem Urteil überrascht. Heute würde es keine Überraschung geben. Da war Rocco sich sicher. Wenigstens drei der fünf Richter waren auf seiner Seite. Vielleicht sogar vier. Er ließ seinen Blick von links nach rechts über die Richterbank schweifen. Angefangen bei der Schöffin, die ihm von Anfang an interessiert zugehört hatte und seinen Blick auch jetzt mit einem aufmunternden Lächeln erwiderte. Dann kamen die drei Berufsrichter. In ihren langen schwarzen Roben thronten sie über der imposanten Richterbank des Schwurgerichtssaals 700. Zwei von ihnen, der Vorsitzende Richter in der Mitte und der junge Kollege zu seiner Linken, waren seiner Verteidigungslinie gleichfalls gefolgt. Ganz rechts saßen die beiden übrigen. Ein weiterer Berufsrichter und der zweite Schöffe. Rocco konnte sie nicht hundertprozentig einschätzen. Mit kritischen, geradezu abschätzigen Blicken schienen sie ihn zu beäugen.

Was soll's, dachte Rocco. *Drei zu zwei. Das reicht.*

Am Ende ging es nicht darum, wie hoch er siegte. Es kam einzig darauf an, dass er gewann. Ausschließlich das zählte für seine Statistik.

Er erhob sich von seinem Stuhl und blickte ein letztes Mal auf die Stichpunkte vor sich. Sie dienten lediglich seiner Sicherheit für den Fall, dass er, aus welchem Grund auch immer, den Faden verlieren würde. In großer Schrift hatte er die wesentlichen Aspekte in klaren Worten zusammengefasst. Allerdings glaubte er nicht, dass er seine Notizen brauchen würde. Rocco hielt seine Plädoyers immer frei. Und darauf war er verdammt stolz.

Er atmete tief ein, ehe er sich leicht nach rechts drehte und an das Gericht wandte.

Aufmerksam blickten ihn die fünf Richter an; ebenso die Staatsanwältin, die Rocco aus dem Augenwinkel wahrnahm.

Er lächelte selbstbewusst, als er mit seinem Schlussplädoyer beginnen wollte. Doch zu seiner Überraschung brachte er keinen Ton hervor. Er musste sich verschluckt haben.

Er räusperte sich kurz und setzte dann von Neuem an. Doch wieder wollte kein Laut über seine Lippen kommen. Rocco spürte, wie Unruhe in ihm aufstieg.

Wieso um alles in der Welt konnte er nicht sprechen? Wie konnte das sein? Was passierte hier gerade?

Er schloss die Augen und versuchte, seine Fassung zu bewahren. Dreimal atmete er tief ein und wieder aus.

Schon besser, dachte er. *Tiefes Atmen hilft immer!*

Und dem Gericht würde er seinen kurzen Aussetzer mit einer allergischen Attacke erklären können. Das sollte kein Problem sein. Mit noch immer geschlossenen Augen konzentrierte er sich wieder auf sein Plädoyer.

Womit hatte er beginnen wollen?

Rocco merkte, dass sein Puls anstieg und sein Herz zu rasen begann. O Gott, das konnte doch nicht sein. Jetzt hatte er auch das vergessen.

Die Aufzeichnungen. Seine Notizen. Die würden helfen!

Erleichtert, weil er sich alles aufgeschrieben hatte, öffnete Rocco wieder die Augen. Doch anstelle seines stichpunktartigen Manuskripts blickte er auf einen Stapel weißer Zettel. Ordentlich, geradezu rechtwinklig lagen sie vor ihm. Direkt daneben sein Montblanc-Kugelschreiber, den er sich damals zu seinem bestandenen juristischen Examen selbst geschenkt hatte und der für ihn eine Art Glücksbringer darstellte. Hektisch blätterte er durch die Seiten, doch nirgendwo konnte er seine Notizen finden.

War der Zettel vielleicht runtergefallen? Vergeblich suchte Rocco auf dem Boden unter dem Tisch.

Panik stieg in ihm auf. Wie sollte er seinen Mandanten verteidigen, wenn er nicht mehr sprechen konnte? Langsam drehte er sich um. Wie in Zeitlupe nahm er erst den Rand, dann die ganze Schutzscheibe der Kabine wahr, in der die Angeklagten untergebracht waren. Zunächst sah er nur schemenhaft die Silhouette eines Menschen. Doch langsam wurde das Bild schärfer. In einem grauen Anzug saß dort ein Mann. Ein Mann mit grauen, kurzen Haaren. Rocco konnte das Gesicht nicht erkennen. Er rieb sich die Augen, und die Züge wurden klarer. Und schließlich realisierte Rocco, wer da hinter ihm saß. Er stieß einen schrillen Schrei aus. Denn er sah direkt in die dunklen Augen seines Vaters.

Im nächsten Moment schreckte Rocco schweißgebadet aus seinem Albtraum auf.

2. KAPITEL

Berlin-Moabit, Institut für Rechtsmedizin:
Mittwoch, 24. Februar, 9.15 Uhr

Der Anblick, der sich Doktor Justus Jarmer bot, hätte bei den meisten Menschen Grauen hervorgerufen – wenn nicht gar nackte Panik, verbunden mit dem Wunsch, überall anders, nur nicht im Sektionssaal zu sein. Denn vor dem Facharzt am Berliner Institut für Rechtsmedizin lag auf dem blanken und auf Hochglanz polierten Stahl des Sektionstisches ein einzelner Kopf. Der Körper fehlte. Die Leichenfäulnisprozesse hatten das Gesicht des Kopfes fast aller Konturen beraubt. Nur an den Bartstoppeln konnte Jarmer erkennen, dass es sich um einen Mann handeln musste.

Der für jeden Außenstehenden abstoßende Anblick irritierte den erfahrenen Rechtsmediziner nicht im Geringsten. Er hatte im Laufe seiner Karriere Zehntausende von Leichen gesehen und Tausende selbst obduziert. Ein toter Körper war für ihn eine seelenlose Hülle und kein Mensch. Ohne diese Abstraktion wäre sein Job nicht zu ertragen. Seine Aufgabe war es, die Geschichte, die sich hinter dem Ableben der Person verbarg, zu ermitteln. Herauszufinden, wie der Betreffende aus dem Leben geschieden war. Die Bandbreite reichte dabei von natürlichen Todesfällen über Unfälle bis hin zu Suiziden und natürlich Mordfällen. In der Regel benötigten Jarmer und sein Team nicht viel Zeit, um die Todesursache festzustellen. Doch manchmal verhielt es sich anders. Dann galt es, Puzzlestück für Puzzlestück zusammenzusetzen. So lange, bis sich ein immer klareres Bild ergab. Und so schien es auch in diesem Fall zu sein. Denn der Anblick des bloßen Kopfes auf dem Sektionstisch vor ihm war für Doktor Justus Jarmer keineswegs alltäglich.

Was ist deine Geschichte?, fragte er sich und fuhr sich mit der Hand durch seine dunklen, an den Schläfen langsam grau werdenden Locken. Er warf einen prüfenden Blick auf den Kopf. Und als er ihn im Profil betrachtete, zuckte er zusammen. Irgendwie kamen ihm die Konturen der Gesichtslinie bekannt vor. Aber woher? Oder irrte er sich? Jarmer nahm den Kopf erneut in Augenschein. Doch dieses Mal kam er ihm völlig fremd vor. Er musste sich getäuscht haben. Der Fäulnisprozess hatte das Gesicht ohnehin so stark entstellt, dass es seiner ursprünglichen Form kaum noch gleichen konnte. Jarmer wischte den Gedanken beiseite. Er konnte den Toten unmöglich kennen. *Das war lediglich die Hülle, die nichts mehr mit dem einstigen Menschen gemein hatte.*

3. KAPITEL

Berlin-Charlottenburg, Fasanenstraße 72,
Kanzlei Eberhardt: Mittwoch, 24. Februar, 9.23 Uhr

Die Ereignisse der letzten Wochen in dem Fall Krampe hatten Rocco Eberhardt aller verbliebenen Energiereserven beraubt. Und der Albtraum der vergangenen Nacht hatte die Situation nicht verbessert. Eigentlich hatte Rocco nie Probleme mit seinem Schlaf gehabt. Und an Albträume konnte er sich bestenfalls aus seiner Kindheit erinnern.

Müde und erschöpft lehnte er sich über den Empfangstresen im Eingangsbereich seiner Kanzlei und sah zu Klara Schubert. Seine mittellangen schwarzen Haare waren matter als sonst und seine von Natur aus stets gebräunte Haut wirkte fahl. Das war ungewöhnlich. Vom Aussehen her kam er weniger nach seinem deutschen Vater als vielmehr nach seiner italienischen Mutter. Sein bester Freund Tobi sagte immer, er sähe so aus, als wäre er gerade aus dem Sommerurlaub gekommen.

Davon konnte heute allerdings keine Rede sein. Seine Bürochefin und langjährige Mitarbeiterin erwiderte seinen Blick und lächelte ihm über die Gläser ihrer schlichten und zugleich eleganten Brille aufmunternd zu.

»Alles klar, Chef, ich weiß Bescheid. Ich sage alle Termine für heute ab.« Mit einem leicht tadelnden Blick fügte Klara Schubert hinzu: »Und Sie sollten Ihr Telefon ausschalten und versuchen, sich ein bisschen Zeit für sich selbst zu nehmen. Sie sehen heute nicht gerade aus, als könnten Sie Bäume ausreißen.«

Sie kennt mich einfach viel zu gut, dachte Rocco, nickte dankbar und verschwand in seinem Büro. Seit nunmehr dreizehn Jahren bildeten er und Klara Schubert ein perfektes Team. Während er an vorderster Front im Gerichtssaal kämpfte, kümmerte sie sich um den ganzen Rest. Kennengelernt hatte Rocco sie während seines Referendariats, als er für drei Monate in einer Großkanzlei gearbeitet hatte, in der sie als Bürovorsteherin tätig war. Von Anbeginn hatte Klara den angehenden Juristen unterstützt, und als ihr Chef in Rente ging, war sie kurzerhand in Roccos Kanzlei gewechselt. Rocco wusste genau, was er an ihr hatte, und nahm sich vor, sie in der nächsten Woche einmal zum Essen bei ihrem Lieblings-Japaner einzuladen.

Aber nicht heute. Dafür fehlte ihm die Energie. Er klappte das MacBook zu und wollte gerade nach seiner Tasche greifen, als sein Telefon klingelte. Ein Blick auf das Display zeigte ihm, wer der Anrufer war: Sven Beister vom LKA, dem Landeskriminalamt. Rocco schüttelte ungläubig den Kopf. Erst der Albtraum und jetzt Beister. Das konnte kein Zufall sein. Das letzte Mal, als sie Kontakt hatten, ging es um Roccos Vater.

»Hey, wie geht's dir«, meldete sich Beister. »Gut, dass ich dich erreiche.«

Das bleibt abzuwarten, ging es Rocco durch den Kopf. Nach ihrer letzten Begegnung, bei der Beister vor allem herumgedruckst und geschwitzt hatte und alles andere als hilfreich gewesen war, hatte Rocco wenig Lust, mit dem Ermittler zu sprechen.

»Ich kann mir vorstellen, dass du nicht gerade auf meinen Anruf gewartet hast«, begann Beister.

Wenigstens schätzt er die Lage realistisch ein.

»Nach unserem letzten Treffen kann ich das gut verstehen. Aber das ist auch schon ein paar Monate her.« Beister machte eine Pause und Rocco hörte ihn tief durchatmen. »Hör mal, Rocco, es tut mir leid, dass ich dir damals nicht mehr zu dem Verfahren sagen konnte. Dem Ermittlungsverfahren gegen deinen Vater, meine ich. Von einem Tag auf den anderen ist das toxisch geworden.

Absolute Kommunikationssperre, auch innerhalb der Behörde. Und dann ging das einfach nicht mehr. Da hätte ich mich selbst ins Aus geschossen.«

»Und was hat sich da jetzt geändert?«, fragte Rocco etwas schroffer, als er es eigentlich beabsichtigt hatte.

»Ganz einfach. Ich habe jetzt einen neuen Chef. Der sieht das Ganze nicht nur entspannter, sondern treibt das Verfahren auch nicht wirklich voran. Und viel ist in den letzten Monaten ohnehin nicht passiert. Steht irgendwie still. Lediglich einen Hinweis haben wir erhalten. Einen Namen, mehr nicht. Carlo Junghans.«

»Junghans? Habe ich nie gehört!«, sagte Rocco. »Wer soll das sein?«

»Na ja, so ein Typ halt. Auf jeden Fall hat er wohl was in der Hand. Und das betrifft in erster Linie nicht einmal deinen Vater, sondern so, wie es aussieht, einen unserer verdienten Politiker.«

»Einen Politiker?«, fragte Rocco. »Wen denn?«

»Weiß ich auch nicht genau. Das hat mir meine Quelle nicht verraten. Aber dieser Politiker und dein Vater sollen … gemeinsam an einem Strang ziehen, um das mal vorsichtig auszudrücken.«

»Und was ist mit Bäumler? Ich meine Oberstaatsanwalt Doktor Bäumler. Hattest du nicht gesagt, der hätte ebenfalls was damit zu tun?«, hakte Rocco nach.

»Das hat sich wohl als Irrtum herausgestellt«, gab Beister zu.

»Und was habt ihr noch?«

»Nicht viel. Wir können das alles nicht wirklich einordnen. Alles, was wir gehört haben, ist, dass dieser Junghans mit dem, was er in der Hand hat, in Kürze an die Öffentlichkeit gehen wird.«

»Aber was das ist, weißt du nicht? Und natürlich habt ihr keine Ahnung, wo dieser Junghans jetzt ist«, fügte Rocco eher feststellend als fragend hinzu.

»Noch nicht. Aber da sind wir dran!«

Rocco wusste nicht, was er darauf erwidern sollte. Alles, was Beister ihm sagte, war denkbar vage. Selbst mit den übrigen Hinweisen, die er ihm schon vor einiger Zeit gegeben hatte, ergab sich kein klareres Bild. Beister hatte gemeint, dass Roccos Vater in einen Skandal von gigantischen Ausmaßen verwickelt wäre. Ein Politikum, das bis in die höchsten Regierungskreise reichte. Und jetzt warf er mit Junghans einen neuen Namen ins Feld, mit dem Rocco partout nichts anfangen konnte. Er merkte, wie die Unruhe, die er unterschwellig schon in den letzten Tagen gespürt hatte, weiter anstieg. Irgendwas ging hier vor sich, das spürte er. Aber was?

Da Beister offensichtlich nicht mehr zu bieten hatte, beschloss Rocco, das Gespräch zu beenden. Nachdem er aufgelegt hatte, nahm er seinen Mantel, verabschiedete sich von Klara und lief zu seinem Auto.

Wer war dieser Junghans? Bisher nur ein Name. Mehr nicht. Das musste Rocco ändern! Und er hatte auch eine Ahnung, wer ihm dabei helfen konnte.

4. KAPITEL

Berlin-Wilmersdorf, Tübinger Straße:
Mittwoch, 24. Februar, 9.37 Uhr

»Junghans? So wie der Funkuhr-Hersteller?«, fragte Tobi offensichtlich bester Laune.

»Genau«, erwiderte Rocco. Kaum mit seinem Auto zu Hause angekommen, hatte er seinen besten Freund angerufen. Die Sache mit Beister und seinem Vater beherrschte seine Gedanken und ließ ihm keine Ruhe. Er musste wissen, was es damit auf sich hatte. Und Tobi war nicht nur sein bester Freund, sondern auch einer der erfahrensten Privatdetektive Berlins. Die beiden kannten sich seit ihrer gemeinsamen Schulzeit und waren sich so nahe wie Brüder. Nach dem Abitur hatte Tobi, der mit richtigem Namen Tobias Baumann hieß, ein duales Studium bei der Polizei begonnen und sich dann als Kriminalkommissar schnell einen Namen unter den Berliner Ermittlern gemacht. Die vielen Regeln und starren Vorschriften, die seiner Meinung nach das ein oder andere Mal zu umständlichen und viel zu komplexen Verfahren geführt hatten, waren am Ende allerdings der Grund, weshalb er den Dienst quittierte und sich als Privatdetektiv selbstständig machte. Im Laufe der Jahre hatte Rocco ihn immer wieder in aufwendigen Strafverfahren beschäftigt und mehr als einmal war es nur Tobis Geschick und seinem sprichwörtlichen Spürsinn zu verdanken, dass er den entscheidenden Hinweis fand, den Rocco zu einem Sieg vor Gericht ummünzen konnte.

»Aber ich vermute, dass er nicht im Uhrengeschäft aktiv ist«, fuhr Rocco mit leicht ironischem Unterton fort. *Irgendwie tat es gut, mit Tobi zu sprechen.* Rocco merkte, dass er sich ein bisschen entspannte.

»Schön, dass wir das klären konnten«, nahm Tobi ungerührt den Ball auf. »Und wenn er schon nicht in Zeitmessern macht, was hat er jetzt mit der Sache mit deinem Vater zu tun?«

»Ich habe keine Ahnung«, gab Rocco zu und berichtete in knappen Sätzen von dem Telefonat mit Beister.

»Hm«, meinte Tobi. »Das ist wirklich nicht viel. Wundert mich direkt, dass Beister sich mit dem bisschen getraut hat, dich überhaupt anzurufen. Aber was soll's«, fügte er hinzu und pustete dabei deutlich wahrnehmbar Luft durch seine Lippen. »Wir hatten schon weit weniger Informationen in anderen Fällen und haben dann doch noch was ganz Brauchbares rausgefunden. Ich hör mich mal um.«

Tobi machte eine Pause, ehe er halb scherzend hinzufügte: »Aber wenn es aufwendiger wird, kann ich das nicht umsonst machen. Du weißt ja, ich habe eine anspruchsvolle Freundin. Und die möchte verwöhnt werden.«

Rocco schmunzelte. Tobi war seit einiger Zeit mit Roccos Schwester Alessia zusammen, und auch wenn ihm eine spitze Bemerkung wegen dessen kleiner Unverschämtheit auf der Zunge lag, verkniff er sie sich für den Moment.

»Gut, hör dich um«, erwiderte er deshalb nur. »Und dann sehen wir weiter. Fürs Erste schlage ich vor, wir treffen uns auf ein paar Steaks auf meiner Terrasse. Ich habe für heute in der Kanzlei Schluss gemacht und könnte später am Tag ein bisschen Gesellschaft gebrauchen.«

»Alles klar, bin gegen sechs bei dir«, erwiderte Tobi. »Irgendwie kommt mir der Name doch bekannt vor«, schob er dann zögerlich hinterher. »Ich weiß nicht genau, wieso, aber bis heute Abend kriege ich das raus.«

Nachdem sie aufgelegt hatten, musste Rocco wieder an seinen Vater denken. Viel zu lange hatten sie kein gutes Verhältnis zueinander gehabt. Seit jenem verhängnisvollen Tag, als er im späten

Teenageralter etwas gesehen hatte, was die Beziehung zu seinem Vater von einem Moment auf den anderen völlig zerstört hatte. Das hatte sich erst im Laufe des vergangenen Jahres geändert, als sie eher zufällig wieder zusammengefunden und sich einander angenähert hatten. Doch gerade als Rocco wieder Vertrauen in seinen Vater fassen wollte, hatte Beister ihn vertraulich informiert, dass gegen ihn ermittelt würde. Mittlerweile fragte sich Rocco, ob er seinen Vater womöglich überhaupt nicht richtig kannte.

5. KAPITEL

Berlin-Moabit, Institut für Rechtsmedizin:
Mittwoch, 24. Februar, 9.55 Uhr

»Ein klarer Fall von Mord, oder, Doktor Jarmer?«, fragte Jana Hardenberg. Die fünfunddreißigjährige Ermittlerin leitete die Untersuchung des Falles um den mysteriösen Toten. Wenngleich von diesem nicht wirklich viel zu sehen war. Denn alles, was vor ihnen auf dem Tisch lag, war lediglich sein Kopf.

Jarmer, der den Gedanken, dass ihm der Kopf bekannt vorkam, weiterhin erfolgreich beiseitegeschoben hatte, zog die Augenbrauen hoch. Dabei ließ er mit atemberaubender Geschwindigkeit einen Kugelschreiber um die Finger seiner rechten Hand kreisen. Eine Angewohnheit, die seit seiner Kindheit ein Zeichen höchster Konzentration darstellte. Dann blickte er zu seiner Sektionsassistentin, Jeanine Öttinger, hinüber, ganz so als wollte er sie bitten, auf die Frage der Beamtin zu antworten. Öttinger verstand sofort und wandte sich an Hardenberg.

»Auch wenn es auf den ersten Blick so scheinen mag, können wir da noch nicht sicher sein«, sagte sie selbstbewusst und mit einem verschmitzten Lächeln.

»Ach kommen Sie«, lachte Hardenberg. »Sie wollen doch nicht behaupten, dass er sich selbst den Kopf abgesägt und dann in den Fluss geworfen hat. Das hier ist nicht Klaus Störtebeker.«

»Vermutlich ist er das nicht. Und der hat sich im Übrigen auch nicht selbst enthauptet«, gab Jarmer zurück. »Aber sicher können wir erst sein, wenn wir ihn obduziert haben.« Langsam ging er um den Sektionstisch herum und betrachtete den vor ihm liegenden Kopf erneut von allen Seiten. *Eine ungewöhnliche Leiche,* dachte er und erinnerte sich dabei an die Ausführungen einer Professorin an der Uni, die ihren Studentinnen und Studenten seinerzeit den Unterschied zwischen Leichenteilen und Leichen erklärt hatte. *Um eine Leiche handelt es sich auch bei einem einzelnen Körperteil immer dann,* hatte sie ausgeführt, *wenn der Mensch ohne ebendiesen Körperteil nicht lebensfähig wäre.* Und Jarmer ergänzte in Gedanken: *Was zweifellos auf einen Kopf zutrifft.*

»Frau Hauptkommissarin«, wandte sich Jarmer schließlich an die Ermittlerin. »Bevor wir mit der eigentlichen Untersuchung beginnen, möchte ich Sie bitten, uns noch einmal genau zu erzählen, unter welchen Umständen dieser Kopf gefunden wurde. Jede Einzelheit könnte uns dabei helfen, das Puzzle zu einem Bild zusammenzufügen, denn das, was ich bisher der Ermittlungsakte zu den Fundumständen entnehmen konnte, ist eher rudimentär und vermutlich gibt es mittlerweile neue Erkenntnisse und Ermittlungsergebnisse Ihrerseits.«

Hardenberg nickte, griff in die Tasche ihrer tailliert geschnittenen Allzweckjacke und fischte ein kleines, abgegriffenes Notizbuch heraus. Für einen kurzen Moment blätterte sie in den Seiten, ganz offensichtlich auf der Suche nach dem entsprechenden Eintrag.

»Also«, räusperte sie sich. »Gestern, gegen 15 Uhr, erhielten wir über die Notrufnummer den Anruf eines Ehepaares. Die beiden hatten bei ihrem Spaziergang an der Havel unweit des Grunewaldturms etwas im Schilf gesehen. Nach näherer Betrachtung hatten sie dieses Etwas als einzelnen Kopf ausgemacht, waren sich aber nicht sicher, ob es sich dabei um einen echten Kopf oder um eine Attrappe handelte. Sie haben dann erst vorsichtig mit einem Zweig darin herumgestochert und schließlich den Notruf gewählt. Kurze Zeit später traf ein Streifenwagen ein und die Kollegen haben sehr schnell festgestellt, dass der Kopf tatsächlich echt ist.« Hardenberg blickte kurz auf und zog ihre Augenbrauen hoch. »Also, von einem echten Menschen, meine ich.«

Sie blätterte wieder in ihrem Notizbuch, ehe sie fortfuhr. »Polizeihauptmeisterin Böhning hat daraufhin die Kollegen von der Sofortbearbeitung eingeschaltet und schließlich ist der Fall bei mir gelandet.«

»Das ist also tatsächlich alles, was wir bisher wissen. Weiß Gott nicht viel«, sagte Jarmer mehr zu sich selbst. »Keine Hinweise, wer das ist, keine Ahnung, woher er kommt, keine Hintergründe dazu, wie er seinen Kopf verloren hat. Wo der Rest des Körpers ist? Wir wissen nichts. Oder?«

»Ganz genau«, erwiderte Hardenberg. »Rein gar nichts. Und deshalb, Herr Jarmer, setzen wir alles auf Ihre rechtsmedizinischen Fähigkeiten. Und natürlich auf die von Frau Öttinger«

»Na, wenn Sie sich da mal nicht zu viel versprechen«, entgegnete Jarmer, während er sich bereits in Richtung seiner Mitarbeiterin drehte.

»Also, Frau Öttinger, lassen Sie uns beginnen.«

Jarmer nahm den Kopf jetzt genau in Augenschein. Es war wahrlich kein schöner Anblick und er war tatsächlich überrascht, dass Hardenberg so gelassen mit der Situation umging. Der Anblick einer Wasserleiche ist sogar für erfahrene Mediziner schwer zu ertragen, geschweige denn für Laien. Und selbst wenn Hardenberg in ihrer Laufbahn zahlreiche Tote gesehen hatte, musste der vorliegende Fall für sie ungewöhnlich sein. Die Haare waren zum Großteil ausgefallen, weshalb sich die Haarlänge nicht mehr eindeutig feststellen ließ. Und auch in Bezug auf die Haarfarbe war Jarmer sich nicht sicher. Er konnte bestenfalls mutmaßen, dass die Haare einmal braun gewesen sein könnten. Außerdem hatte das Wasser die Haut des Kopfes aufgeweicht und die Gesichtshaut in eine graue Substanz verwandelt, die an Gummi erinnerte. Die glasigen, nahezu pupillenlosen Augen quollen aus den Höhlen hervor. Die Hornhäute waren milchig-trüb und hatten ihren Glanz völlig verloren.

Was soll's, dachte Jarmer. *Bevor ich mir weitere Gedanken mache, werde ich das Ganze dokumentieren. Ansonsten verschwende ich zu viel Zeit, denn nach dieser habe ich noch zwei weitere Leichen, die ich untersuchen muss.*

Er griff zu seinem silbernen Diktiergerät, schob den Schalter in die Aufnahmeposition und begann damit, die Ergebnisse der Untersuchung aufzuzeichnen. Seine Stimme wandelte sich dabei von einer natürlichen Sprechweise in einen monotonen Fluss, der sämtlicher Emotion beraubt schien.

»Äußere Besichtigung«, startete er die Aufnahme. »Die Augen geöffnet. Vorquellung der Augäpfel, die Hornhäute milchig getrübt, die Augenbindehäute wie ausgewaschen, blass, nicht mehr beurteilbar. Die gesamte Oberhaut von Kopf und Hals, einschließlich Gesicht und behaarter Kopfhaut, fäulnisverändert, grünlich-gräulich, schmierig erweicht und leicht ablösbar.«

»Das ist wirklich erschreckend«, fiel ihm Hardenberg ins Wort, was ihr einen missbilligenden Blick von Jarmer einbrachte. Er spulte die Aufnahme kurz zurück, an den Punkt, bevor die Ermittlerin ihn unterbrochen hatte.

»Was ist erschreckend?«

»Verzeihung, ich wollte Sie nicht stören. Aber irgendwie kann ich nicht verstehen, wie Sie es schaffen, derart nüchtern über diesen Toten zu sprechen.«

»Das«, erwiderte Jarmer leicht genervt, »kann ich Ihnen ganz einfach erklären. Für mich ist der Tote nichts anderes als eine seelenlose Hülle. Ähnlich wie für Sie in Ihrer Polizeiarbeit ein Beweismittel, das ich untersuche, um dem Rätsel des Ablebens eines zuvor noch lebendigen Menschen auf die Spur zu kommen.«

Er hielt für einen Moment inne. »Ohne Abstraktion ist dieser Beruf kaum auszuhalten. Zumindest dann nicht, wenn man seine fünf Sinne zusammenhalten und angesichts der Brutalität und des Bösen, das manche Menschen anderen antun, seine Objektivität nicht verlieren will.« Er schaute Hardenberg direkt in die Augen. »Und darum geht es hier ja wohl. Objektivität. Denn nur so können wir herausbekommen, wie unser Mann hier aus dem Leben geschieden ist.«

Dann wandte er sich wieder dem in der Mitte des Sektionstisches liegenden Kopf zu und fuhr mit seiner Untersuchung fort.

»Fehlen von Haut- und Weichteilstrukturen im Bereich der Nasenspitze und des Nasenrückens. Freiliegen des knöchernen Nasenskeletts und der Nasenscheidewand. Freiliegen des jauchig erweichten Unterhautgewebes im rechten Kieferwinkelbereich. Entsprechender Befund unterhalb des Kinns in der linksseitigen Wangenregion mit Freiliegen der Kiefermuskulatur. Die Zähne des linken Oberkieferquadranten liegen durch den Verlust der Oberlippe im korrespondierenden Bereich frei.«

Während Jarmer in einem Wechsel von Untersuchung und Diktat mit der Obduktion fortfuhr, machte Hardenberg sich Notizen.

»Sagen Sie, Doktor Jarmer, wie wurde der Mann denn nun umgebracht? Ich meine, können Sie sagen, auf welche Art er getötet wurde? Oder sollte ich sagen, auf welche Art er hingerichtet wurde?«

Jarmer hielt mit seiner Untersuchung erneut inne. Langsam sah er auf. »Frau Hauptkommissarin Hardenberg«, begann er mit ruhiger Stimme. »Ich bitte Sie, sich für einen Moment zu gedulden. Oder für zwei. Wir sind noch mitten in der Untersuchung. Aber …«, sagte er dann, »… ich habe so langsam eine Vermutung, was dahinterstecken könnte. Bis dahin: bitte keine voreiligen Schlussfolgerungen.«

»So, so«, entgegnete die Beamtin. »Und was genau vermuten Sie?«

»Geduld. Nur ein bisschen Geduld«, erwiderte Jarmer, ehe er sich der weiteren Untersuchung des Kopfes widmete.

»Die rechte Ohrmuschel intakt. Beide Ohrläppchen nicht angewachsen, keine präformierten Löcher im Sinne von Hinweis auf früher getragenen Ohrschmuck. Die linksseitige Ohrmuschel weist grobfetzige Defekte in ihren äußeren Anteilen auf, keine Unterblutungen. Das hier freiliegende Weichgewebe hellgrünlich-gräulich imponierend.«

»Was bedeutet all das?«, unterbrach Hardenberg Jarmers Diktat. »Welche Hinweise gibt uns das auf die Art und Weise, wie unser Mann getötet wurde?«

»Das bedeutet, dass dieser Defekt grobsichtig sehr wahrscheinlich auf postmortalen Tierfraß zurückzuführen ist.«

»Er wurde von Tieren aufgefressen?« Angeekelt sah Hardenberg Jarmer an.

»Nicht *aufgefressen*«, gab dieser zurück. »Aber, um es mit einfachen Worten zu sagen: angeknabbert.«

Aus dem Augenwinkel sah Jarmer, wie die Kriminalbeamtin sich demonstrativ schüttelte. Ungerührt widmete er sich weiter der Untersuchung des Kopfes.

»Eigenes, festsitzendes Gebiss des Oberkiefers«, diktierte er weiter. »Der erste Schneidezahn des rechten Unterkieferquadranten fehlt, das dazugehörige Zahnfach ist offen. Im linken unteren Quadranten vollständiges, eigenes Gebiss.«

Jarmer fuhr noch etwa zehn Minuten weiter mit der Untersuchung fort. Dann wandte er sich an Hardenberg, die nach der letzten Unterbrechung auffallend still geworden war. Augenscheinlich hatte sie inzwischen selbst begriffen, dass sie Jarmer besser erst mal einfach seine Arbeit tun lassen sollte.

»Nun, damit wären wir fertig.«

»Ach ja?«, fragte Hardenberg neugierig. »Und, zu welchem Ergebnis sind *wir* gekommen?«

»*Wir*«, betonte Jarmer, »haben folgende Vermutung: Der Tote hat sich selbst das Leben genommen.«

6. KAPITEL

Berlin-Wilmersdorf, Tübinger Straße:
Mittwoch, 24. Februar, 18.25 Uhr

»Pünktlich wie ein Schweizer Uhrwerk«, zog Rocco seinen Freund auf, der eine knappe halbe Stunde später als vereinbart gekommen war. Da Tobi ansonsten immer überpünktlich war, vermutete Rocco, dass es dafür eine Erklärung geben musste.

»Sehr komisch«, antwortete dieser und streifte die Sneaker von seinen Füßen. »Anstatt mir dumm zu kommen, könntest du mir lieber was zu trinken anbieten.« Rocco meinte eine Spur von Gereiztheit in Tobis Stimme zu erkennen. Sein alter Freund schlüpfte aus seiner Jacke und hängte sie über den an der Wand angeschraubten Haken. »Und ja, wenn du mich so fragst, es gibt einen Grund, warum ich erst jetzt komme. Und ja, der hat auch was mit dir zu tun.« Tobi machte eine kurze Pause, ehe er, jetzt in einem deutlich versöhnlicheren Ton fortfuhr: »Und ja, da du es ohnehin vorschlagen wolltest: Ich nehme gerne einen Gin Tonic. Haste noch Monkey 47 da?«

Rocco musste schmunzeln. Er lief durch seinen Flur bis in das große, helle Wohnzimmer. Auf der rechten Seite lag eine offene Küche, die durch einen großen Tresen vom Essbereich getrennt war. Linker Hand konnte man durch bodentiefe Fenster auf die über zwanzig Quadratmeter große Terrasse blicken. Rocco schätzte sie sehr, denn sie war knapp eine Etage über den anderen Dächern gelegen, sodass sie nahezu uneinsehbar war.

»Machst du dir selbst einen Drink?«, fragte Rocco. »Deine Mischung ist irgendwie besser. Und mir bitte auch einen, du weißt ja, wo alles steht.«

»Na, endlich gibst du das mal zu«, lachte Tobi. Er öffnete den Kühlschrank, holte den Monkey 47 und zwei kleine Flaschen mit Fentimans Dry Tonic Water heraus.

Rocco schob unterdessen zwei Scheite in den alten gusseisernen Kaminofen. Er ließ die beiden Metalltüren leicht geöffnet, sodass man sehen konnte, wie das Holz Feuer fing, bis es kurz darauf mit lautem Knistern lichterloh brannte.

»Grillen oder braten?«, fragte Tobi und schaute skeptisch durch das schräge Küchenfenster in den dunklen Berliner Nachthimmel. Es hatte gerade zu nieseln begonnen.

»Grillen«, erwiderte Rocco und nahm seinem Freund einen der beiden Drinks aus der Hand. »Aber lass uns mal noch ein bisschen warten, es hört sicher bald auf zu regnen.«

»Deal«, sagte Tobi und prostete Rocco zu.

»Und«, hakte der nach, »hat deine Verspätung was mit Junghans zu tun? Hast du was über ihn in Erfahrung bringen können?«

»Wäre dir das denn was wert?«

»Steaks und Longdrinks«, entgegnete Rocco.

Gespielt enttäuscht blickte Tobi auf den Boden und schüttelte den Kopf. Dann sah er aber auf und lächelte Rocco direkt ins Gesicht.

Er weiß was, dachte Rocco und freute sich. *Und auch wenn er mich eine Weile auf die Folter spannen will, wird er es mir erzählen. Er kann eh nichts für sich behalten.*

»Also gut«, fing Tobi an. »Ich hatte dir ja gesagt, dass mir der Name bekannt vorkam, und ich habe mich nicht getäuscht.«

Er nahm einen großen Schluck von seinem Drink, ehe er fortfuhr.

»Ich habe ein paar Jungs bei der Kripo angerufen, die ich noch von früher kenne, bin da allerdings nicht weitergekommen. Junghans gibt es in Berlin wie Sand am Meer und ohne weitere Hinweise macht das keinen Sinn.«

»Und dann?«

»Dann habe ich mich ein bisschen in den Wettbüros und am Stutti umgehört. Und siehe da: Volltreffer!«

»Wieso gerade am Stuttgarter Platz?«, fragte Rocco.

»Irgendwie hatte ich das Gefühl, den Namen schon mal gehört zu haben. Also habe ich kurzerhand die üblichen Verdächtigen in Berlin durchtelefoniert. Du weißt schon, Kneipen und Bars, in denen nicht nur Universitätsprofessoren abhängen.«

»Ah«, nickte Rocco. »Verstehe. Und was hast du rausbekommen?«

Rocco merkte, dass er innerlich immer angespannter wurde. Er hatte zwar in den vergangenen Wochen die Sache mit seinem Vater erfolgreich verdrängt und während des Prozesses in der Sache Krampe kaum daran gedacht. Doch jetzt hing sie irgendwie bedrohlich über ihm. Wie eine schwarze Wolke, die immer größer wurde.

Drei Minuten später und nachdem er auf blumige Art und Weise – und ganz offensichtlich, um Rocco weiter auf die Folter zu spannen – die Qualität seiner eigenen Arbeit gelobt hatte, war Tobi dann so weit.

»Also, Junghans ist der Mann, den du anrufst, wenn du verdeckte Film- oder Tonaufnahmen benötigst. Er scheint ein absoluter Magier zu sein, wenn es darum geht, unauffällig Aufzeichnungen anzufertigen. Egal wo. Mein Kontakt meinte, er könnte eine Linse in einem Reiskorn verstecken und niemand würde etwas merken.«

»Okay«, sagte Rocco nachdenklich. »Meinst du, dass er genau das gemacht hat? Ich meine, ein Video gedreht? Von diesem Politiker, den Beister erwähnt hat?« Sein Bauch krampfte sich zusammen. Er hatte die Befürchtung, dass es vielleicht nicht nur der Politiker war, den Junghans gefilmt haben könnte, sondern auch sein Vater. »Klingt tatsächlich so, als könnte das der richtige Junghans sein«, fuhr er fort und versuchte dabei, so ruhig wie möglich zu bleiben. »Hast du auch herausbekommen, wo wir ihn erreichen?«

»Na ja, in gewisser Weise schon.«

»Und?«

»Nirgendwo«, erwiderte Tobi. »Er ist seit drei Tagen von der Bildfläche verschwunden.«

7. KAPITEL

Berlin-Moabit, Institut für Rechtsmedizin:
Mittwoch, 24. Februar, 19.03 Uhr

Nachdenklich klappte Jarmer die Akte vor sich auf. Er wollte sich den Obduktionsbericht des Kopfes ohne Körper noch einmal ansehen und überprüfen, welche Hinweise für seine These sprachen. Entgegen der Einschätzung von Hauptkommissarin Hardenberg, dass dies wohl nicht sein könnte, war er sich nahezu sicher, dass sie es hier mit einem Suizid zu tun hatten. Ungewöhnlich zwar, aber keineswegs ausgeschlossen.

Aufgrund seiner Erfahrung wusste er, dass die Täter sich bei Mord durch Enthauptung in der Regel einer Kettensäge, einer Axt oder eines Beils bedienten. Und all diese Werkzeuge hinterließen charakteristische Spuren an Weichgewebe und Knochen. In ihrem Fall konnte er keine entsprechenden Hinweise an dem Kopf finden. Allerdings waren die Weichteile an der Abtrennungsstelle am Kopf schon so stark verfault, dass auch das Fehlen solcher Spuren keine sichere Schlussfolgerung zuließ.

Was die Bestimmung des Todeszeitpunktes betraf, gab es allerdings einen Hinweis, der Jarmer eine zumindest sehr grobe Beurteilung ermöglichte. Anhand des Ausmaßes der Fäulnisveränderungen und der Algenbesiedlung schätzte er, dass sich der Kopf zwischen zwei und fünf Wochen im Wasser befunden haben musste.

Der eigentliche Trumpf, den er noch in der Hinterhand hielt, war indessen ein ganz anderer. Jarmer war sich sicher, dass er über den Zahnstatus, also das Gebiss des Toten, seiner Identität auf die Spur kommen würde. Und seine Erfahrung sagte ihm, dass sie nach Klärung der Identität auch weitere Hinweise finden würden, um die entscheidende Frage zu beantworten: Handelte es sich tatsächlich um einen Suizid, wie Jarmer aufgrund der fehlenden Spuren eines typischen Mordwerkzeugs vermutete? Oder war der Mann doch ermordet worden?

8. KAPITEL

Berlin-Kladow, Uferpromenade:
Donnerstag, 25. Februar, 6.53 Uhr

Die Grenze zwischen Berlin und Brandenburg lief mitten durch den Groß Glienicker See. Bis 1989 tummelten sich jeden Sommer auf der Kladower Seite Hunderte von Badegästen, während auf der Glienicker Seite Soldaten der DDR-Grenztruppen das Ufer vor möglichen Republikflüchtigen sicherten.

Kaum zu glauben, dachte Helmut Eberhardt, *dass die Mauer jetzt schon länger gefallen ist, als sie jemals gestanden hat, während er mit der Hand durch seine kurz geschnittenen silbergrauen Haare fuhr. Und noch immer ist das Land nicht wieder vollständig zusammengewachsen.*

Mit der Spitze seines wildledernen Penny Loafers kickte er einen Stein über den sandigen Strand in das seichte Wasser des Badesees. Eberhardt, der in der Nähe von Lübeck in Schleswig-Holstein geboren und aufgewachsen war, hatte selbst Familie in der ehemaligen DDR gehabt.

Familie!, dachte er und schüttelte den Kopf. In der Vergangenheit, im Jahr 1995, hatte es einen schweren Bruch in seiner eigenen Familie gegeben. Von einem Tag auf den anderen war alles anders gewesen als zuvor. Sein Sohn Rocco, auf den er so stolz war, hatte sich im Alter von sechzehn Jahren völlig unerwartet von ihm abgewendet. Ja, er hatte sogar alles dafür getan, ihn lächerlich aussehen zu lassen. In den Schulferien vor vielen Jahren hatte er mit Rocco vereinbart, dass dieser ein Praktikum in ihrem Familienunternehmen ableisten sollte. Über Wochen hatten sie kaum über etwas anderes geredet. Beide freuten sich sehr darauf und Rocco tat alles, um sich gründlich vorzubereiten. In Eberhardt senior wuchs die Hoffnung, dass Rocco irgendwann einmal sein Nachfolger werden und seine Firma übernehmen könnte. Er wollte ihm in den zwei Wochen alles zeigen. Rocco sollte in den unterschiedlichen Abteilungen nicht nur reinschnuppern, sondern auch mitarbeiten.

Und dann war mit einem Mal nichts mehr wie vorher. Von einem Tag auf den anderen, unmittelbar vor dem Praktikum, hatte Rocco sich verändert. Er sprach nur noch das Nötigste mit ihm und zeigte ihm ansonsten die kalte Schulter. Das Praktikum verwendete er darauf, seinen Vater vor den Mitarbeitern zu blamieren und allen zu zeigen, dass er ihn offenbar verachtete.

Helmut Eberhardt hatte gehofft, das würde vorübergehen, doch auch als Rocco älter wurde, änderte sich nichts. Es brach ihm das Herz zu sehen, wie sein Sohn ihn aus seinem Leben ausschloss und ihm keine Chance gab zu verstehen, was die Ursache des Ganzen war. Über Jahre hatten sie kaum miteinander gesprochen, nur das Nötigste anlässlich von Familienfeiern. Ansonsten waren sie sich aus dem Weg gegangen.

Erst im vergangenen Jahr hatten sie wieder begonnen, eine Beziehung zueinander aufzubauen. Der Anlass war alles andere als ein glücklicher. Alessia, seine Tochter und Roccos Schwester, wäre um ein Haar den Folgen eines Attentats erlegen, und die Sorge um sie hatte zu einer Aussprache zwischen Rocco und ihm geführt. Und erst zu diesem Zeitpunkt war Rocco mit der Sprache herausgerückt, was damals zu dem Bruch geführt hatte. Er hatte seinen Vater erwischt, wie dieser die Hand einer anderen Frau hielt. Rocco war zufällig an dem Restaurant vorbeigekommen und hatte die beiden von der Straße aus beobachtet.

Es fiel Helmut Eberhardt schwer, diese Geschichte aus dem Mund seines Sohnes zu hören. Denn obwohl seine Ehe mit Roccos Mutter in jener Zeit tatsächlich nicht auf stabilen Füßen stand, hatte Rocco die Situation einfach für sich bewertet und seinem Vater nie die Gelegenheit gegeben, sie zu erklären. Es kostete Helmut Eberhardt enorme Kraft, die Vergangenheit ruhen zu lassen, die verlorene Zeit mit seinem Sohn zu akzeptieren und nach vorne zu schauen. Aber in den vergangenen drei Monaten hatte er Rocco häufiger gesehen als in den zwanzig Jahren zuvor. Es war ein gutes Gefühl, zu sehen, wie die Familie wieder zusammenfand.

Eberhardt ließ seinen Blick über den See gleiten. Über den Wipfeln der Bäume auf der Glienicker Seite erhob sich langsam die Sonne und tauchte die imposanten Villen, die auf riesigen Grundstücken das Ufer säumten, in ein sanftes Licht. Die meisten davon waren, ebenso wie das Traumhaus, das er hier für seine Familie gebaut hatte, nach dem Fall der Mauer errichtet worden. Gemessen an der Fläche, die sie einnahmen, boten sie aber nur wenigen Familien Platz.

Ganz im Gegensatz zu den weiteren Wohnhäusern, die seit einiger Zeit unweit von hier auf dem Gelände des ehemaligen Flughafens Gatow errichtet wurden. Und denen zukünftig noch an vielen Orten in Berlin weitere folgen sollten. Wenn alles nach Plan lief. Eberhardt war Geschäftsmann. Schon immer gewesen. Und Bauen lohnte sich. Jedes Jahr mehr. Zumindest in Berlin. Das Problem waren einzig und alleine die Grundstücke, die zum Eigentum der Stadt gehörten. Die Unentschlossenheit der Politiker führte von einer Sackgasse in die nächste. Und dass die Beteiligung der Bürger durch diese mehr schlecht als recht vorbereiteten Volksentscheide in den seltensten Fällen zu einem vernünftigen Ergebnis führten, hatten die Bewohner der Hauptstadt schon ein ums andere Mal unter Beweis gestellt. Wie am Flughafen Tempelhof. Es war ja nie die Rede davon gewesen, die gesamte Fläche zu bebauen. Eine Randbebauung hätte zwei Fliegen mit einer Klappe geschlagen und Berlin hätte gleichzeitig Wohnraum und ein neues Erholungsgebiet im Zentrum der Stadt erhalten.

Was soll's, dachte Eberhardt. Bei den Villen auf der anderen Seite des Sees war er zu zögerlich gewesen. Und auch bei der ersten Runde der Bebauung am Flughafen Gatow kam er zu spät. Doch bei den nächsten Projekten würde ihm dieser Fehler nicht unterlaufen.

9. KAPITEL

Berlin-Moabit, Institut für Rechtsmedizin:
Freitag, 26. Februar, 9.17 Uhr

»Guten Morgen Frau Hardenberg«, begrüßte Jarmer die LKA-Ermittlerin. »Und, hatten Sie Erfolg?«

»Hatte ich«, erwiderte die Hauptkommissarin, wobei sie alles andere als glücklich wirkte. »So wie es aussieht, hatten Sie mit Ihrer Vermutung recht. Über das Gebiss konnten wir tatsächlich die Identität des Verstorbenen ermitteln. Es handelt sich um einen gewissen Stephan Moosmann, dreiundfünfzig Jahre alt, getrennt lebend und seit Kurzem arbeitslos.«

Jarmer zuckte bei der Erwähnung des Namens zusammen. *Also doch! Er kannte den Namen.*

Aber woher?

Sosehr Jarmer auch überlegte, er konnte sich nicht erinnern, wo er den Namen Moosmann schon gehört hatte. Daher beschloss er, erst einmal zu fragen, was Hardenberg noch zu berichten hatte.

»Lassen Sie mich raten«, wandte er sich mit ruhiger Stimme an die Polizistin. »Bei ihm zu Hause haben Sie einen Abschiedsbrief gefunden.«

Hardenberg nickte.

»Wie so häufig bei Menschen, die sich selbst das Leben nehmen. Der Brief ist an seine Tochter gerichtet. Wirklich tragisch.«

Moosmanns Tochter. Natürlich! Carolin Moosmann. Die kannte er! Er beschloss allerdings, diese Erkenntnis zunächst für sich zu behalten Er biss sich auf die Unterlippe, um sich nichts anmerken zu lassen, ehe er fortfuhr. »Haben Sie sie schon informiert?«

»Noch nicht. Das steht als Nächstes an. Sieht so aus, als wenn Moosmann die Trennung von seiner Frau und deren Auszug nur schwer verkraftet hätte. Zumindest schreibt er das. Dazu kam der Verlust seines Jobs und schließlich die Kündigung seiner Wohnung durch die Hausverwaltung.«

»Wieso hat man ihm die Wohnung gekündigt?«, wollte Jarmer wissen. »Hat er die Miete nicht mehr gezahlt?«

»Nein, das war es nicht«, erwiderte Hardenberg, und Jarmer glaubte, so etwas wie Verbitterung in ihrer Stimme zu erkennen. »Das ganze Haus sollte entweder aufwendig saniert oder abgerissen werden und dann einem Neubau weichen. Es gibt wohl neue Grundstückseigentümer. Vermutlich wollen die Luxuswohnungen vermieten oder verkaufen. Wenn ich so was höre, werde ich sauer.«

Jarmer zog die linke Augenbraue hoch. Er kannte Hardenberg aus früheren Fällen, hatte sie aber nie so emotional erlebt. Offensichtlich schien die Sache sie persönlich mitzunehmen. Kannte sie Moosmann vielleicht auch?

Neugierig sah er Hardenberg an.

»Sorry. Ist nur einfach immer schwerer, in Berlin bezahlbaren Wohnraum zu finden«, fuhr sie mit erregter Stimme fort »Ein hausgemachtes Problem und meiner Meinung nach absolutes Versagen der Politik. Und dass sich deswegen einer umbringt, geht einfach zu weit.«

Jarmer nickte. Dem gab es nichts hinzuzufügen. Die Hauptkommissarin hatte schlichtweg recht.

Jarmer teilte ihre Abneigung gegen die Immobilienspekulanten, die seit Jahren wie Heuschrecken über Berlin herfielen. Durch ihre Investments hatten sich nicht nur die Preise für Wohnungen und Häuser vervielfacht, sondern auch die Mieten wurden immer unerschwinglicher. Zehntausende von Berlinern waren gezwungen, ihren Kiez zu verlassen und sich in den Randbezirken neue

Bleiben zu suchen. Und die Politik schaute einfach nur zu. Oder versagte auf ganzer Linie, wie zuletzt beim Mietendeckel. Gut gemeint war eben noch lange nicht gut gemacht.

»Überhaupt kein Problem«, wandte sich Jarmer mit ruhiger Stimme an die Hauptkommissarin. »Ich stimme Ihnen voll und ganz zu. Es ist schon schlimm genug, dass wir jeden Tag mit Mord und Totschlag zu tun haben. Da ist es dann einfach nur noch unerträglich, wenn die Geldgier einiger weniger einen Mann in den Tod treibt.«

Hardenberg nickte und Jarmer fragte sich, was ihre Geschichte war. Warum ging ihr der Tod gerade dieses Mannes so nahe? Die Frage interessierte ihn aus analytischer Sicht. Aber in diesem Moment hatte er das Gefühl, die junge Hauptkommissarin könnte einige aufmunternde Worte vertragen. Zudem half es manchmal, wenn man nicht die einzige Person war, die über etwas nachgrübelte.

»Kann es sein, dass die Tochter unseres Toten Carolin heißt?«

Jetzt war es Hardenberg, die Jarmer überrascht ansah.

»Kennen Sie sie etwa?«

Jarmer nickte. »Sie ist die Klavierlehrerin meines Sohnes.«

10. KAPITEL

Berlin-Moabit, Institut für Rechtsmedizin:
Freitag, 26. Februar, 17.23 Uhr

Gerade als Doktor Justus Jarmer seinen Rechner im Institut heruntergefahren hatte, um das Wochenende einzuläuten, klingelte sein Diensthandy. Er sah auf die Uhr und wollte den Anruf schon in die Mailbox laufen lassen, als er auf die Nummer im Display blickte. Irgendwie kam sie ihm bekannt vor. Aus reiner Neugier nahm er den Anruf an.

»Wie gut, dass ich sie noch erreiche, Doktor Jarmer«, hörte er eine schluchzende Stimme am anderen Ende der Leitung und wusste sofort, wer ihn da anrief: *Carolin Moosmann.*

»Hallo, Carolin«, sagte Jarmer und setzte sich wieder an seinen Schreibtisch. Er hatte nicht vor, ein so wichtiges Gespräch zwischen Tür und Angel zu führen.

Carolin Moosmann schnäuzte sich die Nase, ehe sie mit zitternder Stimme antwortete.

»Es tut mir schrecklich leid, dass ich Sie so spät störe, aber ich wollte Sie fragen, ob ich meinen Vater noch einmal sehen kann? Ich habe gehört, dass er bei Ihnen im Institut ist.«

Jarmer zog die Augenbrauen hoch, erhob sich von seinem Platz und ging zum Fenster. Er hatte da so eine Ahnung. Von seinem Büro in der ersten Etage aus konnte er direkt auf den Eingang des rechtsmedizinischen Instituts blicken. Und wie vermutet, stand Carolin Moosmann direkt davor. Natürlich war es ausgeschlossen, dass sie ihren Vater sehen konnte. Mal ganz abgesehen davon, dass es gegen alle Vorschriften verstoßen hätte, gab es von ihm nur den kaum noch identifizierbaren Kopf ohne Rumpf, und dieser Anblick wäre selbst für einen unbeteiligten Dritten kaum zu ertragen. Die Bilder würde Carolin Moosmann nie wieder aus dem Kopf bekommen und sie wäre zweifellos für den Rest ihres Lebens traumatisiert, wenn der Anblick des verfaulten Kopfs ihres Vaters das Letzte war, was sie von ihm zu Gesicht bekam. Was Jarmer aber trotzdem wollte, war, ihr zu helfen und mit ihr zu reden.

»Hören Sie, Carolin, ich sehe ja, dass Sie vor der Tür stehen. Ich werde Sie jetzt unten abholen und dann reden wir erst einmal in meinem Büro, okay?«

Carolin Moosmann blickte sich suchend um und erkannte Jarmer am Fenster seines Büros. Sie winkte ihm kurz zu und legte auf.

Keine drei Minuten später saßen die beiden sich in Jarmers Büro an seinem langen Besprechungstisch gegenüber. Carolin Moosmann war in sich zusammengesunken. Ihr Make-up war verschmiert und ihre Augen waren rot. Jarmer hatte ihr ein Glas Wasser hingestellt, an dem sie nur kurz nippte. Er wartete einen Moment, ehe er sich leicht nach vorne beugte und sie mit festem Blick ansah.

»Zunächst möchte ich mein herzliches Beileid zum Ausdruck bringen. Die Sache mit ihrem Vater ist wirklich schrecklich und tut mir sehr, sehr leid.«

Carolin nickte und wischte sich mit einem Taschentuch eine Träne unter dem Auge weg.

»Danke, das … das bedeutet mir sehr viel.«

»Ihren Vater können Sie allerdings nicht sehen. Zum einen ist das nicht vorgesehen. Zum anderen würde ich in jedem Fall davon abraten. Denn der Körper ist nur noch eine leere Hülle und …« Jarmer hielt inne, um die richtigen Worte zu finden. »… und wenn das Leben einmal aus dem Körper entwichen ist, zumal bereits vor längerer Zeit, dann ist es sehr schwer, ihn überhaupt noch zu erkennen. Ich möchte, dass Sie Ihren Vater so in Erinnerung behalten, wie er zu Lebzeiten war. Bitte …«

Carolin Moosmann blickte auf den Boden und begann still zu weinen.

Jarmer fühlte sich in dem Moment hilflos. Es kam so gut wie nie vor, dass er mit den Angehörigen der von ihm untersuchten Verstorbenen Kontakt hatte. Geschweige denn mit jemandem, den er kannte. Er wollte gerne helfen, wusste aber nicht genau, wie er das anstellen sollte. Außerdem stieg langsam Wut in ihm auf. Carolins Vater hatte sich das Leben genommen, weil er verzweifelt war. Verzweifelt, weil er keine Möglichkeit mehr sah, sein Leben so weit zu ordnen, dass er damit klarkam. Und einer der Gründe war vollkommen absurd. Er hatte seine Wohnung verloren und offensichtlich nicht mehr gewusst, wie er dieses Problem lösen sollte. Jarmer biss sich auf die Lippe. Er musste den Gedanken für den Moment beiseiteschieben. Jetzt ging es um Carolin. Während er noch überlegte, was er als Nächstes sagen sollte, kam sie ihm zuvor.

»Darf ich Sie etwas fragen?«

»Natürlich«, erwiderte Jarmer und hatte tatsächlich eine Ahnung, in welche Richtung die Frage gehen würde.

»Sind Sie sich wirklich sicher, dass es mein Vater ist, den Sie untersucht haben?«

»Ja, das bin ich. Da gibt es keine Zweifel.« Jarmer hatte nicht vor, Carolin Moosmann falsche Hoffnungen zu machen.

»Um sicherzugehen, haben wir ihn anhand seines Gebisses identifiziert. Das ist vergleichbar mit einem Fingerabdruck, sodass wir eine Verwechslung ausschließen können.«

»Und sind Sie sicher, dass mein Vater sich selbst …«, begann Carolin Moosmann mit bebender Stimme.

»Dass er sich tatsächlich selbst das Leben genommen hatte, meinen Sie?«, vervollständigte Jarmer ihren Satz und horchte auf. »Wieso fragen Sie das? Haben Sie Zweifel?«

»Ja, die habe ich. Ich kann mir nicht vorstellen, dass er so etwas tun würde. So kenne ich meinen Vater einfach nicht.«

»Wenn ich richtig informiert bin, hat er einen Abschiedsbrief hinterlassen«, fuhr Jarmer fort. »Die Frage, ob es ein Suizid *sein kann,* ist aus rechtsmedizinischer Sicht zu bejahen. Die Frage, ob es ein Suizid *ist,* abschließend zu beantworten, ist Aufgabe der Polizei. Aber nach dem Ergebnis der Ermittlungen besteht da wohl nicht der geringste Zweifel.

»Ja, das hat mir die Hauptkommissarin auch erzählt. Und ich weiß von meinem Vater, dass er wirklich Schwierigkeiten mit seinem Vermieter gehabt hat.«

»Was für Schwierigkeiten meinen Sie?«, hakte Jarmer nach und fragte sich, ob nicht doch mehr hinter der Sache steckte, als er auf den ersten Blick vermutet hatte.

»Na ja, mein Vater hat nur Andeutungen gemacht. Und im Nachhinein wünschte ich, dass ich dem mehr Aufmerksamkeit gewidmet hätte. Aber ich habe das alles nicht so ernst genommen.«

»Was für Andeutungen hat er denn gemacht?«

»Mein Vater hatte eine sehr geringe Miete gezahlt. Er war schon ewig in der Wohnung und da ist über Jahre nichts passiert. Renovierungen und so meine ich. Und wenn ich mich richtig erinnere, hat der Vermieter ihm und anderen langjährigen Mietern angekündigt, dass das ganze Haus grundsaniert werden sollte. Und dass sich dann die Mieten erhöhen würden. Tatsächlich hat man ihm wohl angeboten, dass er einen Betrag von einigen Tausend Euro erhalten sollte, wenn er freiwillig ausziehen würde, aber das kam für ihn nicht infrage. Und das Geld hätte auch nicht wirklich was geholfen.«

»Wieso denn, hört sich doch eigentlich fair an?«

»Ja, auf den ersten Blick schon. Aber was wäre die Folge gewesen? Für denselben Betrag, den er jetzt zahlte, hätte er auf keinen Fall eine vergleichbare Wohnung gefunden. Zumindest nicht in seinem Kiez. Und das Geld hätte langfristig auf keinen Fall gereicht, um sich etwas Ähnliches leisten zu können.«

Jarmer dachte über Carolins Worte nach. Um ehrlich zu sein, hatte er sich noch nie wirklich mit der Mietsituation in Berlin beschäftigt, da er in der glücklichen Situation war, dass es ihn schlicht nicht selbst betraf. Sein Einkommen und das Gehalt seiner Frau reichten mehr als genug für ihre Ausgaben und sie konnten am Ende des Monats sogar noch einiges beiseitelegen. Sie waren privilegiert, was das betraf, und ihm war nur zu bewusst, dass viele andere sich nicht in einer so luxuriösen Situation befanden.

»Da haben Sie wirklich recht«, stimmte er ihr zu. »So muss man es leider sehen.«

Er machte eine kurze Pause und ließ seinen Kugelschreiber um seine Finger kreisen.

»Und meinen Sie …«, sagte er dann, »… dass das alles Ihren Vater derart unter Druck gesetzt haben könnte, dass er keinen anderen Ausweg sah?«

»Ich weiß nicht«, erwiderte Carolin Moosmann verzweifelt. »Es gab schon auch noch andere Sachen, die ihn beschäftigt hatten. Die Trennung von meiner Mutter. Und der Job. Aber ich weiß nicht, das ist … alles so krass.«

Jarmer nickte. Das hier war für ihn ganz ungewohnt und er fühlte sich nicht wirklich wohl in seiner Haut. Diese Situation überforderte ihn. Er war ein Mann der Wissenschaft. Einen komplexen Fall untersuchen, Fakten analysieren, medizinische Ergebnisse einordnen. Das konnte er wie nur wenige andere auf seinem Gebiet. Gefühle bewerten und emotionale Handlungen waren nicht sein Fachgebiet. Und trotzdem wollte er gerne helfen.

»Ich verstehe Ihre Unsicherheit«, sagte er schließlich. »Tatsächlich ist das hier allerdings auch für mich eine wenig vertraute Situation, wenn ich ehrlich bin. Welche Fragen haben Sie denn genau?«

»Ich möchte die Sicherheit haben, dass wir rausfinden, was hier wirklich passiert ist. Vielleicht ist der Brief ja gar nicht von meinem Vater. Oder vielleicht hat ihn jemand gezwungen, ihn zu schreiben?«, erwiderte Carolin Moosmann zögerlich.

Jarmer überlegte kurz. Im Großen und Ganzen hatte er keinen Zweifel, dass der Brief echt war, ohne allerdings einen Beleg dafür zu haben. Seine langjährige Erfahrung und die ihm bekannten Fakten sprachen eindeutig dafür. Allerdings wusste er auch, dass er nicht derjenige war, der das mit Sicherheit beantworten konnte. Das fiel nicht in seinen Bereich, so gerne er Carolin Moosmann Gewissheit geben wollte.

»Hören Sie«, sagte er deshalb. »Ich kann verstehen, dass das eine schreckliche Situation für Sie ist. Und dass es nur schwer zu begreifen ist. Vielleicht ist es sogar gar nicht zu begreifen. Ich kann das nicht beurteilen. Ich kannte Ihren Vater nicht. Aber wenn Sie Zweifel haben, müssen Sie das mit der Polizei besprechen. Sie haben doch gesagt, dass Hauptkommissarin Hardenberg einen guten Eindruck auf Sie gemacht hat, oder?«

»Ja, das hat sie«, gab Carolin Moosmann zu. »Und ich habe sie auch schon gefragt. Aber ich bin mir nicht sicher, ob sie mein Anliegen ernst nimmt. Könnten Sie nicht vielleicht nachhaken? Nur um zu gucken, ob die wirklich alles überprüfen. Bitte, es ist doch mein Vater.«

Er könnte Hardenberg fragen, wie sie die Sache sah und ob es irgendwelche Punkte in der Wohnung oder im Umfeld gab, die gegen einen Suizid sprachen, dachte Jarmer. Auch wenn es keinen Hinweis dafür gab, dass es sich um ein Tötungsdelikt handelte. Schaden konnte es auf keinen Fall. Eine qualifizierte Handschriftenprobe sollte Aufschluss geben, ob Carolins Vater die Nachricht geschrieben hatte und ob dies unter Druck geschehen war. Es schien ihm schlicht richtig, Carolin Moosmann zu unterstützen.

»Das mache ich gerne«, sagte er deshalb. »Ich werde mich damit direkt an Hauptkommissarin Hardenberg wenden und mich dann wieder bei Ihnen melden.«

11. KAPITEL

Berlin-Wilmersdorf, Tübinger Straße:
Samstag, 27. Februar, 3.25 Uhr

Rocco Eberhardt blickte auf die andere Seite des Gerichtsaals zu der Bank der Anklagevertretung. Den Blick auf ihre Unterlagen gerichtet, saß dort Staatsanwältin Spatzierer. Claudia Spatzierer. Ihre mittellangen blonden Haare bildeten den perfekten Kontrast zu ihrer dunklen Robe. Jetzt sah sie auf, Rocco in die Augen. Ein Lächeln spielte um ihre Lippen und traf Rocco direkt ins Herz.

Claudia Spatzierer, seine Studienliebe aus längst vergangener Zeit, war erst vor Kurzem wieder in sein Leben getreten. Es hatte nicht lange gedauert, bis Rocco bemerkte, dass seine Gefühle für Claudia wieder erwacht waren. Vermutlich waren sie nie ganz erloschen. Und auch Claudia, die von ihrem Ehemann, dem Vater ihres vierzehnjährigen Sohnes, getrennt lebte, schien noch immer etwas für ihn zu empfinden. Sie hatten sich einige Male zum Essen getroffen und Rocco hoffte, dass sie irgendwann den nächsten Schritt gehen würden. Aber spielte das jetzt eine Rolle? Schließlich saßen sie sich im Gerichtssaal gegenüber und vertraten entgegengesetzte Interessen. Trotzdem erwiderte Rocco das Lächeln und freute sich, als Claudia ihm noch zuzwinkerte. Dann erhob sie sich von ihrem Stuhl, zog ihre Robe glatt und wandte sich an die Richterbank.

»Hohes Gericht, Herr Verteidiger«, begann sie ihren Vortrag und drehte ihren Kopf in Roccos Richtung. »Die Staatsanwaltschaft hält aufgrund der in der heutigen Hauptverhandlung durchgeführten Beweisaufnahme den in der Anklageschrift niedergelegten Sachverhalt für erwiesen.«

Von einer Sekunde auf die andere spürte Rocco, wie ein Unwohlsein sich in seinem Körper ausbreitete. Er blickte Claudia an. Irgendetwas stimmte hier nicht. Das Lächeln war aus ihrem Gesicht gewichen. Eiskalt und mit einem unbarmherzigen Ton in der Stimme fuhr sie fort: »Danach hat der Angeklagte …«

Roccos Ohren begannen zu rauschen und er hörte Claudias Stimme nur noch wie durch Watte. Welcher Angeklagte? Um welches Verfahren ging es eigentlich? Wen verteidigte er hier und wen klagte Claudia an?

Rocco hatte eine Ahnung und Panik stieg in ihm auf. Und gerade als er sich umdrehen wollte, schreckte er auf. Schweißgebadet saß er in seinem Bett. Er brauchte einige Momente, um zu sich zu kommen.

»Verdammter Albtraum!«, fluchte er und blickte sich um. Wo war sein Handy? Er folgte dem Ton des Klingelns. Auf den Boden gefallen. Rocco griff nach dem iPhone und schaute auf das Display. Halb vier morgens. Und Tobi. Warum rief er ihn um diese Zeit an?

»Sach ma', geht's noch?«, ranzte Rocco seinen Freund an. »Weißt du eigentlich, wie spät es ist?«

»Entspann dich!«, gab Tobi ruhig zurück. Im Hintergrund konnte Rocco laute Musik und Stimmen hören. »Ich bin im *Karpfen,* am Stutti. Und jetzt rate mal, wer hier neben mir sitzt.«

Das ist mir so was von egal, dachte Rocco. Nur langsam wachte er auf und sein Denkvermögen kehrte zurück. Tobi würde ihn nie ohne Grund um diese Zeit anrufen. Und wenn es nichts Persönliches war, wovon er ausging, denn das hätte Tobi ihm längst gesagt, musste es mit einem Fall zu tun haben. *Na klar. Er hat ihn gefunden.*

»Junghans!«

»Ganz genau. Und wenn du in den nächsten fünfzehn Minuten hier bist, wird er dir auch erzählen, warum er untergetaucht ist.«

»Fünfzehn Minuten?«

»Na ja, mit deinem Auto müsste das wohl möglich sein, oder?«

Rocco fluchte erneut, ehe er Tobi zusagte und auflegte. Während er sich Chinos, T-Shirt und Jacke anzog, überlegte er, wo er seinen Alfa geparkt hatte. Dann griff er sich ein Basecap, schlüpfte in seine Sneaker und machte sich auf den Weg zu der bekannten Kneipe an dem kleinen, aber berüchtigten Platz unweit des S-Bahnhofs Charlottenburg.

12. KAPITEL

Berlin-Charlottenburg, *Zum Karpfen,*
Kaiser-Friedrich-Straße:
Samstag, 27. Februar, 4.03 Uhr

Unfassbar, wie voll das um diese Zeit noch ist, dachte Rocco und blickte sich in dem vorderen Teil des Gastraums suchend nach Tobi und Junghans um. Nachdem er sie nicht sehen konnte, drängte er sich an einer Gruppe feiernder Mittzwanziger vorbei, die den Tresen belagerten und lauthals zu den Schlagern mitgrölten, die aus den zahlreichen Lautsprechern dröhnten.

Durch den schmalen Durchgang gelangte Rocco schließlich in den hinteren Teil der Raucherkneipe. An allen vier Seiten des knapp dreißig Quadratmeter großen Raumes hingen Monitore von den Decken, auf denen um diese Zeit ein Boxkampf übertragen wurde, der gerade in Las Vegas stattfand. An einem der Tische, die nur zum Teil besetzt waren, entdeckte Rocco schließlich Tobi und Junghans.

Sieht anders aus, als ich ihn mir vorgestellt habe, dachte Rocco und musterte den höchstens Anfang dreißigjährigen Mann, der ein Longdrink-Glas vor sich auf dem Tisch von links nach rechts schob. Tommy-Hilfiger-Jacke, rosa Poloshirt, Jeans und weiße Sneaker. *Hat was von einem in die Jahre geratenen BWL-Studenten.*

Jetzt hatte Tobi ihn entdeckt und winkte ihm zu.

»Hey Rocco, klasse, dass du es so schnell geschafft hast. Komm, setz dich zu uns.« Er deutete mit einer Geste auf den einzigen freien Stuhl an dem kleinen Holztisch in der Ecke des Raums, die von dem Eingang am weitesten entfernt war.

»Einen Kaffee«, antwortete Rocco.

»Geht klar, bestelle ich dir«, erwiderte Tobi und stand auf. »Ich muss eh aufs Klo. Macht ihr euch doch in der Zeit schon mal bekannt.«

Rocco nickte und setzte sich. Junghans war für die Jahreszeit ungewöhnlich braun. Seine Augen wirkten unruhig. Er lächelte Rocco kurz zu, blickte dann auf den Tisch vor sich.

»Sie müssen Carlo Junghans sein«, sagte Rocco, ohne sich selbst vorzustellen. Junghans musste noch nicht wissen, wer er wirklich war.

Der Mann nickte.

»Baumann hat Ihnen schon erzählt, warum wir mit Ihnen sprechen wollten?«

»Hm«, bestätigte Junghans. »Es geht um diesen Politiker.«

»Genau«, erwiderte Rocco und zollte Tobi innerlich Respekt. Ganz offensichtlich hatte sein Freund den Namen Eberhardt bisher nicht erwähnt. Das war von Vorteil, denn so konnten sie sehen, ob Junghans überhaupt etwas von Roccos Vater wusste und ob dieser in irgendeiner Form in die Sache verwickelt war.

»Na ja, ich kann Ihnen da vielleicht schon was sagen«, grinste Junghans Rocco an. »Aber das wird nicht ganz billig.«

Rocco war nicht überrascht. Er kannte Typen wie Junghans nur zu gut. Sie lebten davon, die schmutzigen Geheimnisse anderer in bare Münze umzusetzen. Und meistens waren die Informationen kaum etwas wert. Er verachtete diesen Menschenschlag.

»So, so«, sagte Rocco nur. Er wusste genau, dass es jetzt in die Verhandlungsphase ging. Und wer als Erster sein Visier hob, hatte verloren. Sollte Junghans doch seine Forderungen auf den Tisch legen.

»Also«, sagte dieser nur mit einem schmierigen Ausdruck auf seinem Gesicht. »Interessiert?«

Rocco fixierte Junghans und sah ihm direkt in die Augen. Der hielt Roccos Blick nur für einen Moment stand, schüttelte dann den Kopf, schob seinen Stuhl nach hinten und stand auf.

»Dann halt nicht, Alter«, sagte er nur und zog den Reißverschluss seiner Jacke hoch.

»Dann halt nicht«, erwiderte Rocco und ließ sich gemütlich in seinem Stuhl nach hinten sinken. Er war sich sicher, dass Junghans nur bluffte.

Der schaute ihn mit einem ungläubigen Ausdruck in den Augen an. »Alter, denkst du, ich bin bescheuert?«, fragte er aufgebracht. »Erst verspricht mir dein bekloppter Freund, dass es hier Kohle gibt. Dann rast du mitten in der Nacht hierher, um mich zu treffen. Und jetzt gibst du vor, du bist nicht interessiert!«

Ein schmieriges Lächeln zeichnete sich auf seinen Lippen ab. »Du bluffst doch, Alter. Du willst nur den Preis drücken. Tatsächlich bist du ganz heiß auf meine Info.«

Eins zu null für Junghans, dachte Rocco und ärgerte sich innerlich. Er hatte sein Gegenüber unterschätzt.

»Fünfhundert Euro und ich sage dir alles, was du wissen willst«, sagte Junghans, während er wieder Platz nahm. Er kramte in seiner Jacke und zog ein Zigarettenpäckchen aus der Tasche, zündete sich eine Lucky Strike an und blies Rocco den Rauch direkt ins Gesicht.

»Und was bekomme ich für fünfhundert?«, fragte Rocco, der sich seinen Ärger nicht anmerken ließ und beschloss, sich durch Junghans' Gehabe nicht aus der Ruhe bringen zu lassen.

»Die ungeschönte Wahrheit über deinen Vater.«

Das saß! Damit hatte Rocco nicht gerechnet. Junghans hatte die ganze Zeit gewusst, wer sein Gegenüber war.

»Mann, ich kenne doch deine Visage«, lachte Junghans. »Du bist der Anwalt aus dem Fernsehen. Und wenn du glaubst, du kannst hier einen auf großer Unbekannter machen, hast du dich getäuscht.«

Er schnippte die Asche von seiner Zigarette achtlos zur Seite auf den Boden und beugte sich über den Tisch.

»Wenn du und dein Freund glaubt, ich hätte euch nicht längst durchschaut, dann seid ihr einfach nur bescheuert. Als du eben reingekommen bist, war mir sofort klar, dass es euch gar nicht um den Politiker ging. Über deinen Vater reden wir hier!« Junghans lachte und ließ sich in seinem Stuhl zurückfallen. »Fünfhundert. Und keinen Cent weniger.«

In diesem Moment kam Tobias von der Toilette zurück.

»Na Jungs, habt ihr euch schon angefreundet?«, fragte er.

»Na klar, Mann«, lachte Junghans. »Dicke Kumpels sind wir. Ich und dein Anwaltsfreund.«

Tobi blickte Rocco an und der nickte nur.

»Ja, er ist ein schlauer Kerl. Er hat sofort durchschaut, um was es hier geht. Aber … ist ja auch egal«, fügte Rocco dann hinzu und wandte sich wieder an Junghans. Ihm war klar, dass er die schlechteren Karten hatte. Junghans wusste etwas, das war nach der Erwähnung von Roccos Vater eindeutig. Aber war das wirklich so viel Geld wert? »Fünfhundert sind zu viel.«

»Meinst du?«, erwiderte Junghans, der ganz offensichtlich immer mehr Oberwasser gewann. Er zündete sich eine weitere Zigarette an.

Mit einem Wohlwollen in der Stimme, das unehrlicher nicht hätte klingen können, fuhr er fort: »Ich bin ja kein Unmensch. Schließlich geht es um deinen Vater. Daher biete ich euch Folgendes an: Ich erzähle euch erst ein bisschen was. Und wenn das gut klingt, zahlt ihr die Scheine und ich erzähle den Rest.«

Rocco war klar, dass die fünfhundert unverhandelbar waren. Und ihm war auch klar, dass Junghans wirklich etwas wissen musste. Sonst hätte er niemals diesen Handel vorgeschlagen. Er sah Tobi an und der nickte. Und selbst wenn er mittlerweile nichts als Verachtung für Junghans und dessen schmieriges Geschäftsgebaren übrig hatte, stimmte er dem Deal zu. Er musste wissen, was Junghans über seinen Vater wusste.

»Okay«, sagte Rocco.

»Na also, Mister Rechtsanwalt. Geht doch«, erwiderte Junghans hämisch. »Die Sache ist so. Die Geschäfte, in die dein Vater verwickelt sind, haben mit einem ziemlich korrupten Politiker zu tun.«

Rocco nickte. So viel hatte er auch schon von Beister gehört.

»Und das nicht mit irgendeinem Politiker«, trumpfte Junghans weiter auf.

»Sondern?«, fragte Rocco.

»Fünfhundert Euro, und die Geschichte gehört dir.«

Rocco zog die Augenbrauen hoch und blickte zu Tobi. Der nickte nur kaum merklich. Rocco griff in die Tasche seiner Jacke und holte sein Portemonnaie heraus. Er hatte lediglich fünfundsiebzig Euro in bar dabei. Er zahlte mittlerweile fast alles elektronisch. Langsam zählte er das Geld auf den Tisch.

»Na, da fehlt ja wohl noch was«, lachte Junghans. »Aber vor der Tür ist ein Geldautomat.«

Rocco blickte Tobi an und der schüttelte nur den Kopf. »Ich hab auch nicht mehr dabei.«

Rocco erhob sich und ging vor die Tür. Tatsächlich war zwischen dem *Karpfen* und der Tabledance-Bar auf der rechten Seite der Kneipe ein Geldautomat. Rocco hob fünfhundert Euro ab und fluchte über die fünf Euro Bearbeitungsgebühr. Er fragte sich, ob Junghans sein Geld wert war. Auf der einen Seite hoffte er, dass der Mann etwas über seinen Vater wusste, auf der anderen Seite hoffte er, dass es nichts Schlimmes war.

Zurück im *Karpfen,* setzte er sich wieder und legte die Scheine auf den Tisch.

»Sehr gut.« Junghans griff gierig nach dem Geld. Dann blickte er auf seine Uhr. »Den Rest der Geschichte erfahrt ihr in genau fünfeinhalb Stunden. Um 10 Uhr vormittags. Einfach Fernseher einschalten.«

Mit diesen Worten stand er auf und drängte sich eilig Richtung Ausgang durch.

Rocco war außer sich. *Was war das denn für eine Scheiße?* Fünfhundert Euro in den Wind geschossen! Für nichts und wieder nichts. Er sprang auf, um Junghans aufzuhalten. So leicht würde der nicht davonkommen. Doch dann spürte er, wie eine Hand ihn zurückhielt.

»Ganz ruhig, mein Lieber«, hörte er Tobis eindringliche Stimme. »Tief durchatmen und wieder hinsetzen!«

Ärgerlich schaute Rocco seinen Freund an. *Was um alles in der Welt soll das denn?*, dachte er, als er merkte, dass Tobi die Augenbrauen hochzog und von links nach rechts schaute. Rocco folgte dem Blick und merkte erst jetzt, dass sie einiges an Aufmerksamkeit erregt hatten. Die Gäste an den übrigen Tischen schauten genervt zu ihnen herüber. Zwei Männer, die Rocco um Haupteslänge überragten und nicht so aussahen, als würden sie Spaß verstehen, hatten sich erhoben und sahen ihn durchdringend an. Rocco dachte nach und blickte Junghans hinterher, der gerade durch die Kneipentür auf den Stuttgarter Platz verschwand. Tobi hatte recht. Das war weder der Ort noch die Zeit, um eine Schlägerei zu beginnen.

»Lass gut sein, Rocco«, sagte Tobi und drückte ihn sanft auf seinen Stuhl zurück.

»Was für ein Arschloch«, fluchte Rocco und schüttelte den Kopf. »Die Kohle hätte ich mir sparen können.«

»Tut mir leid.« Offensichtlich fühlte Tobi sich dafür verantwortlich, dass Rocco sein Geld verschwendet hatte.

»Ach Quatsch. Kannst du doch nichts dafür. Du hast ihn gefunden, den Deal habe ich gemacht. Und dass der Typ so ein Arschloch ist, konntest du auch nicht wissen«, fuhr Rocco fort.

»Aber mal echt«, stimmte Tobi zu. »Was für eine Ratte. Der Typ ist ein richtiger Kotzbrocken.«

Tobi schaute auf den Boden und atmete mehrfach tief durch. Dann, von einem Moment auf den anderen, sah er Rocco mit einem fröhlichen Gesichtsausdruck an. »Weißt du was? Scheiß drauf. Können wir jetzt auch nicht mehr ändern. Lass und was frühstücken. Und – mal davon ausgehend, dass wenigstens das stimmt – schauen wir um zehn zusammen fern.«

Rocco, der seinen besten Freund dafür bewunderte, sprichwörtlich einen Schalter in sich umlegen und allen Ärger schlagartig abschütteln zu können, musste spontan lächeln.

»Frühstück klingt gut.« Er blickte auf die Uhr. »Gibt es das *Schwarze Café* noch?«

»Klar!«

»Na dann«, sagte Rocco, und gemeinsam verließen sie die verrauchte Kneipe.

13. KAPITEL

Senatsverwaltung für Stadtentwicklung,
Bauen und Wohnen, Fehrbelliner Platz 4:
Samstag, 27. Februar, 9.53 Uhr

Es war nicht ungewöhnlich für Dieter Möller, dass er am Wochenende in seinem Büro arbeitete. Er schätzte die Ruhe und Ungestörtheit, die einen Kontrast zu seinem ansonsten von morgens bis abends durchgeplanten Wochenalltag darstellten. Als Bausenator war er für eines der wichtigsten Projekte, die sich die Koalition vorgenommen hatte, verantwortlich: zusätzlicher bezahlbarer Wohnraum. Ein Monster, in dem es so viele verschiedene Interessen der einzelnen Parteien und Verbände zu berücksichtigen galt, dass er sich manchmal die Zeit um den Mauerfall zurückwünschte, als Diepgen und Landowsky noch das Sagen in der Stadt hatten. Landowsky wollte die Sanierung von Plattenbauten im Osten des Landes vorantreiben – mit waghalsigen Krediten und Parteispenden einer Immobilienfirma, wie sich später herausstellte. Dafür war er vom Landgericht Berlin in der sogenannten Bankenaffäre wegen Untreue verurteilt worden.

Möller musste schmunzeln. Er konnte sich vorstellen, dass damals die ein oder andere Gelegenheit beim Schopf gepackt und mitunter recht hemdsärmelig gehandelt wurde. Er war sich aber auch sicher, dass Landowsky einzig und allein im Interesse der Stadt gehandelt hatte. Manchmal musste man einfach pragmatische Wege gehen. Schließlich war er in seiner Auffassung auch vom Bundesverfassungsgericht bestätigt worden, das das Urteil gegen Landowsky später für rechtswidrig erklärt hatte. Gemäß Möllers Meinung ein nachträglicher Ritterschlag.

Heute war es weitaus komplexer als damals, kreative Politik zu machen. An jeder Ecke und an jedem Ende lauerten die Aasgeier der Presse und schienen nur darauf zu warten, dass Politiker Fehler machten. Und auf ihn, das wusste Möller, hatten sie sich besonders eingeschossen. Er passte einfach nicht ins Bild des typischen Politikers.

Mit seinen neunundfünfzig Jahren war er seit knapp zwanzig Jahren im politischen Geschäft tätig. Nach einer Ausbildung zum Immobilienkaufmann hatte er erst einige Jahre als Angestellter bei einem Makler gearbeitet, ehe er sich mit einem Architekten zusammengetan und mit diesem ein eigenes Bauunternehmen gegründet hatte. In den folgenden Jahren hatten sie Altbauten in Ostberlin gekauft, luxussaniert und als Wohnungen weiterveräußert. Das lief über Jahre so gut, dass Möller bereits Anfang der Zweitausender finanziell ausgesorgt hatte. Sein Geschäftspartner und er verkauften die Anteile ihres Bauunternehmens an einen Branchenriesen, und nach einem Jahr des Müßiggangs entschloss sich Möller, im politischen Geschäft mitzumischen.

Da er aufgrund seiner finanziellen Unabhängigkeit nicht darauf angewiesen war, »anderen Leuten den Hintern abzuwischen«, wie er sich ausdrückte, eckte er mit seinen oft sehr gewagten Vorschlägen zwar zum einen an, wurde zum anderen aber gerade dafür geschätzt. Zumeist allerdings von Anhängern anderer Parteien. Als Prototyp des neoliberalen Erfolgsmannes fiel er in den Reihen der SPD auf wie ein bunter Hund. Und das war genau der Grund, warum er sich für diese Partei entschieden hatte. Denn hier polarisierte er mehr, als es ihm in den eher wirtschaftlich orientierten Parteien jemals möglich gewesen wäre. Und genau das war der Weg zu seinem Erfolg. Aufmerksamkeit, im Guten wie im Schlechten, war immer auch Werbung. Und Werbung sorgte für Erfolg. Das hatte er in seiner Firma gelernt, und genauso ging er seine politische Karriere an. Diese Strategie ermöglichte ihm dann einen ungewöhnlich schnellen Aufstieg innerhalb der Partei und führte vor gut fünf Jahren zu seiner Ernennung zum Bausenator. Er war nach langen Jahren endlich mal wieder ein Mann vom Fach, der wusste, wie die Bauwirtschaft funktionierte. Jetzt, nach der letzten Wahl im vergangenen November, war er in seiner zweiten Amtszeit so weit mit den Geschäften vertraut, dass er in den nächsten fünf Jahren für einige radikale Änderungen sorgen wollte. Das wäre zum Vorteil Berlins. Und auch zu seinem eigenen. Denn wenn er eines in der Vergangenheit gelernt hatte, dann dass es sich nicht ausschließt, Gutes für andere zu tun und dabei selbst nicht auf der Strecke zu bleiben.

Er blickte auf die Uhr und überlegte kurz, ob er die Zehn-Uhr-Nachrichten auf Inforadio hören wollte, entschied sich dann aber dagegen. Er hatte noch einiges zu tun und wollte gerne vor dem Mittagessen damit fertig sein. Mit einem Klick auf die Maus erwachte der große Curve-Panorama-Bildschirm seines PCs zum Leben und keine zehn Sekunden später war Möller in die Berechnung eines Bauvorhabens vertieft, die Carsten Herfurth, sein Staatssekretär, ihm gestern Abend hatte zukommen lassen. Das sei eine interessante Sache, hatte Herfurth gesagt.

Mannomann, dachte Möller. Er konnte Herfurth an sich gut leiden. Der Junge hatte Talent und auch kein Problem damit, andere Wege zu gehen. Aber er hatte noch einiges zu lernen. Auf den ersten Blick erkannte Möller, dass sich das Projekt niemals rechnen würde, so wie es kalkuliert war. Zumindest nicht profitabel für das Land Berlin. Er schüttelte den Kopf. Warum konnte Herfurth nicht eins und eins zusammenzählen? Ein Vorschlag von so unterirdischer Qualität dürfte eigentlich nie auf seinem Schreibtisch landen, sondern hätte längst vorher geändert oder verworfen werden müssen. Und wenn er sich umschaute, wusste er, dass das kein Einzelfall war. Mit Grauen dachte er an die vielen Millionen, die seine Senatorenkollegen jedes Jahr aus dem Fenster warfen, weil sie die einfachsten Zusammenhänge wirtschaftlichen Handelns nicht verstanden.

Möller war gerade dabei, eine Voice-Message an seinen Staatssekretär aufzunehmen, als sein Handy klingelte. Es war Herfurth selbst. Möller kratzte sich die Stirn und fragte sich, ob das Zufall sein konnte. Dann nahm er das Gespräch an.

»Was gibt's denn so Wichtiges, dass Sie mich am Samstag anrufen, gerade wo ich Ihre Berechnung durchgegangen bin?«, fragte er mit einem leicht sarkastischen Ton in der Stimme. »Ich glaube, da müssen wir noch mal ran. Da stimmt so einiges nicht.«

»Sorry, Chef«, erwiderte Herfurth entschuldigend. »Ich gucke mir die Berechnung selbstverständlich gerne erneut an. Aber deshalb rufe ich nicht an. Bitte schalten Sie einfach den Fernseher an.« Möller meinte ein Zittern in der Stimme seines Mitarbeiters zu erkennen und fragte sich, warum der so angespannt war. Was um alles in der Welt lief denn jetzt im Fernsehen, das Herfurth derart aus der Fassung brachte?

»Wieso? Welchen Sender?«, hakte Möller deshalb nach.

»Ganz egal. ARD, ZDF, RTL. Es läuft überall.« Herfurths Stimme begann sich zu überschlagen.

Möller runzelte die Stirn und beendete das Gespräch. Er war nicht gerade gut darin, andere zu beruhigen. Und ehrlich gesagt hatte er auch keine Lust darauf. Herfurth war schließlich kein Kleinkind mehr. Möller legte das Telefon vor sich auf dem Tisch ab, war jetzt aber doch neugierig geworden. In seinem Browser rief er die Seite der ARD auf und startete den Livestream. Es dauerte einige Sekunden, bis sich das Bild aufbaute. Parallel dazu konnte er aber schon den Ton hören. Von einem Moment auf den anderen erstarrte er. Die Stimme, die aus den Lautsprechern seines Monitors schallte, war seine eigene. Als sich das Bild aufbaute und Möller realisierte, was er da vor sich sah, war ihm sofort klar, dass seine politische Karriere in diesem Moment ein jähes Ende gefunden hatte.

14. KAPITEL

Berlin-Charlottenburg, Fasanenstraße 72,
Kanzlei Eberhardt: Samstag, 27. Februar, 10.04 Uhr

»Mann, das kann doch noch nicht wahr sein«, sagte Rocco zu Tobi und tippte hektisch auf der Tastatur seines MacBooks herum. Die beiden Freunde waren nach dem Treffen mit Junghans im *Karpfen* erst gemeinsam frühstücken gegangen und dann in Roccos Kanzlei gefahren. Sie wollten die Sendung, für die Junghans fünfhundert Euro abkassiert hatte, auf keinen Fall verpassen. Weil das Internet in Roccos Kanzlei aber wieder einmal nicht funktionierte, hatte er erst einen Hotspot über sein Handy aufbauen müssen.

In Rocco wuchs die Unruhe und er hatte Angst, dass sie etwas verpassten, was seinen Vater betraf. Gebannt starrte er auf den Bildschirm, auf dem ein Balken und eine Prozentanzeige vor schwarzem Hintergrund gerade den Livestream der ARD bufferten.

»Fuck, jetzt komm schon!«, schimpfte Rocco, als sich im nächsten Moment das Bild aufbaute.

Der Ausschnitt zeigte einen Raum, offenbar aufgenommen von einer versteckten Kamera. Gleich vorne, in einem blauen Poloshirt und einer weißen Sommerhose, konnte man Dieter Möller, den amtierenden Berliner Bausenator erkennen. Neben ihm saß eine junge Frau, die ein auffallend enges, leicht durchsichtiges Top und schwarze, glänzende Leggings trug. Ihre Hand hatte sie auf Möllers Bein gelegt. Ihr Gesicht war verpixelt, sodass man sie nicht identifizieren konnte.

»Das ist doch eine Professionelle«, stieß Tobi hervor. »Da verwette ich meine Rente.«

Rocco, der seinem Freund stillschweigend zustimmte, konzentrierte sich weiter auf das Video. Er versuchte, die übrigen Beteiligten auszumachen, die in dem von Rauchschwaden geschwängerten Raum zu erkennen waren. Hinter dem Tisch stand in Jeans und weißem Oberhemd ein Mann, dessen Gesicht nicht im Bild war. Konnte das sein Vater sein? Die Größe ließ sich unmöglich schätzen, dafür fehlte jeglicher Bezugspunkt, weil Möller ja saß, aber von der Figur her schien es denkbar. Rocco merkte, wie sein Puls zu rasen begann. Er war sehr unsicher und hin- und hergerissen. Auf der einen Seite hoffte er inständig, dass das da nicht sein Vater war. Ja, dass sich alles als Irrtum herausstellen würde und sein Vater mit der ganzen Sache gar nichts zu tun hätte. Auf der anderen Seite ertappte er sich bei dem Gedanken, dass er sich vielleicht doch all die Jahre nicht in seinem Vater getäuscht und dieser wirklich Dreck am Stecken hatte.

Tobi, der die Gedanken seines Freundes zu erraten schien, drehte sich zu Rocco. »Ey, bleib mal ruhig. Das ist nie und nimmer dein Vater«, sagte er. »Und der andere Typ, da links am Bildrand, der Möller gegenübersitzt, ganz sicher auch nicht. Der hat wenigstens fünfzig Kilo Übergewicht.«

Rocco war allerdings bei Weitem nicht so sicher wie Tobi. Angespannt blickte er weiter auf den Bildschirm.

»Warum hört man eigentlich nichts«, fragte Tobi dann und Rocco, dem das bislang gar nicht aufgefallen war, sah, dass er den Sound an seinem Computer gemutet hatte. Mit einem Klick schaltete er den Ton wieder ein und man hörte Möller, dessen Stimme aus dem Fernsehen bekannt war, in erstaunlich guter Tonqualität sprechen. Mit eindrücklicher Stimme redete er auf die vierte Person ein, die ihm auf der anderen Seite des Couchtisches gegenübersaß.

»Ich bin mir sicher, dass wir da eine Einigung erzielen werden«, sagte er »Geben und Nehmen!«

»Und wie genau stellen Sie sich das vor?«, fragte sein Gegenüber.

»Ganz einfach. Sie spenden einen Betrag von, sagen wir mal, fünfhunderttausend, oder was auch immer Sie für angemessen halten, an eine gemeinnützige Organisation, die ich Ihnen nennen werde.« Mit einem Grinsen lehnte er sich auf dem Sofa zurück. »So einfach ist das«, fuhr er dann fort. »Fünfhunderttausend, und wir sind im Geschäft.«

Im nächsten Moment ergriff er die Hand der verpixelten Frau und streichelte ihr mit seinem Daumen über den Handrücken.

»Echt, ist der Typ widerlich«, fuhr Tobi hervor. »Die könnte seine Tochter sein.«

Rocco, der immer noch hoffte, dass der dritte, stehende Mann nicht sein Vater war, nickte nur stumm.

»Warum nicht direkt an Ihre Partei?«, fragte der übergewichtige Mann weiter.

»Na ja«, erwiderte Möller, ließ die Hand der Frau los und beugte sich wieder nach vorne. »So können wir das Parteispendengesetz umgehen, und Sie bleiben anonym.« Er strahlte jetzt über das ganze Gesicht, offensichtlich sehr zufrieden mit seinem Vorschlag. »Und weil wir das geschickt machen, ist das Ganze vollkommen legal!«, fügte er mit einem kehligen Lachen hinzu.

Dann griff er sich ein Glas vom Tisch und goss sich großzügig aus einer der zahlreichen Schnapsflaschen ein. In wenigen Zügen trank er die klare Flüssigkeit.

»Wodka«, kommentierte Tobi kopfschüttelnd. »Und den leeren Flaschen auf dem Tisch nach zu urteilen, nicht zu wenig.«

Im selben Moment beugte sich der stehende Mann nach vorne und griff ebenfalls nach Glas und Flasche.

Rocco hielt den Atem an, denn langsam kam das Gesicht des Unbekannten in den Bildausschnitt.

»Ein Glück«, stieß er hervor, als er erkannte, dass es sich nicht um seinen Vater handelte.

»Habe ich dir doch gesagt, dass das nicht dein Dad ist«, triumphierte Tobi.

Rocco nickte erleichtert und spürte, wie eine zentnerschwere Last von seinen Schultern abfiel.

»Ja, hast du gesagt. Aber gewusst hast du es auch nicht. Abgesehen davon, hast du 'ne Ahnung, wer das ist?«

Tobi kniff die Augen zusammen. »Hm, irgendwie kommt er mir bekannt vor. Deutlich jünger als Möller auf jeden Fall.« Tobi schien nachzudenken, denn er musterte den Mann ganz genau. »Na klar«, stieß er dann hervor. »Das ist Herfurth. Carsten Herfurth. Der Staatssekretär von Möller.«

»Das gibt's doch gar nicht«, stieß Rocco hervor. »Das ist nicht zu fassen. Sehen wir hier echt zwei Politiker, die sich bestechen lassen? Für Bauaufträge? Und das auf so eine schmierige Art und Weise?«

Kein Wunder, dass die politische Kaste im ganzen Land untendurch ist, dachte Rocco. Er konnte nicht glauben, was er da vor sich sah. Und er merkte, wie nach der Erleichterung, dass sein Vater zumindest bisher nicht im Bild war, seine Sorge wieder wuchs, dass er da irgendwie mit drinsteckte. *Arbeitete sein Vater mit korrupten Politikern zusammen? Und war das ganze Material hier überhaupt echt?*

»Könnte das ein Fake sein?« Fragend sah Rocco Tobi an.

»Glaube ich nicht. Das haben die ganz sicher bei der ARD überprüft, bevor die damit auf Sendung gegangen sind. Ansonsten würde Möller denen doch den Arsch wegklagen.«

Rocco nickte. »Könntest recht haben.« Er machte eine Pause, ehe er hinzufügte. »Aber was hat das jetzt mit meinem Vater zu tun?«

»Keine Ahnung. Lass mal weitergucken. Vielleicht kommt noch was.«

Rocco, dessen Bauch sich weiter zusammenkrampfte, schaute wieder auf den Monitor.

»Und was passiert dann, wenn wir Ihnen den Betrag überwiesen haben?«, fragte der sitzende Mann.

»Oh, das ist nicht schwer«, erwiderte Möller, während er nach der kleinen Holzkiste griff, die vor ihnen auf dem Tisch stand. Er öffnete den Deckel und holte eine Zigarre hervor.

»Ich nehme an, dass die für die Allgemeinheit sind, oder?«, fragte er und griff zu. Der übergewichtige Mann nickte und griff ebenso wie Herfurth zu. Nachdem die Männer ihre Zigarren angezündet hatten, fuhr Möller fort.

»Also, wenn dieses Geld, diese Spende, eingegangen ist, dann soll das Ihr Schaden nicht sein.«

»Genau, Ihr Schaden soll das nicht sein«, plapperte Herfurth seinem Chef lallend nach.

Rocco blickte zu Tobi. »Ob es von dem Mann, der gerade spricht, auch noch andere Aufnahmen gibt? Bisher ist er in keiner der Einstellungen zu erkennen.«

Tobi zuckte mit den Schultern, ehe sich sein Gesicht erhellte.

»Vielleicht ist das ja beabsichtigt. Wenn ich es mir so genau anschaue, scheint der Bildausschnitt nicht zufällig gewählt. Möller und Herfurth kann man hervorragend erkennen. Zumindest wenn Herfurth sich auch hinsetzen würde. Den anderen Mann dagegen nicht. Die Frau ist verpixelt und vermutlich nur Staffage. Um die Stimmung anzuheizen, meine ich.«

»Stimmt«, erwiderte Rocco. »Und vom Akzent her hört sich der Mann nicht so an, als wäre er in Deutschland geboren. Eher was Osteuropäisches.«

Tobi nickte, widmete seine Aufmerksamkeit jetzt aber auch wieder dem Video.

»Konkret bedeutet das«, erläuterte Möller, der sich in seinem Sessel wieder nach vorne gebeugt hatte, »wenn wir weiter an der Regierung bleiben, werden wir uns Ihre eingereichten Bauvorhaben ganz wohlwollend anschauen.«

Möller goss sich einen weiteren Schluck Wodka nach. Er lachte laut und nahm die junge Frau neben sich in den Arm. Die schien nichts dagegen zu haben und schmiegte sich eng an ihn. Mit der Hand fuhr sie dabei auf Möllers Bein auf und ab.

»Wie wohlwollend mag das sein?«, fragte der andere Mann jetzt mit einer gewissen Strenge in der Stimme.

»Immer sachte, mein Lieber«, antwortete Möller. »Wohlwollend bedeutet, dass Sie die Aufträge sicher kriegen, wenn diese auch nur ansatzweise vernünftig kalkuliert sind. Dann kann ich Ihnen garantieren, dass Sie den überwiegenden Anteil der Großaufträge gewinnen werden.«

Möller war jetzt richtig in Fahrt. Zufrieden an seiner Zigarre paffend hob er sein Glas und prostete in Richtung des übergewichtigen Mannes.

»Also, wenn das nicht gut klingt, weiß ich nicht«, rief er etwas überschwänglicher als nötig. Ganz offensichtlich zeigte der Alkohol auch bei ihm seine Wirkung.

An dieser Stelle blieb die Aufnahme stehen und das Bild wechselte in ein Fernsehstudio. Eine Einblendung am unteren Rand wies darauf hin, dass es sich um eine ungeplante Sondersendung handelte. Markus Kreuz, der die Moderation übernommen hatte, blickte auf seine Karten, die er kurz auf dem Tisch aufstieß, um sie in Ordnung zu bringen. Dann sah er direkt in die Kamera.

»Das, meine sehr verehrten Damen und Herren, war ein kleiner Zusammenschnitt eines insgesamt etwa fünf Stunden andauernden Treffens.« Er drehte sich nach links und die Kamera zog in die Totale. Hinter einem Stehpult kam eine knapp vierzigjährige Frau mit kurzen, dunklen Haaren und einem modernen Hosenanzug ins Bild.

»Mit mir heute im Studio: die anerkannte Politologin Maria Bischof«, stellte Kreuz die Expertin vor.

»Frau Bischof«, fuhr er fort. »Bitte fassen Sie für unsere Zuschauerinnen und Zuschauer kurz zusammen, was wir da eben gesehen haben.«

»Das mache ich sehr gerne«, sagte sie und hielt sich jetzt mit beiden Händen an ihrem Pult fest.

»Wir waren Zeugen einer verdeckt aufgezeichneten Begegnung, die den amtierenden Berliner Bausenator Dieter Möller und seinen Staatssekretär Carsten Herfurth zeigen. Das Ganze wurde vergangenen Sommer auf Rügen aufgezeichnet.«

Die Expertin machte eine kurze Pause und blickte auf die vor ihr liegenden Papiere, ehe sie fortfuhr.

»Inhaltlich scheint Möller dem unerkannt gebliebenen Gesprächspartner gegen die Zahlung einer Parteispende den Zuschlag bei öffentlichen Bauvorhaben zu versprechen.«

Mit einem nachdenklichen und zugleich besorgten Gesichtsausdruck nickte Kreuz.

»Das Ganze ist ja jetzt schon einige Monate her«, fragte er die Expertin. »Und seitdem gab es im vergangenen Herbst sogar eine weitere Wahl zum Abgeordnetenhaus. Wissen wir denn, ob das hier angedeutete, nennen wir es mal ›Geschäft‹, wirklich jemals zustande gekommen ist?«

»Nein, ist es nicht. Das wissen wir sicher. Denn das Video, das wir gerade gesehen haben, war zum Teil gestellt. Der angebliche Bauinvestor war in Wirklichkeit ein Lockvogel. Er hatte nie die Absicht zu spenden.«

»Da muss ich jetzt noch einmal nachhaken, damit ich das wirklich verstehe«, wandte sich Kreuz an Bischof. »Der Mann, also der Lockvogel, wusste, dass die Szene gestellt war. Die beiden Politiker aber, Dieter Möller und Carsten Herfurth, die wussten es nicht?«

»Ganz genau. Die beiden Politiker mussten davon ausgehen, dass es sich hier um eine reale Situation handelt, in der sie mit einem echten Investor verhandeln.«

»Dann hat man die zwei also in eine Falle gelockt?«, fragte Kreuz weiter nach.

»Ja, das kann man so sagen.«

Mit hochgezogenen Augenbrauen nickte Kreuz und sah erneut auf seine Moderationskarten.

»Und, liebe Frau Bischof, wie bewerten Sie als Politologin das soeben gezeigte Material?«

»Nun«, fing sie an. »Ich kann mir natürlich keine abschließende rechtliche Beurteilung erlauben. Aber auf den ersten Eindruck und ohne das gesamte Material gesichtet zu haben, sieht das Ganze für mich so aus, als könnten sich die beiden Politiker hier möglicherweise strafbar gemacht haben.«

Kopfschüttelnd und mit einer zunehmenden Erregung in der Stimme fügte sie hinzu. »Aber unabhängig davon, ob und welche Strafnormen hier verletzt wurden, zeigt das Video in erschreckendem Maße genau das, was große Teile der Bevölkerung schon immer befürchtet haben. Das Video zeichnet das Bild einer korrupten politischen Kaste, in der die Repräsentanten des Volkes nach Gutsherrenart auf gewissenlose Art und Weise Entscheidungen treffen, ohne sich dabei um Recht und Gesetz zu kümmern.«

»Und welche Auswirkungen hat das nach Ihrer Einschätzung für die Berliner Politik?«, fragte Kreuz weiter nach.

»Es muss jetzt ganz schnell etwas passieren, um den Schaden zu begrenzen. Das Vertrauen ist auf jeden Fall erst mal beschädigt. Und es wird vermutlich einige schmerzhafte Entscheidungen brauchen, um es wiederherzustellen.«

Kreuz nickte zustimmend und drehte sich wieder in Richtung der Kamera. Mit wenigen Worten fasste er das Gesehene noch einmal zusammen und verwies auf eine weitere Sondersendung am Abend, die im Anschluss an die *Tagesschau* um 20.15 Uhr ausgestrahlt werden würde. Dann verabschiedete er sich und die Sendung war beendet.

Rocco klappte seinen Laptop zu und atmete erleichtert aus. In der ganzen Sendung war kein einziges Wort über seinen Vater gefallen.

»So weit, so gut«, sagte er und blickte Tobi an.

»Stimmt. Aber meinst du nicht, dass es an der Zeit wäre, ein Gespräch mit deinem alten Herrn zu führen?«

Rocco erwiderte Tobis Blick, ohne etwas zu sagen. Ein Gespräch mit seinem Vater war in der Tat längst überfällig. Und innerlich fragte er sich gerade, warum er das nicht längst getan hatte. Obwohl er die Antwort auf diese Frage ganz genau kannte. Er hatte schlichtweg Angst. Angst davor, dass die gerade wieder aufgenommene Beziehung zu seinem Vater darunter leiden würde. Und Angst davor, dass sein Vater vielleicht doch ein anderer Mensch war, als er es sich gewünscht hatte. Da war die ganze Zeit dieses Gefühl eines ungelösten Rätsels, als lebte er vor einem Vorhang, den er unbedingt lüften wollte – während er zugleich nichts heftiger fürchtete.

15. KAPITEL

Berlin-Kladow, Uferpromenade:
Samstag, 27. Februar, 11.07 Uhr

Während eine Kohlmeise sich auf dem Geländer der Terrasse vor ihm niederließ, dachte Helmut Eberhardt über den Bericht im Fernsehen nach. Der Beitrag über Dieter Möller hatte ihn völlig unerwartet getroffen. Doch Eberhardt wäre nicht Eberhardt, wenn er sich länger als ein paar Minuten davon aus der Ruhe hätte bringen lassen. *Unerwartet,* dachte er. *Und ungeplant. Unvernünftig. Geradezu dumm und einfältig.* Er hatte mehr von Möller erwartet. Das passte ihm überhaupt nicht. Wie konnte dieser Mann sich so mir nichts, dir nichts übertölpeln lassen und das gesamte Vorhaben gefährden?

Eberhardt massierte sich mit den Spitzen seiner Finger die Schläfen. *Was war jetzt zu tun? Und wer würde den ersten Schritt machen? Er? War das wirklich seine Aufgabe?* Doch noch bevor er sich zu einer Entscheidung durchringen konnte, spürte er ein Vibrieren in seiner Tasche. Er griff nach seinem Telefon. Ein Blick auf das Display zeigte ihm, wer der Anrufer war.

Wenigstens hat er den Anstand, sich von alleine zu melden, dachte Eberhardt und nahm das Gespräch an.

»Na, das war ja wohl nicht Ihre größte Sternstunde«, nahm Eberhardt das Gespräch mit einem nicht zu überhörenden Spott in der Stimme an.

»Ihre Ironie können Sie sich sparen«, erwiderte Möller. »Ich rufe Sie an, um Ihnen zu sagen, dass das Ganze komplett aus dem Zusammenhang gerissen wurde. Die haben mich total verarscht!« Seine Stimme zitterte vor Wut. »Das stellt sich jetzt alles so dar, als hätte ich mich bereichern wollen. Aber das ist doch totaler Quatsch. Ich brauche kein Geld, darum geht es gar nicht!«

»Aha, das sah aber gerade ganz anders aus«, hielt Eberhardt dagegen. »Für mich sah das aus, als wenn sich ein korrupter Schmierenkomödiant bestechen lassen will.«

Möller schnaufte am anderen Ende der Leitung, ohne direkt auf Eberhardts Beleidigung zu antworten. Nach einer mehrere Sekunden dauernden Pause ergriff er wieder das Wort. Seiner Stimme nach zu urteilen, riss er sich schwer zusammen, um einigermaßen beherrscht zu sprechen.

»Eberhardt, wir kennen uns nun schon eine ganze Weile. Ich muss Sie bitten, mir zu helfen. Wir können doch die ganze Sache nicht wegen dieser idiotischen Geschichte aufgeben!«

»Wegen Ihres idiotischen Verhaltens, meinen Sie wohl«, stellte Eberhardt seinen Standpunkt klar. »Hätten Sie ein bisschen weniger tief ins Glas geschaut und ich weiß nicht was konsumiert, wären wir jetzt nicht in dieser Lage.«

Möller verlor erneut seine Contenance und brüllte in den Hörer. »Aber das war alles ganz anders, wie oft soll ich das denn noch sagen?!«

Helmut Eberhardt hielt den Hörer von seinem Ohr weg und überlegte für einen Moment aufzulegen. Er sah nicht ein, sich so anschreien zu lassen. Noch dazu von diesem Idioten, der gerade sein ganzes Investment vor die Wand zu knallen drohte. Er atmete tief durch und entschloss sich dann gerade wegen seines Einsatzes und ihres Projektes dagegen. *Ruhe. Wir brauchen Ruhe und vernünftige nächste Schritte,* sagte er sich. *Ansonsten war alles umsonst.* Und das, da war Eberhardt sich sicher, würde er auf keinen Fall zulassen.

»Also gut, dann hören Sie mal zu«, begann er. »Wir werden jetzt Folgendes machen …«

16. KAPITEL

Berlin-Charlottenburg, ein Hotel in einer Seitenstraße des Kurfürstendamms: Samstag, 27. Februar, 15.07 Uhr

»Was für ein unfassbares Arschloch bist du denn!«, schrie Carlo Junghans und hätte um ein Haar sein Smartphone gegen die ausgeblichene Tapete seines Hotelzimmers geworfen. Der Schuppen war wenigstens seit den Achtzigerjahren nicht mehr renoviert worden. Und hätte Junghans nicht abtauchen müssen, hätte er sich niemals in dieser Absteige eingemietet. Er besann sich im letzten Moment eines Besseren und schleuderte das Gerät lediglich auf das Bett.

Junghans raufte sich die Haare und lief unruhig auf und ab. Durch das große Altbaufenster, an dessen Rahmen die Farbe abplatzte, blickte er auf die drei Etagen unter ihm vorbeilaufenden Passanten. Auf den großen Einkaufstüten prangten die Logos der nur wenige Meter entfernten Boutiquen.

»Verdammt«, fluchte er und wünschte sich für einen Moment, einer von ihnen zu sein. Deren Leben war nicht im Laufe der letzten Stunden komplett auf den Kopf gestellt worden.

Junghans lief zurück zu dem Bett, griff sich sein Handy und blickte voller Wut auf das Display. Genauer gesagt auf Twitter. Zum wiederholten Mal las er den Post, von dem er sich wünschte, er wäre nie geschrieben worden. Mit einem Link zu der wenige Stunden vorher veröffentlichten Sondersendung zu der Affäre »Rügen-Gate«, wie die Medien den Skandal um Bausenator Möller mittlerweile nannten, prangte, versehen mit mehreren Emojis, ein Post, dessen Relevanz der Verfasser nach Junghans' Meinung nicht ansatzweise erkannte.

Heute morgen um Punkt 10 Uhr haben wir (Carlo Junghans – *RESPEKT* – und ich – *HOCH LEBE DER GUTE TON*) das wahre Gesicht von Bausenator Dieter Möller gezeigt. Schämen Sie sich, @dieter.möller!!! Raffgierigen Kapitalisten wie Ihnen verdanken wir unbezahlbare Mieten!!! #fairemietenfüralle; #enteignungvonluxusvillen; #korruptepolitiker; #ruegengate, #ihrkommtnichtdavon; #berlinleaks. Aber damit nicht genug. Das Ganze ist noch viel verrückter, als ihr glaubt. Mehr dazu in Kürze :-) #ichweisswaswasihrnichtwisst; #ihrwerdeteuchnochwundern

»Du Idiot«, brüllte Junghans. »Das ist unser verficktes Todesurteil, du Trottel!«

17. KAPITEL

Berlin-Charlottenburg, *Hildegard Bar:*
Samstag, 27. Februar, 23.14 Uhr

Heute gab es etwas zu feiern. Das hatte Dirk Stecher sich verdient. Zumindest seiner Meinung nach. Sie hatten Großes geleistet. Und das musste belohnt werden. Ein Kumpel hatte ihm vor einem guten Jahr die *Hildegard Bar* empfohlen und seitdem war er dort Stammgast. Jeden Samstag. Geile Musik, super Cocktails, entspannte Gäste und der perfekte Gastgeber hinter der Bar.

»Ein Brot und eine Tüte …« schallte ein Song aus den Lautsprechern, als Stecher den letzten Platz direkt am Tresen ergatterte. Element of Crime. *Perfekt,* dachte er und zündete sich eine Zigarette an, während er seinen Blick durch die Bar schweifen ließ. Gut sechzig Gäste saßen an den Tischen in der gleichermaßen cool wie elegant eingerichteten Bar. An den Wänden hingen neben seltenen plakatgroßen Fotos von Billy Idol, Klaus Kinski und den Stones aufwendige Drucke bekannter Künstler. Zwei Barkeeper mixten um die Wette Cocktails, die von den Servicekräften zusammen mit Nüssen und stillem Wasser an das dankbare Publikum verteilt wurden. In der Ecke der Bar leuchtete das rosafarbene Licht einer Jukebox.

So lässt es sich leben, dachte er und entschied sich nach einem Blick in die Karte für einen *Negroni Celentano. So geil hier,* dachte er und wippte mit seinem Fuß im Takt der Musik.

Eine Stunde, drei Cocktails und eine halbe Schachtel Kippen später lief Stecher leicht wankend den dezent beleuchteten Flur in Richtung der Toiletten entlang. Für heute sollte es das gewesen sein. Aber vorher noch mal schiffen gehen. *Was für ein Tag!,* dachte er, *was für ein Tag!* Heute hatten sie einen korrupten Politiker zu Fall gebracht. Er und Carlo. Diese Kapitalistenschweine kotzten ihn so was von an. Geradezu lächerlich, was man heute für eine Einzimmerwohnung in Kreuzberg zahlen musste. Das war das Werk dieser Spekulantenhuren. Profit war das Einzige, was für sie zählte. Dass sie damit ganze Kieze zerstörten, war ihnen offensichtlich völlig egal. Dumme Arschlöcher.

Stecher war stolz, dass er ein Teil dessen war, was den Skandal ans Licht gebracht hatte, der das politische Berlin heute erschütterte. Im letzten Moment war er für einen Freund eingesprungen, den Junghans eigentlich beauftragt hatte. Den Ton sollte er machen. Das war sein tägliches Geschäft. Nur dass die Mikrofone verdeckt installiert werden sollten, war anders. Geheime Aufnahmen, hatte Junghans ihm gesagt. Damit hatte er sich aber nicht abspeisen lassen. Und als Junghans ihm dann die ganze Geschichte erzählt hatte, war er sofort Feuer und Flamme gewesen. Er hasste korrupte Politiker. Und dieser Möller war der Prototyp des Bösen. Neoliberaler Geschäftemacher. Dem eins auszuwischen, hätte Stecher sogar für umme gemacht. Dass er dann aber doch noch etwas mehr verdient hatte als geplant, war seiner Meinung nach nur fair. Und jetzt, beinahe ein halbes Jahr nach der Aufnahme, war endlich alles ans Tageslicht gekommen. Endlich. So lange hatte er darauf gewartet. So geil!! Hatte er heute gleich auf Twitter gepostet. So viel Kommentare und Likes hatte er vorher nie bekommen. Richtig cool.

Aufgekratzt zog er sein Handy aus der Tasche und checkte die Reaktionen auf seinen Post auf Twitter. Unglaublich. In den letzten fünf Minuten waren wieder zahlreiche neue Kommentare dazugekommen. Und fünfzehntausend Likes, so viel wie noch nie. Auf eine merkwürdige Weise fühlte er sich stolz. Er war dabei. Das war zwar nicht Watergate, aber es war auch nicht nichts.

Zufrieden stieß er die Tür zu der Toilette auf und eilte vorbei an dem Waschbecken direkt zu den Pissoirs. *Geile Bilder,* dachte er. Sogar auf der Toilette. In Augenhöhe hing ein frühes Foto von Keith Richards aus den Sechzigerjahren. Lässig an einen Wasserspender gelehnt, mit einer riesigen Sonnenbrille, stand er neben einem Schild mit der Aufschrift: »Patience Please – A Drug Free America Comes First!«. *Geiler Joke. Cooler Typ.*

Gerade als Stecher seine Hose geöffnet hatte, erlosch das Licht. Er fluchte, musste dann allerdings lachen. War ja nicht sein Problem, wenn etwas danebenging. Das konnte wohl niemand von ihm erwarten, dass er sich erst noch um das Licht kümmerte. Während er sich mit einem Seufzer erleichterte, fragte er sich, ob er eigentlich alleine in der Toilette war. War die Tür zu der Klokabine nicht zu gewesen?

Wäre echt kacke, wenn da einer auf der Schüssel sitzt. So ganz im Dunkeln. Stecher musste lachen. *Im wahrsten Sinne des Wortes. Was soll's. Nicht mein Problem!* Nachdem er sein Geschäft erledigt hatte, tastete er sich vorsichtig an der Wand entlang auf der Suche nach dem Waschbecken. Im Dunkeln war er mit der Hand gegen das zweite Pissoir gekommen. Das war irgendwie eklig und er wollte sich besonders gründlich die Hände waschen.

Vorsichtig, um nicht noch mal an dieses verdammte Pissoir zu greifen, tastete er sich weiter, als er plötzlich auf etwas Warmes stieß. Er fühlte Stoff, nahm eine Bewegung wahr, als atmete jemand. Instinktiv wich er zurück und wollte einen Schrei ausstoßen. Doch bevor er einen Laut von sich geben konnte, wurde sein Körper wie von einem Bulldozer an die Wand gedrückt, während gleichzeitig eine Hand mit brutalem Griff seinen Mund verschloss. Er registrierte beinahe verwundert, wie ihn plötzlich an einem derart banalen Ort Todesangst befiel.

18. KAPITEL

Berlin-Wilmersdorf, Tübinger Straße:
Sonntag, 28. Februar, 7.23 Uhr

»So, genug gepennt«, schepperte Tobis Stimme aus dem Lautsprecher von Roccos Telefon. »Wir haben ein Problem. Es ist etwas passiert, das du wissen solltest.«

Rocco, der durch das Klingeln seines iPhones mitten aus einem Traum gerissen wurde, musste sich nach dem Wortschwall seines besten Freundes erst einmal konzentrieren. Was wollte Tobi?

»He, wird das jetzt zur Gewohnheit, dass du mich morgens aus dem Bett wirfst?«, brummte Rocco. »Wie spät ist es überhaupt?« Er rollte sich in seinem Bett auf den Rücken, schaltete den Lautsprecher an seinem iPhone ein und legte das Telefon auf seiner Brust ab.

Er war erst morgens gegen drei Uhr eingeschlafen. Die Sache mit seinem Vater und Möller ließ ihm einfach keine Ruhe. Konnte sein Vater in diese obskuren Immobiliengeschäfte verwickelt sein? Und wenn ja, wie? Arbeitete er mit Möller zusammen? Oder stand er vielleicht auf der anderen Seite?

»Wie spät es ist, fragst du? Zu spät! Zumindest für Dirk Stecher«, erwiderte Tobi mit zynischem Unterton.

»Wer um alles in der Welt ist Dirk Stecher?« Rocco konnte mit dem Namen überhaupt nichts anfangen. »Hört sich an wie ein drittklassiger Pornodarsteller.«

»Ist mehr ein zweitklassiger Tonmann. Beziehungsweise war ein zweitklassiger Tonmann. Denn der Gute ist vor etwa sieben Stunden aus dem Leben geschieden.«

»Und was hat das mit mir zu tun und warum rufst du mich deshalb um diese Zeit an?«

»Na ja, Stecher war der Tonmann von Carlo Junghans bei der Aufnahme mit Möller.«

Mit einem Schlag war Rocco hellwach. *Stecher hatte bei dem Video mitgemacht? Und jetzt war er tot?*

Das Ganze nahm eine Dimension an, die über Bestechung und den Berliner Filz weit hinausging.

Die Gedanken rasten in Roccos Kopf um die Wette. *Wie war dieser Stecher gestorben? Und hatte sein Vater etwas damit zu tun?*

»Solltest du dich gerade fragen, ob das was mit deinem Dad zu tun hat«, kam Tobi ihm zuvor, »kann ich dir das auch nicht sagen. Aber es wäre möglich.«

Tobi machte eine Pause und als Rocco nicht reagierte, fuhr er fort: »Apropos dein Vater. So wie ich dich kenne, hast du dich vermutlich noch nicht bei ihm gemeldet, oder?«

Nein, hatte er natürlich nicht.

Rocco, der keine Lust hatte, jetzt mit Tobi über seinen Vater zu sprechen, lenkte das Gespräch in eine andere Richtung. »Sag mir doch bitte einfach, wie du von diesem Strecker erfahren hast.«

»Stecher, nicht Strecker. Von Twitter und der Polizei.«

»Twitter?« Rocco war kein großer Fan dieser sogenannten sozialen Medien und checkte seinen Account höchstens einmal im Monat. Wenn überhaupt. Nach seiner Meinung waren die sozialen Medien mit wenigen Ausnahmen mehr Schein als Sein. Damit konnte er gar nichts anfangen.

»Na ja, Stecher hatte gestern auf Twitter damit geprahlt, er sei der Tonmann des Rügen-Videos gewesen.«

»Und wieso ist er jetzt tot?«, fragte Rocco.

»Keine Ahnung, wie soll ich das wissen?«

»Mann, ich meine, woher du weißt, dass er tot ist?« Rocco war gereizt. Der Schlafmangel zeigte Wirkung. Und Tobi schien es heute besonders darauf anzulegen, jede Frage wörtlich zu nehmen, um Rocco maximal auf die Nerven zu gehen.

»Das wiederum weiß ich von der Polizei. Nachdem ich mich bei meinen ehemaligen Kollegen neulich über Junghans erkundigt hatte, war denen klar, dass ich da an einem Fall dran bin. Und als sie dann gestern Stecher tot in einer Bar gefunden haben, hat mich einer angerufen.«

»Wurde er umgebracht?«

»Weiß man noch nicht genau. Wird die Rechtsmedizin uns sagen. Könnte ein Unfall sein, könnte auch ein vorgetäuschter Unfall sein.«

»Okay«, sagte Rocco und musste nicht lange überlegen, um zu wissen, was er als Nächstes tun wollte.

»Du könntest …«, begann Tobi, doch Rocco unterbrach ihn mitten im Satz.

»Ja, ich könnte Jarmer anrufen. Mache ich gleich morgen früh. Am Sonntag wird er eh nicht arbeiten.«

»Alles klar. Und wenn du mit ihm gesprochen hast, dann lass uns mal treffen. Wäre ganz nett rauszufinden, was es damit auf sich hat.«

Rocco nickte und merkte, wie seine Angespanntheit langsam nachließ. Tobi konnte nicht wissen, dass er erst so spät eingeschlafen war. Und so früh war es ja nun auch nicht mehr. Ganz im Gegenteil. Außerdem wollte Tobi nur helfen. Er wusste, wie nah ihm die Sache mit seinem Vater ging. Viel zu lange waren sie einander entfremdet. Viel zu viel Zeit hatten sie verschwendet. Und jetzt, da sie einander wieder nähergekommen waren, wollte Rocco das Ganze nicht schon wieder aufs Spiel setzen. Hinzu kam die Sorge, dass sein Vater wirklich etwas mit dem ganzen Fall zu tun haben könnte.

»Treffen klingt gut«, sagte Rocco deshalb. »Und sorry, dass ich so genervt war. Ich weiß es sehr zu schätzen, dass du mir hilfst. Alles, meine ich.«

»Kein Ding«, gab Tobi zurück. »Und Rocco, ruf endlich deinen Vater an.«

19. KAPITEL

Berlin-Westend:
Sonntag, 28. Februar, 10.17 Uhr

Mit einem Lächeln auf den Lippen schnappte Justus Jarmer sich den Hausschlüssel aus dem kleinen Schälchen auf der Kommode und machte sich auf den Weg zum Bäcker. Seit langer Zeit hatte er mal wieder richtig ausgeschlafen. Genau wie der Rest der Familie. Zusammen mit seiner Frau und den Kindern hatten sie in aller Frühe im Bett ein bisschen ferngesehen. Irgendwelche Kindersendungen. Doch irgendwann hatte der Hunger sie übermannt. Jarmer hatte sich schließlich breitschlagen lassen, Brötchen zu holen, wenn die anderen in der Zeit den Tisch deckten.

Mit einem Jutebeutel auf dem Gepäckträger radelte er von der Lindenallee über die Platanenallee in Richtung Wiener Conditorei. Das war zwar nicht der nächste Bäcker. Aber die machten die besten Brötchen.

Schon aus der Ferne, er war noch gute achthundert Meter entfernt, hörte Jarmer eine große Menschenmenge jubeln. Je näher er kam, desto klarer wurde ihm der Grund des Lärms. Eine Demo.

Na super, dachte Jarmer, das hatte ihm gerade noch gefehlt. Hoffentlich würde er trotzdem zum Bäcker durchkommen. Kurzerhand bog er links in die Kirschenallee und dann wieder rechts auf die Reichsstraße und schaffte es so noch vor der Menge, die sich am Steubenplatz versammelt hatte, bis zur Wiener Conditorei zu radeln. Nachdem er sein Fahrrad abgeschlossen hatte, wollte er gerade den Verkaufsraum betreten, als etwas seine Aufmerksamkeit erregte. Hatte die Rednerin gerade den Namen Stephan Moosmann erwähnt?

Jarmer drehte sich um und sah auf der kleinen Bühne eine etwa Mitte zwanzig Jahre alte Frau mit langen, dunklen Haaren, die die Aufmerksamkeit der gut tausend Demonstranten fesselte.

Er hörte ihr für einen Moment zu und dachte, dass sie das wirklich gut machte. Mit wachsendem Interesse folgte er der Ansprache.

»Wir fordern Gerechtigkeit«, rief sie in das Mikrofon, das ihre Worte in erstaunlich guter Qualität durch die Boxen über den gesamten Platz schallen ließ. »Es darf keinen zweiten Stephan Moosmann mehr geben!«, fuhr sie fort. »Nie wieder darf in dieser Stadt jemand so verzweifelt sein, dass er sich das Leben nimmt, nur weil er seine Miete nicht mehr zahlen kann!«

Jarmer hörte ihr gespannt weiter zu und kam nicht umhin, der jungen Frau Respekt zu zollen. Denn auch wenn der Suizid von Stephan Moosmann in dieser Konsequenz hoffentlich ein tragischer Einzelfall bleiben würde, änderte das nichts an dem wachsenden Dilemma für so viele Berliner Familien. Tausende hatten bereits ihre Wohnung aufgeben müssen und eine wachsende Zahl stand kurz davor. Jarmer selbst wusste, dass er aufgrund seines Einkommens und seiner Stellung zu einer immer kleiner werdenden Gruppe privilegierter Personen gehörte, die auch in den nächsten Jahren in ihrem gewohnten Umfeld bleiben durften. Und verpflichtete ihn nicht gerade diese Stellung dazu, sich für diejenigen einzusetzen, denen das Schicksal weniger gute Karten in die Hand gespielt hatte?

Das erinnerte ihn an das Versprechen, das er Carolin Moosmann gegeben hatte. Kurz entschlossen griff er zu seinem iPhone und nahm eine kurze Sprachnachricht auf.

»Hallo, Frau Hardenberg, Jarmer hier. Ich hatte am Freitag noch kurz mit der Tochter von Stephan Moosmann, Carolin Moosmann, gesprochen. Sie hat Zweifel an der Authentizität des angeblichen Abschiedsbriefes ihres Vaters. Wäre es möglich, dass

Sie das Schreiben durch einen Fachmann überprüfen lassen könnten? Nur um sicherzugehen, dass es auch wirklich von Moosmann selbst erstellt wurde. Beziehungsweise, ob es Hinweise darauf gibt, ob es freiwillig erstellt wurde, für den Fall, dass ihn die Schriftprobe eindeutig als Autor bestätigte. Gerne können Sie mich dazu auch noch einmal kontaktieren. Ich bin am Montag gut telefonisch im Institut oder über meine Mobilnummer zu erreichen. Herzlichen Dank und Ihnen ein schönes Wochenende.«

Nachdem er die Nachricht abgeschickt hatte, blickte er erneut zu der engagierten Rednerin, die mit überzeugenden Argumenten die wachsende Ungerechtigkeit im Berliner Mietmarkt anprangerte.

Sie hatte zweifellos recht, dachte er und fragte sich, welche Möglichkeiten ihm persönlich zur Verfügung standen, etwas dagegen zu tun. Es war längst überfällig, dass endlich etwas passierte.

20. KAPITEL

Berlin-Neukölln, Hermannstraße 72:
Sonntag, 28. Februar, 14.02 Uhr

Nachdem Jana Hardenberg die ganze vorherige Nacht und den Vormittag an einem neuen Fall gearbeitet und auf Bitten von Rechtsmediziner Doktor Jarmer auch noch einen Auftrag in der Sache Moosmann in die Wege geleitet hatte, machte sich trotz ihrer großen Erschöpfung ein fröhliches Lächeln auf ihrem Gesicht breit. Sie freute sich so sehr auf ihren Sohn. Und wie fast jedes Mal, wenn sie den bestimmt fünfzig Jahre alten Schlüssel in das Schloss ihrer Wohnungstür steckte, hörte sie, wie der fünfjährige Maximilian auf der anderen Seite laut »Mama« rufend den Flur entlanggelaufen kam.

Sie stieß die Tür auf und wurde beinahe von ihm umgerannt.

»Oh, Mama«, sprudelte es aufgeregt aus ihm hervor. »So schön, dass du wieder da bist. Komm, ich muss dir was zeigen«, fuhr er fort und zerrte sie an der Babysitterin vorbei in sein Kinderzimmer. »Guck mal, das habe ich ganz alleine aufgebaut.«

Vor ihr, auf dem großen Teppich stand ein gut ein Meter hohes Bauwerk aus Lego-Duplo-Bausteinen, das den Anschein machte, als könne es jeden Moment einstürzen.

»Toll«, strahlte Jana Hardenberg und nahm ihren Sohn in den Arm. »Das ist ja ein cooler Turm.«

Entrüstet sah Maximilian sie an.

»Das ist doch kein Turm, Mama, das ist eine Rakete.«

»Ja, natürlich. Jetzt sehe ich es«, erwiderte sie und gab ihm einen Kuss auf die Stirn. »Lass mich mal los, damit ich Lea noch kurz verabschieden kann«, sagte sie und ging in den Flur zu der Babysitterin.

»Und, alles ruhig?«, fragte sie.

»Ja, alles bestens, Frau Hardenberg. Er hat super geschlafen und nach dem Frühstück hat er sich direkt über seine Legokisten hergemacht«, erwiderte die Studentin.

»Klasse. Vielen Dank. Und danke auch, dass du so spontan über Nacht bleiben konntest. Das bedeutet mir sehr viel.«

»Gar kein Problem, ich hatte eh viel zu lernen und da ließ sich das gut verbinden. Max war schon früh eingeschlafen und da hatte ich jede Menge Zeit.«

»Na, da bin ich aber beruhigt«, sagte Jana Hardenberg und fischte ihr Portemonnaie aus der Innentasche ihrer Jacke. Sie zählte die Scheine ab, reichte sie der Studentin und begleitete sie bis zur Wohnungstür. Nachdem Lea gegangen war, blickte Jana Hardenberg in ihr Portemonnaie. Sie hatte noch genau einhundertfünfzig Euro. Und keine Ahnung, wie sie damit über den Rest des Monats kommen sollte.

21. KAPITEL

Berlin-Charlottenburg, Fasanenstraße 72,
Kanzlei Eberhardt: Montag, 1. März, 8.14 Uhr

»Bitte rufen Sie mich zurück, ich möchte gerne mit Ihnen sprechen«, erklang die Stimme auf dem Anrufbeantworter von Roccos Kanzlei, ehe sie nach einer kurzen Pause und einem Räuspern fortfuhr. »Ich benötige juristische Beratung. Nein, juristische Unterstützung ist wohl der bessere Ausdruck.« Eine weitere Pause, in der man schweres Atmen hörte. »Möller hier. Dieter Möller. Ein Freund Ihres Vaters.« Es folgte die Angabe einer Rückrufnummer, dann war die Aufnahme beendet.

Rocco runzelte die Stirn und sah Klara Schubert an.

»Ich bin überrascht, dass der Berliner Bausenator mit Ihrem Vater befreundet ist«, sagte Roccos Bürochefin und blickte ihn herausfordernd an. »Ich gehe davon aus, dass es sich um *den* Dieter Möller handelt?«

Rocco nickte und überlegte, ob er etwas erwidern sollte, hängte aber erst mal seinen Mantel an die Garderobe und holte sich einen Kaffee aus der Küche. *Jetzt rief Möller auch noch bei ihm an. Und ganz offensichtlich auf Empfehlung seines Vaters.* Rocco hatte keine Ahnung, was er davon halten sollte. Kurz entschlossen lief er wieder zurück zu Klara Schubert. Vielleicht hatte sie eine Idee.

»Ja, es ist *der* Dieter Möller.«

»Der perfekte Mandant, oder?«, fragte sie mit hochgezogenen Augenbrauen. »Prominent. Vermögend. Umstritten. Oder mit anderen Worten: genau das, was Ihnen Spaß macht.«

»Hm«, brummte Rocco nur.

»Aber irgendwas scheint Ihnen doch auf der Seele zu liegen, oder?«, hakte sie nach. »Ich vermute, dass es mit Ihrem Vater zusammenhängt, oder? So nachdenklich kenne ich Sie sonst gar nicht.«

Rocco nickte. Daran gab es anscheinend keinen Zweifel mehr. Mit Dieter Möller befreundet sogar. Davon hatte er ihm nie vorher etwas erzählt.

»Stimmt. Muss wohl meinen Vater kennen.« Rocco dachte nicht zum ersten Mal darüber nach, endlich seinen Vater in dieser Sache anzurufen. Aber alleine die Vorstellung ließ ihn innerlich zusammenzucken. Er konnte ja schlecht fragen: »Du, Papa, bist du zufällig in illegale Geschäfte verwickelt?« Deshalb schob er den Gedanken erneut beiseite. Erst hören, was Möller zu sagen hatte.

An Klara Schubert gewandt, sagte er daher nur: »Rufen Sie den Senator bitte zurück und vereinbaren Sie für heute Nachmittag einen Termin. Wollen wir doch mal sehen, wohin die Sache führt.«

22. KAPITEL

Berlin-Moabit, Institut für Rechtsmedizin:
Montag, 1. März, 9.11 Uhr

Als Dr. Justus Jarmer an diesem Morgen ins Institut gekommen war, hatte er noch nicht ansatzweise geahnt, wie sich der Tag entwickeln würde. Nach der morgendlichen Teambesprechung und Verteilung der Obduktionen und Gerichtstermine checkte er seine E-Mails, bevor er sich auf den Weg in den Sektionssaal machte.

Jeanine Öttinger wartete bereits auf ihn.

»Moin«, begrüßte Jarmer seine Mitarbeiterin und lächelte ihr freundlich zu, ehe er fachkundig den leblosen Körper, der vor ihm auf dem Sektionstisch lag, in Augenschein nahm.

Dann blickte er zu Öttinger.

»Unfall, Suizid oder Tötungsdelikt?«

»Guten Morgen Chef. Tja, das ist die Frage. Und wie immer werden wir erst nach einer genauen Untersuchung die Antwort kennen.«

Jarmer stimmte ihr zu. Damit hatte sie natürlich recht, er vermutete aber, dass sie eine erste Idee hatte, und hakte deshalb nach.

»Das steht außer Frage. Aber was sagt Ihnen Ihr Instinkt?«

»Tötungsdelikt!«

Jarmer nickte. Das war auch seine Einschätzung, denn die Kopfverletzung des leblosen Körpers wies einige Besonderheiten auf, die eindeutig darauf hindeuteten.

»Und was sagen die Kollegen von der Polizei?«, fragte Jarmer weiter, weniger weil er es nicht wusste, sondern mehr, um die Einschätzung seiner Mitarbeiterin zu dem vorläufigen Ergebnis der Ermittlung zu erfahren. Er selbst hatte die Akte gründlich studiert und sich bereits eine erste Meinung bilden können.

»Nun, die gingen zunächst von einem Unfall aus«, erwiderte Öttinger.

Wäre ja auch eine Möglichkeit, die anhand der Aktenlage durchaus Sinn machen würde, dachte Jarmer und ging noch einmal die Fakten durch, die ihm bislang bekannt waren.

Dirk Stecher, männlich, fünfundzwanzig Jahre alt. Von Beruf Tontechniker. Wurde in der Nacht von Samstag zu Sonntag in der Toilette einer Bar von einem anderen Gast aufgefunden, als er leblos auf dem Boden lag. Eine Mitarbeiterin der Bar hat den Notruf gewählt und keine acht Minuten später waren die Sanitäter vor Ort und haben ihn ins nächstgelegene Krankenhaus gefahren, wo kurze Zeit später sein Tod festgestellt wurde.

»Kann ich verstehen, dass die erst mal von einem Unfall ausgegangen sind«, sagte Jarmer. »Als die Beamten am Leichenfundort eingetroffen sind und die Toilette in Augenschein genommen haben, sah es ja wirklich so aus, als wäre Stecher ausgerutscht und ungünstig gefallen.«

»Stimmt«, erwiderte Öttinger. »Jana Hardenberg von der Kripo, die auch in diesem Fall die Ermittlungen leitet, war sich dann aber nicht mehr ganz so sicher.«

»Zu Recht!«, sagte Jarmer und deutete auf den Leichnam. »Aber um das zu beweisen oder zu widerlegen, müssen wir ihn zunächst untersuchen.«

Gemeinsam mit Jeanine Öttinger machte Jarmer sich an die Obduktion. Noch bevor die Rechtsmediziner den ersten Schnitt setzen konnten, war aufgrund der Befunde der äußeren Leichenschau und der computertomografischen Untersuchung des Schädels des Toten klar: Dirk Stecher war Opfer eines Tötungsdeliktes geworden.

Jarmer zollte dem Täter einen gewissen professionellen Respekt. Auf den ersten Blick hätte man tatsächlich den Eindruck gewinnen können, es handelte sich um einen Unfall. Als Profis erkannten er und Jeanine Öttinger allerdings sofort, dass da etwas nicht stimmte.

Aufgrund der Blutspuren – Blutantragungen auf dem vorderen Rand des Waschbeckens und Blutspritzer an der Wand um das Waschbecken herum –, die man auf den Fotos vom Leichenfundort – der nunmehr zum Tatort geworden war – deutlich erkennen konnte, gepaart mit den beiden Verletzungen am Schädel des Toten, musste man von einem Tötungsdelikt ausgehen.

Wäre Stecher mit viel Schwung ausgerutscht und mit großer Wucht unglücklich mit seinem Kopf auf das Waschbecken aufgeschlagen, hätte möglicherweise diese Verletzung im schlimmsten Fall zu seinem Tod führen können. Allerdings hätte es dann dort an der vorderen Waschbeckenkante keine Blutspuren gegeben. Diese konnten nur entstehen, wenn der Kopf mit der durch den ersten Schlag blutenden Kopfplatzwunde wenigstens ein zweites Mal auf das Becken geschlagen wurde. Beim ersten Aufschlagen gegen einen harten Gegenstand spritzte darauf noch kein Blut. Und klar war auch, dass Stecher sich diese Verletzungen unmöglich hatte selbst zufügen können.

»Damit lagen Hauptkommissarin Hardenberg und wir dann wohl von Anfang an richtig«, fasste Jarmer das vorläufige Ergebnis der Obduktion zusammen. »Es handelt sich hierbei eindeutig um ein Tötungsdelikt. Wir brechen an dieser Stelle ab und informieren sofort die Mordkommission und Staatsanwaltschaft.«

Dieses Vorgehen war immer dann erforderlich, wenn sich im Rahmen der Untersuchung die Hinweise auf ein Gewaltverbrechen verdichteten. Jeder weitere Schritt der Obduktion musste kriminalpolizeilich dokumentiert und von der Spurensicherung begleitet werden.

Jeanine Öttinger nickte. »Alles klar, Chef, ich kümmere mich darum.«

Jarmer dankte ihr. Die Zeit, bis alle Protagonisten von Mordkommission, Kriminaltechnik und Staatsanwaltschaft im Institut eingetroffen waren, wollte er nutzen, um in seinem Büro noch einiges an unerledigtem Papierkram auf seinem Schreibtisch zu erledigen.

Dann, von einem Moment auf den anderen, kam ihm etwas in den Sinn. Irgendwo hatte er den Namen Dirk Stecher doch neulich gehört. Oder gelesen?

Jarmer schob die Akte, an der er gerade arbeitete, beiseite und griff nach der Tastatur seines Rechners.

Wer war Dirk Stecher? Jarmer gab den Namen im Suchfeld von Google ein und drückte auf die Enter-Taste.

Sofort erschien eine Liste von Treffern. Über allen anderen gab es einen Link zu Stechers Twitter-Profil. Jarmer folgte dem Link und als er wenige Sekunden später den letzten Post von Stecher gelesen hatte, fragte er sich, ob das alles ein Zufall sein konnte.

23. KAPITEL

Berlin-Charlottenburg, Fasanenstraße 72,
Kanzlei Eberhardt: Montag, 1. März, 14.12 Uhr

Rocco hatte am Morgen vergeblich versucht, Jarmer zu erreichen, um ihn nach Stecher zu fragen. Jarmers Kollegin hatte ihm gesagt, dass ihr Chef im Obduktionssaal zu tun hätte, aber gegen Mittag sicher wieder zu sprechen wäre. Also griff er erneut zum Hörer und wählte die Nummer des Rechtsmediziners. Vielleicht hatte er jetzt ja mehr Glück. Tatsächlich antwortete Jarmer direkt nach dem zweiten Klingeln.

»Hallo, Herr Rechtsanwalt, lange nichts mehr von Ihnen gehört«, begrüßte er ihn freundlich. »Meine Mitarbeiterin hat mir schon gesagt, dass Sie angerufen haben und ich hätte mich später eh gemeldet. Wie kann ich Ihnen helfen?«

Doch noch bevor Rocco antworten konnte, stellte Jarmer ihm eine weitere Frage. Dabei klang seine Stimme mit einem Mal weit weniger freundlich.

»Sie melden sich nicht wegen des Toten aus der Bar, oder?«

Wie um alles in der Welt war Jarmer denn darauf gekommen?, fragte Rocco sich.

»Und wenn es so wäre?«

»Würde ich Sie weiter fragen, welches Interesse Sie an einem Gespräch mit mir haben. Und sollten Sie mir sagen, dass Sie in irgendeiner Form in diesen Fall verwickelt sind oder sogar ein Mandat betreuen, das damit zu tun hat, würde ich diese Unterhaltung sofort abbrechen.«

Jarmer hatte vollkommen recht und Rocco konnte selber nicht fassen, dass er im Eifer des Gefechts nicht daran gedacht hatte.

Wenn Jarmer ihm auch nur die geringste Auskunft in dieser Sache gäbe, wäre er für immer vor Gericht verbrannt. Da half nur eins: Flucht nach vorne.

»Herr Doktor Jarmer. Ich entschuldige mich. Ich weiß nicht, was in mich gefahren ist. Natürlich geht es um Stecher und natürlich frage ich, weil es einen Bezug zu einer Sache gibt, mit der ich zu tun habe.«

Rocco hörte Jarmer am anderen Ende der Leitung atmen, allerdings schwieg er. Offensichtlich dachte der Mediziner darüber nach, was er von Roccos Frage und seiner etwas holprigen Entschuldigung halten sollte.

»Also«, erwiderte Jarmer schließlich ruhig, aber bestimmt. »Ich will aufgrund unserer bisherigen Beziehung zu Ihren Gunsten davon ausgehen, dass Sie ein wenig zerstreut waren, als Sie mich angerufen haben. Denn ohne Frage ist Ihnen klar, dass das höchst unethisch ist. Mal ganz abgesehen davon, welche rechtliche Relevanz das hätte.« Er machte eine weitere Pause und räusperte sich. »Und weil ich, um ehrlich zu sein, nicht genau weiß, was ich davon halten soll, schlage ich vor, dass wir das Gespräch hier beenden. Denn wenn jemand später danach fragt, ob wir uns in dieser Sache unterhalten haben, werde ich das nicht abstreiten können. Oder wollen. Und da jedes weitere Wort ganz erhebliche Folgen haben würde, lassen wir das einfach sein. Also, alles Gute, Herr Rechtsanwalt.«

Rocco hörte erst ein Klicken und dann ein Besetztzeichen. Jarmer hatte aufgelegt.

Verdammt, fluchte er innerlich. Jetzt hatte er Jarmer ganz ohne Grund gegen sich aufgebracht. So unnötig! Ein absoluter Anfängerfehler. Jarmer ging ganz offensichtlich davon aus, dass Rocco mit einem Trick versucht hatte, an vertrauliche Informationen zu kommen. Wütend knallte er den Telefonhörer auf die Station, als Klara Schubert den Kopf durch seine Bürotür steckte.

»Alles okay?«, fragte sie.

Rocco atmete tief durch.

»Ja, alles gut«, sagte er und gewann langsam seine Fassung zurück. »Was gibt's denn?«

»Möller ist da. Soll er noch einen Moment warten?«

Rocco dachte kurz nach, schüttelte dann aber den Kopf. Die Sache mit Jarmer würde er später in Ordnung bringen. Das ging jetzt sowieso nicht.

»Nein, ist schon gut. Schicken Sie ihn rein.«

Klara Schubert nickte und kam kurz darauf mit Dieter Möller zurück ins Büro.

Rocco war überrascht, als er Möller sah. Er kannte den ehemaligen Geschäftsmann und jetzigen Bausenator bislang nur aus dem Fernsehen. Er war größer, als er sich ihn vorgestellt hatte. Dabei sind Menschen normalerweise eher kleiner, als sie im Fernsehen wirken.

Abgesehen davon erschien Möller auf den ersten Blick absolut unsympathisch. Er war der Prototyp des neoliberalen Kapitalisten. Maßgeschneiderter Anzug, Zwanzigtausend-Euro-Uhr und ein Habitus, der auf eine unangenehme Art einfach nur arrogant wirkte.

Rocco konnte dem spontanen Gedanken, Möller unmittelbar wieder aus seinem Büro zu werfen, nur schwer widerstehen.

Allerdings wusste er, dass Möllers Art nichts über seine Strafbarkeit aussagte. Nur weil jemand ein Arschloch war, war er nicht automatisch schuldig. Ebenso wenig, wie Sympathie etwas über die Unschuld eines Menschen aussagte. Diese Lektion hatte Rocco erst kürzlich zum wiederholten Mal gelernt, als er mit Kamil Gazal, dem Paten von Berlin, zu tun hatte. Gazal war der skrupelloseste Verbrecherboss, den die Hauptstadt jemals gesehen hatte. Mit seinen Schergen kontrollierte er den überwiegenden Teil des Drogenhandels, der Prostitution und des Glücksspiels und ging über Leichen, um sein Imperium auf- und auszubauen. Und doch wirkte er auf die meisten Menschen, die ihm begegneten, auf den ersten Blick von Grund auf sympathisch.

Erst einmal hören, was Möller zu sagen hat. Dann kann ich immer noch entscheiden, dachte Rocco und streckte ihm seine Hand zur Begrüßung entgegen. Möller erwiderte den Händedruck kurz und fest.

»Guten Tag Herr Senator«, sagte Rocco und blickte seinem Gegenüber direkt in die Augen. Möller hielt Roccos Blick stand, ohne auch nur mit den Augen zu zwinkern. Auf seinen Lippen bildete sich ein Lächeln.

»Guten Tag Herr Eberhardt. Danke, dass Sie mich so kurzfristig empfangen.« Er machte eine Pause. »Und bitte, nennen Sie mich einfach bei meinem Namen. Das mit dem Senator ist mir nicht wichtig.«

Von wegen, dachte Rocco, ehe er trocken hinzufügte: »Gut zu wissen. Und so wie es aussieht, ist das mit dem Senator ja ohnehin bald Vergangenheit.«

Möllers Augen blitzten bei Roccos Kommentar auf, und es schien so, als wenn er für den Bruchteil einer Sekunde sein wahres Ich zeigte. Dann setzte er allerdings wieder ein Lächeln auf.

»Bitte nehmen Sie doch Platz«, sagte Rocco und wies mit einer einladenden Geste auf den langen gläsernen Besprechungstisch.

»Was genau führt Sie denn zu mir?«

»Nun, wie ich Ihrer Einschätzung zu meinem Amt entnehme, haben Sie ganz offensichtlich den lächerlichen Bericht im Fernsehen gesehen«, sagte Möller spöttisch.

Rocco nickte.

»Gut. Ganz abgesehen davon, dass ich mir vorbehalte, die Sender wegen Verleumdung und so weiter zu verklagen, hat das Ganze möglicherweise auch noch eine andere Relevanz.«

Stimmt, dachte Rocco. *Du könntest nämlich in den Knast wan-*

dern, wenn die Sache dumm läuft. Mal ganz abgesehen davon, dass dich die halbe Republik für einen korrupten Politiker hält, der junge Frauen begrapscht.

Roccos Abneigung gegen Möller wuchs von Sekunde zu Sekunde. Das Einzige, was ihn neugierig machte, war Möllers Ruhe. Die meisten anderen Menschen wären in seiner Situation am Boden zerstört. *Entweder hat er Nerven aus Stahl oder er ist sich keiner Schuld bewusst.*

»Und um diese Relevanz geht es hier«, fuhr Möller fort. »Eine mögliche strafrechtliche Komponente.«

Möller machte eine weitere Pause und räusperte sich. »Obwohl ich ganz ehrlich sein will«, fügte er hinzu, »dass ich mir sicher bin, keinerlei strafbares Verhalten begangen zu haben. Ich komme auf Empfehlung Ihres Vaters. Er meinte, das würde nicht schaden. So wie es scheint, hält er große Stücke auf Sie.«

Oder er steckt selbst mit drin und will verhindern, dass das Ganze weitere Kreise zieht, dachte Rocco.

»Deshalb bin ich hier«, fuhr Möller fort. »Ich benötige eine realistische Einschätzung dessen, womit ich zu rechnen habe.«

Eine weitere Pause.

»Strafrechtlich meine ich.«

»Schon klar«, sagte Rocco und war sich nicht sicher, ob er das Mandat annehmen wollte. Auf der einen Seite konnte er Möller schon jetzt, nach wenigen Minuten ihres ersten persönlichen Kontakts, nicht im Geringsten leiden und hatte gute Lust, den arroganten Kerl hochkant aus seiner Kanzlei zu werfen. Auf der anderen Seite war da die Sorge um seinen Vater. Er hasste sich im selben Moment dafür, dass er noch nicht mit ihm gesprochen hatte. Dann hätte er vermutlich ein viel klareres Bild, was hier wirklich vorging. Was sollte er tun? Er rang kurz mit sich, ehe er Möller antwortete. Wenn er tätig werden würde, dann umfassend.

»Wir müssen zwei Sachen voneinander trennen. Ein Gutachten zu erstellen und Ihre aktuelle Situation zu bewerten, ist eine Sache. Ich kann das machen. Allerdings nur unter der Bedingung, dass Sie mich auch als Ihren Verteidiger beauftragen für den Fall, dass die Staatsanwaltschaft ein Strafverfahren gegen Sie einleitet. Das wäre die andere Sache.«

Möller blickte auf und Rocco meinte für einen kurzen Moment so etwas wie Furcht in dessen Augen gesehen zu haben.

Er scheint also tatsächlich davon auszugehen, dass er sich nicht falsch verhalten hat. Geschweige denn, dass er möglicherweise wirklich vor Gericht muss.

Möller zögerte einen Moment, ehe er nickte. »Einverstanden. Für den Fall der Anklage werde ich Ihnen das Mandat erteilen.«

»Gut«, sagte Rocco und schob Möller eine Vollmacht über den Tisch.

Nachdem sie die notwendigen Formalien erledigt hatten, blickte Rocco Möller direkt in die Augen. Er hatte in den vielen Jahren seiner Karriere die unterschiedlichsten Straftäter verteidigt. Darunter waren kaltblütige Mörder ebenso wie zu Unrecht beschuldigte Mandanten. Rocco hatte inzwischen eine Art siebten Sinn dafür entwickelt, ob und wann ihn jemand anlog, Tatsachen verschwieg oder die Realität ausschmückte.

Es waren der Gesichtsausdruck und vor allem die Augen, die jemanden verrieten, wenn man sie auf dem falschen Fuß erwischte, also eine unerwartete Frage stellte oder sie mit einer neuen Information konfrontierte.

Rocco hatte sich deshalb sehr genau überlegt, wie und womit er Möller auf die Probe stellen wollte. Welche Frage geeignet war, ihn so sehr zu überraschen, dass seine Mimik ihn verraten musste. Obwohl die aktuelle Faktenlage äußerst dünn war, denn in Wirklichkeit kannte Rocco eigentlich nur das Video aus dem Fernsehen. Doch er hatte noch eine weitere Information. Außerdem wurde er das Gefühl nicht los, dass Möller etwas zu verbergen hatte. Etwas, das über den ohnehin schon vernichtenden Medienbericht hinausging.

»Bevor wir uns die Details des Falls zusammen anschauen«, begann Rocco, »habe ich eine kurze Frage.«

»Okay«, erwiderte Möller völlig gelassen.

»Was hat mein Vater mit dieser ganzen Geschichte zu tun?«

TEIL ZWEI

ZEUGEN SIND AUCH NUR MENSCHEN

24. KAPITEL

Vier Monate später –
Tag der Urteilsverkündung

Berlin-Moabit, Kriminalgericht:
Donnerstag, 22. Juli, 9.24 Uhr

Die Luft im Schwurgerichtssaal 700 schien zu zittern, die Spannung war fast mit Händen greifbar. In wenigen Minuten würde das Verfahren zu Ende gehen, das neben der Hauptstadtpresse die ganze Republik über Monate regelrecht in Atem gehalten hatte. Die zu Beginn des Verfahrens noch gespaltene Öffentlichkeit war sich inzwischen einig, wie eine am Vortag durchgeführte repräsentative Umfrage ergeben hatte. Über achtzig Prozent der Bevölkerung hielten den ehemaligen Bausenator und erfolgreichen Unternehmer Möller für schuldig.

Auch Rocco gab sich hier keiner Illusion mehr hin. Er hatte in Hunderten von Prozessen Mandanten verteidigt. Dabei war er sich in neun von zehn Fällen sicher, wie die Sache ausgehen würde. Selten gab es Überraschungen, und spätestens nach Abschluss der Beweisaufnahme lagen die Fakten auf dem Tisch und die Frage Schuld oder Freispruch war geklärt. Lediglich die Höhe der Strafe konnte einen Unterschied machen. Insbesondere dann, wenn eine Bewährung in Betracht kam, also die Möglichkeit, noch einmal mit einem blauen Auge davonzukommen und eine tatsächliche Gefängnisstrafe zu vermeiden.

Diese Frage stellte sich hier nicht. Dieter Möller war der Begehung eines vorsätzlichen Tötungsdeliktes angeklagt. Die Beweislast war erdrückend. Eine Bewährung kam da nicht in Betracht.

Alles sprach gegen Möller und Rocco war es trotz anfänglicher Etappensiege nicht gelungen, eine erfolgreiche Verteidigung aufzubauen.

Nervös trommelte er mit den Fingern auf den Tisch der Verteidigung, als sich die schwere Tür an der Stirnseite des Saals öffnete und die fünf Richter ihre Plätze hinter der Richterbank einnahmen. Drei Berufsrichter und zwei Schöffen, die sogenannten ehrenamtlichen Richter, hatten ihre Entscheidung gefällt.

Rocco drehte sich zu Dieter Möller um und versuchte, seinem Mandanten einen Funken Zuversicht zu vermitteln, wenngleich ihm klar war, dass es dafür keinerlei Anlass gab. Möller nahm ihn gar nicht wahr. Ausdruckslos starrte er vor sich hin. Geschlagen, nach Meinung der Öffentlichkeit überführt und in Tausenden von Posts in den sozialen Medien längst verurteilt. Ein korrupter Politiker, der aus Rache einem anderen Menschen das Leben genommen hatte.

Für Rocco war es bei Weitem nicht das erste Mal, dass einer seiner Mandanten schuldig gesprochen würde. Das blieb bei der Vielzahl der Verfahren, die er führte, nicht aus. Aber selten hatte er sich dermaßen ohnmächtig gefühlt. Denn auch wenn die Sachlage keine andere Beurteilung als die Schuld von Dieter Möller zuließ, war Rocco nach wie vor der Meinung, dass hier irgendetwas nicht stimmte.

Er nahm die Welt um sich herum wie durch einen Filter wahr und erhob sich mit den übrigen Anwesenden, um die Verkündung des Urteils entgegenzunehmen.

Das Einzige, was ihnen jetzt noch helfen konnte, war ein Wunder. Rocco ballte seine Fäuste und schickte ein Stoßgebet in Richtung Himmel, als die Stimme der Vorsitzenden Richterin, verstärkt durch die Mikrofonanlage, durch den Saal tönte.

»Im Namen des Volkes ergeht folgendes Urteil ...«

25. KAPITEL

Vier Monate zuvor

Berlin-Tiergarten, Landeskriminalamt – LKA 11,
Delikte am Menschen, Keithstraße 30:
Mittwoch, 3. März, 9.28 Uhr

Trotz ihres jungen Alters war Jana Hardenberg von der 2. Mordkommission beim LKA eine erfahrene Ermittlerin. Sie liebte ihren Beruf, und die Arbeit gab ihr den nötigen Halt in einem Leben, das sich für sie von einem Tag auf den anderen schlagartig geändert hatte. Vor einem knappen halben Jahr hatte ihr Freund und der Vater ihres fünfjährigen Sohnes sie völlig unerwartet auf einem Berg Schulden sitzen lassen. Er war eines Tages einfach nicht mehr nach Hause gekommen. Stattdessen hatte er eine WhatsApp-Nachricht geschrieben, dass er das Ganze mit ihr und dem Kind nicht schaffte und sein Leben woanders neu beginnen müsste. Das war das Letzte, was sie von ihm gehört hatte.

Seit dieser Zeit gab es nur noch sie, ihren Sohn Maximilian und ihre Arbeit. Und wenn sie ehrlich zu sich war, ging es ihr eigentlich gut dabei. Das Einzige, was ihr Sorgen bereitete, war der täglich wachsende Schuldenberg. Irgendwie gelang es ihr nicht, ihre laufenden Kosten zu senken. Zu den Kita-Gebühren und den Kosten für die Tagesmutter und die Babysitter, die sie aufgrund ihrer unregelmäßigen Arbeitszeiten immer wieder in Anspruch nehmen musste, kam die schon wieder gestiegene Miete. Ihr war klar, dass die Situation von Tag zu Tag ernster wurde und sie das alles nicht ewig auf die lange Bank schieben konnte.

Aber heute würde sie das nicht lösen. Sie beschloss, sich der Sache Ende des Monats anzunehmen.

Nachdem sie den Gedanken erfolgreich beiseitegeschoben hatte, griff sie nach der vor ihr liegenden Ermittlungsakte. In der Sache Stecher arbeitete sie mit Oberstaatsanwältin Bunzel zusammen. Sie konnte die Juristin gut leiden. Im Unterschied zu manch anderem Staatsanwalt behandelte Bunzel die Polizistin nicht von oben herab, sondern sah sie als gleichwertig an. Nur gemeinsam, hatte Bunzel einmal gesagt, würden sie die Verbrecher der Stadt zur Strecke bringen.

Wie immer zu Beginn eines Ermittlungsverfahrens galt es, die grobe Strategie abzugleichen. Jana Hardenberg liebte das. Und sie war stolz auf ihre analytische Fähigkeit und ihren ganz eigenen Spürsinn. Bei ihren Kollegen war sie dafür bekannt, dass sie es immer wieder schaffte, Indizien zu finden und Spuren mit Geschehnissen in Zusammenhang zu bringen, denen sonst kaum jemand Beachtung schenkte. Was auf den ersten Blick nichts mit dem Fall zu tun zu haben schien, trug am Ende nicht selten zu dessen Aufklärung bei.

Da die Staatsanwaltschaft aber offiziell die Ermittlungen leitete, musste sich Hardenberg mit ihr abgleichen. Kurzerhand griff sie zum Hörer und wählte Doktor Bunzels Nummer.

»Hallo, Frau Hauptkommissarin«, begrüßte die Oberstaatsanwältin sie freundlich. »Gut, dass Sie sich melden. Ich wollte Sie in der Sache Stecher auch schon anrufen.«

»Perfekt, das passt ja gut. Haben Sie ein paar Minuten für mich?«

»Natürlich. Ich habe eben Jarmers Gutachten gelesen«, fuhr Bunzel fort. »Scheint eindeutig zu sein, die Geschichte.«

»Ja, sieht so aus«, erwiderte Jana Hardenberg. »Die Kollegen von der Sofortbearbeitung hatten noch die Vermutung, dass das Ganze ein Unfall sein könnte. Aber das konnte Jarmer mit Sicherheit ausschließen.«

»Stimmt. Da hatten Sie den richtigen Riecher. Ansonsten tappen wir allerdings noch ziemlich im Dunkeln. Oder haben Sie schon irgendwelche Spuren, von denen ich nichts weiß?«, fragte Bunzel weiter.

»Na ja, Spuren ist vielleicht etwas zu viel gesagt. Aber eine Idee habe ich schon.«

»Ach ja? Und welche?«

»Wie es aussieht, hatte Stecher mit der Rügen-Gate-Affäre zu tun.«

»Dieser unsäglichen Geschichte von Möller? Inwiefern das denn?«, fragte Bunzel erstaunt.

»Er hat zusammen mit diesem Junghans das Video gedreht. Stecher war für den Ton verantwortlich. Und er hat damit nicht wirklich hinter dem Berg gehalten. Hat gleich am Samstag noch auf Twitter damit geprahlt.«

Jana Hardenberg machte eine kurze Pause.

»Warten Sie mal, ich schicke Ihnen gleich den Link rüber.«

Sie loggte sich in ihren Twitter-Account ein und leitete ein paar Klicks später den Post von Stecher an Bunzel weiter.

»Tatsache«, hörte sie die Oberstaatsanwältin daraufhin sagen. »Das ist ja wirklich interessant. Und inwiefern glauben Sie, dass das mit Stechers Tod zusammenhängt?«

»Da habe ich bisher überhaupt keine Ahnung«, erwiderte Hardenberg. »Kann alles und kann auch nichts damit zu tun haben. Wie gesagt, ist nur so 'ne Idee. Aber irgendwie sagt mir mein siebter Sinn, dass das kein Zufall war.«

»Und da wir beide wissen, dass Sie nicht an Zufälle glauben, wollen Sie der Sache nachgehen«, fügte Bunzel hinzu. »Macht Sinn.«

»Sehe ich auch so. Ich werde mal an einigen Bäumen schütteln. Und erneut die Zeugenaussagen vom Tatort durchgehen. Da hat jeder alles gesehen und zugleich nichts. Vielleicht kommt dabei ja was raus. Ich melde mich bei Ihnen, spätestens morgen Abend.«

»Alles klar, lieben Dank«, erwiderte Bunzel und sie beendeten das Gespräch.

Unmittelbar nachdem Jana Hardenberg aufgelegt hatte, klingelte ihr Telefon erneut. Sie fragte sich, ob die Oberstaatsanwältin noch etwas vergessen hatte, doch ein Blick auf das Display zeigte ihr, dass dies nicht der Fall war. Sie überlegte für einen Moment, ob sie antworten sollte, entschied sich aber dagegen. Der Anruf kam von ihrer Hausverwaltung. Und das konnte nichts Gutes bedeuten. Vermutlich war die Miete aufgrund ihres ungedeckten Kontos schon wieder nicht überwiesen worden. Sie ließ das Telefon weiter klingeln und blickte dann nachdenklich auf die SMS, die sie kurz darauf von ihrer Mailbox erhalten hatte.

Neue Nachrichten. Sprache: 1 Fax: 0

Doch anstatt den Anruf abzuhören, verdrängte sie den Gedanken für den Moment. Es gab Wichtigeres als ihre Miete. Sie hatte ein Tötungsdelikt aufzuklären und nach allem, was sie wusste, lief der Täter noch frei herum. Sie legte ihr Handy beiseite und widmete sich wieder Zeugenaussagen in der Akte. Sie hatte die Hoffnung, etwas zu sehen, was ihr vorher nicht aufgefallen war. Und dass sich irgendwo in dieser Geschichte das Motiv für Stechers Tod finden ließ. Sie wusste nur zu gut, dass die meisten Tötungsdelikte aus persönlichen Gründen wie Neid oder Eifersucht begangen wurden. Dicht gefolgt von Machterhalt und Habgier.

Und je mehr sie darüber nachdachte, desto sicherer war sie sich, dass es sich hier nicht um eine Beziehungstat handelte.

26. KAPITEL

Berlin-Charlottenburg, Fasanenstraße 72,
Kanzlei Eberhardt: Mittwoch, 3. März, 11.13 Uhr

»Und, was ist Möller für ein Typ?«, wollte Tobi wissen. »Genauso ein Kotzbrocken, wie man denken würde?«

»Absolut«, entgegnete Rocco kopfschüttelnd und griff nach seinem Kaffeebecher. Er trank einen großen Schluck, ehe er den Becher wieder vor sich auf dem Besprechungstisch abstellte.

»Und wenn der Typ so ein Arsch ist, warum hast du den Fall dann überhaupt angenommen?«, fragte Tobi weiter. »Hättest ihn doch zum Teufel jagen können.«

Rocco zog die Augenbrauen hoch und trommelte mit seinen Fingern auf den Tisch. »Dreimal darfst du raten.«

»Na ja, mir ist schon klar, dass es hier auch um deinen Vater geht. Aber deshalb musst du doch Möller nicht gleich vertreten.«

Rocco nickte. Damit hatte Tobi nicht ganz unrecht.

»Und was sagt dein Vater zu der ganzen Sache?«

»Hab noch nicht mit ihm gesprochen. Ich hatte irgendwie keine Ahnung, wie ich das angehen sollte. Aber vielleicht sollte ich mich wirklich bei ihm melden und mit ihm was essen gehen.«

»Okay. Und jetzt?«

»Na ja. Viel kann ich noch nicht sagen. Ob Möller sich strafbar gemacht hat oder nicht, weiß ich momentan nicht. Die Vorschriften, die hier in Betracht kommen, sind gar nicht einfach zu beurteilen. Vorteilsannahme oder Bestechlichkeit. Um sicher sagen zu können, ob und wie schwer Möller sich strafbar gemacht hat, müssten wir das ganze Video haben. Der Zusammenschnitt alleine reicht nicht. Da kann man viel faken.«

»Dein Ernst? Der Typ hat sich doch wie ’ne offene Hose benommen.«

»Ein Arsch zu sein ist ja nicht strafbar.«

»Okay, wie du meinst. Und wo willst du das Video herkriegen?«, fragte Tobi weiter.

»Junghans wäre wohl am einfachsten. Oder vom Fernsehen.«

»Junghans«, lachte Tobi. »Nach unserer letzten Erfahrung würde ich sagen, das wird teuer. Wenn wir ihn überhaupt finden. Könnte mir vorstellen, dass er zwischenzeitlich abgetaucht ist. Und das Fernsehen wird dir die Aufnahmen ganz sicher nicht freiwillig geben. Quellenschutz und so.«

»Dann verklage ich sie«, erwiderte Rocco trocken. »Und auf Schadensersatz gleich obendrein.«

»Super Plan. Bei der aktuellen Überlastung der Berliner Gerichte hast du das Video spätestens in einem Jahr.«

»Hast du eine bessere Idee?«

»Yep«, erwiderte Tobi nur knapp. »Die habe ich. Gib mir ein bisschen Zeit und ich werde sehen, ob ich dir das Video besorgen kann.«

Nachdem Tobi gegangen war, blickte Rocco nachdenklich aus dem tiefen Altbaufenster auf die Fasanenstraße. Er wurde das Gefühl nicht los, dass eine Strafbarkeit wegen Bestechung das geringste Problem war, das Möller hatte.

27. KAPITEL

Berlin-Mitte, Torstraße 1:
Mittwoch, 3. März, 15.57 Uhr

Zufrieden blickte er auf seinen Twitter-Account. Unter dem Pseudonym @Mieter38 hatte er ein Profil eingerichtet und darauf geachtet, die Privacy-Settings so restriktiv, wie das bei einem sozialen Netzwerk eben möglich war, einzustellen. Er war nicht bei Twitter, um eine große Anzahl an Followern anzuziehen. Ganz im Gegenteil. Der Grund, warum er den Account benötigte, war ein anderer. Er wollte gezielt Informationen teilen, die dazu geeignet waren, eine falsche Fährte zu legen. Und eben in diesem Moment hatte er die ersten »Fake News« verbreitet. Er war sich sicher, dass das Netz darauf anspringen würde. Er kannte die Menschen. Am Ende wollte jeder doch nur das lesen oder hören, was die eigene vorgefasste Meinung bestätigte. Für einen Moment hatte er überlegt, ob sein Twitter-Name, @Mieter38, nicht eine Spur zu offensichtlich war, hatte sich dann aber eines Besseren besonnen. Manchmal ging es gar nicht offensichtlich genug.

Wie lange die Behörden allerdings brauchten, um eins und eins zusammenzuzählen, konnte er nur schwer beurteilen. Wenn sie ihn überhaupt jemals verdächtigten. Er vermutete, dass die ersten Meldungen spätestens in drei Tagen die Schlagzeilen der Boulevardpresse erreichten. Und spätestens dann würde sich die Schlinge um den Hals seines Widersachers langsam zuziehen. Zentimeter für Zentimeter würde sie enger werden. Bis sie ihm schließlich gänzlich die Luft abschnürte.

Nichts würde so sein, wie es im ersten Moment schien. Nach und nach würde sich das Bild aufklären. Stück für Stück würde er eine Information nach der anderen leaken. Bis es für Möller zu spät sein würde. Er konnte es unmöglich kommen sehen. Er würde davon ausgehen, dass das ein ganz großer Irrtum sei. Denn tatsächlich hatte er mit der Sache ja gar nichts zu tun. Zu Beginn würde man ihm vielleicht noch glauben. Doch die Beweise würden zunehmend eine andere Sprache sprechen. Ein Indiz nach dem anderen würde Licht ins Dunkel dieser Geschichte bringen, die ein Bild zeichnete, das Möller gar nicht gefallen würde.

Bevor es so weit war, hatte er noch einiges zu tun. Die ersten Schritte waren gegangen, die ersten Taten vollbracht. Weitere würden folgen. Stecher war nur ein Bauernopfer. Leider unvermeidlich. Doch Stecher war erst der Anfang …

28. KAPITEL

Berlin-Tiergarten, Landeskriminalamt – LKA 11, Delikte am Menschen, Keithstraße 30: Donnerstag, 4. März, 12.17 Uhr

Jana Hardenberg war sich sicher, dass sie einen Volltreffer gelandet hatte. Die Aussage eines der Zeugen vom Tatort hatte ihr keine Ruhe gelassen. Da war irgendwas, was sie neugierig gemacht hatte. Kurzerhand hatte sie ihn erneut geladen und vernommen.

Unmittelbar im Anschluss rief sie Oberstaatsanwältin Doktor Bunzel an.

»Das werden Sie jetzt nicht glauben«, rief sie aufgeregt.

»Was werde ich nicht glauben?«, fragte Bunzel neugierig nach.

»In der Sache Stecher hatten die Kollegen von der Sofortbearbeitung noch am Tatort zahlreiche Zeugenaussagen aufgenommen. Ich bin das alles erneut durchgegangen. Eine Aussage stach heraus und ich habe den Typen erneut vorgeladen. Na ja, und das war ein Treffer ins Schwarze.«

»Okay?!«, erwiderte Bunzel. »Das müssen Sie mir genauer erklären.«

»Also, der Zeuge heißt Becker. Hagen Becker. Er war am Abend von Stechers Tod auch in der *Hildegard Bar*. Und jetzt hören Sie mal zu, was er gesehen hat«, fuhr Hardenberg fort und fasste in wenigen Minuten das Ergebnis zusammen.

»Das ist wirklich unglaublich«, staunte Bunzel. »Wenn das alles stimmt, haben wir einen Verdächtigen. Aber …« fuhr sie mit Vorsicht in der Stimme fort, »… bevor ich einen Haftbefehl beantrage, möchte ich diesen Becker auch sprechen. Schließlich handelt es sich bei dem Verdächtigen ja nicht um irgendwen. Da dürfen wir keinen Fehler machen.«

29. KAPITEL

Berlin-Wilmersdorf, Senatsverwaltung für Stadtentwicklung, Bauen und Wohnen, Fehrbelliner Platz 4: Freitag, 5. März, 18.05 Uhr

»Und damit legen Carsten Herfurth und ich unsere politischen Ämter nieder«, sagte Dieter Möller selbstbewusst, ohne einen Hauch von Schuldbewusstsein in der Stimme. Verächtlich blickte er über die große Zahl der Journalisten, die vor dem kleinen Rednerpult im Foyer der Behörde für die spontane Pressekonferenz Aufstellung genommen hatten.

Aasgeier, dachte er. *Nicht im Geringsten daran interessiert, was wirklich passiert ist. Die wollen einzig und alleine meinen Abstieg ausweiden. Genau wie bei Wulff damals. Lächerliches Pack. Aber was soll's. Ich bin nach dem heutigen Tag immer noch reich und ihr seid nach dem heutigen Tag immer noch Aasgeier.*

Möller beschloss, das hier so schnell wie möglich zu beenden. Seinen ursprünglichen Plan, die Hintergründe des Treffens auf Rügen zu schildern und sich zu verteidigen, hatte er längst ad acta gelegt. Seine Version der Geschichte wollte ohnehin keiner hören. Und er hatte keinerlei Lust mehr, Fragen zu beantworten. Die Meinung der Journalisten stand von Anfang an fest. Sie warteten nur darauf, ihn falsch auszulegen und ihm das Wort im Mund umzudrehen. Er hasste Fake News. Und deshalb würde er sie dabei nicht auch noch unterstützen. Außerdem hatte Eberhardt ihm dazu geraten, so wenig Informationen wie möglich preiszugeben. Sollte es wirklich zu einem Ermittlungsverfahren kommen, würde im Zweifel alles gegen ihn verwendet werden. Genau wie im Krimi. Deshalb schloss er kurzerhand: »Und das, verehrte Vertreter der öffentlichen Meinung, ist alles, was ich dazu zu sagen habe.«

In die verdutzten Gesichter blickend, lächelte Möller zufrieden seinen ehemaligen Staatssekretär Herfurth an, der eingeschüchtert hinter dem Rednerpult neben ihm stand und im Gegensatz zu ihm alles andere als glücklich wirkte.

Hat ja auch 'ne andere Kapitaldecke, dachte Möller, ohne allerdings die geringste Ahnung zu haben, wie es tatsächlich um Herfurths Finanzen stand. Tatsächlich interessierte ihn das auch nicht. Herfurth war ein subalterner Mitarbeiter. Und nicht mal ein besonders guter. Die Fragen der Journalisten ignorierend, verschwand Möller in Richtung seines Büros.

Er war Realist genug zu wissen, dass die Rügen-Affäre sein politisches Aus bedeutete. Wenn die Berliner seine Arbeit nicht zu schätzen wussten, dann halt nicht.

Möller beschloss, erst einmal ein paar Monate durch die Welt zu reisen. Seitdem er damals seine Firma verkauft hatte, war Geld sein geringstes Problem. Und wenn er zurückkehrte, würde er seinen Plan weiter durchziehen. Dass das klappen würde, stand für ihn fest. Zumindest solange Helmut Eberhardt nicht absprang. Das musste er noch klären.

In seinem Büro angekommen, griff er sich seine Aktentasche und überlegte für einen Moment, ob er seine Ernennungsurkunde zum Senator, die eingerahmt hinter seinem Schreibtisch hing, mitnehmen sollte. Am Ende entschied er sich dagegen. Er wollte einen Schlussstrich ziehen und den ganzen Dreck hinter sich lassen.

Er verließ sein Büro und machte sich auf den Weg zum Fahrstuhl, als jemand hinter ihm seinen Namen rief.

»Dieter Möller«, hörte er eine weibliche Stimme. Er drehte sich um und blickte in das Gesicht einer etwa Mitte dreißigjährigen Frau mit schulterlangen brünetten Haaren.

»Was kann ich für Sie tun?«, fragte Möller leicht genervt. Er hatte nicht die geringste Ahnung, wer sie war und was sie von ihm wollte. Vermutlich eine dieser Journalistinnen, die sich erdreistete, ihn zu verfolgen.

»Mein Name ist Hardenberg. Hauptkommissarin Hardenberg von der Mordkommission«, sagte sie ruhig und wirkte dabei vollkommen souverän. »Ich würde gerne etwas mit Ihnen besprechen. Können wir dazu Ihr Büro nutzen?«

30. KAPITEL

Berlin-Wilmersdorf, Senatsverwaltung für Stadtentwicklung, Bauen und Wohnen, Fehrbelliner Platz 4: Freitag, 5. März, 18.37 Uhr

Jana Hardenberg war jetzt schon seit acht Jahren bei der Mordkommission. Und wie jedes Mal, wenn eine Festnahme bevorstand, hatte sie sich auch heute genau überlegt, wie sie vorgehen würde.

Sie hatte sich bewusst dagegen entschieden, *Uniformierte* mitzunehmen. Das hätte nur unnötiges Aufsehen erregt, und daran hatte sie überhaupt kein Interesse. Ihr Bild in der Presse zu sehen, war das Letzte, was sie jetzt gebrauchen konnte. Ihr Privatleben war auch so schon kompliziert genug. Nachdem ihre Bank ihr am Vormittag unmissverständlich zu verstehen gegeben hatte, dass sie ihr Konto nicht noch weiter überziehen konnte, hatte sie vor lauter Verzweiflung ihre beste Freundin angerufen und gefragt, ob die ihr etwas leihen konnte. Konnte sie nicht. Aber immerhin hatte sie ihr die Nummer eines Typen gegeben, der angeblich Privatdarlehen zu guten Konditionen vergab. Das hörte sich zwar irgendwie komisch an, aber langsam gingen ihr die Optionen aus. Sie beschloss, ihn später einmal anzurufen.

Jetzt zählte aber zunächst die Verhaftung. Und die wollte sie ohne großes Brimborium hinter sich bringen. Entsprach einfach mehr ihrer Art.

Um sicherzugehen, dass nach der Pressekonferenz keine Journalisten durch die Behörde streiften, um vielleicht doch noch ein Interview mit Herfurth oder Möller zu ergattern, hatte sie zwei Kollegen in Zivil mitgenommen, die unauffällig den Zugang zu dem Flur sicherten.

Möller, der sie abschätzend von oben bis unten musterte, schien die Situation nicht wirklich ernst zu nehmen.

»Mordkommission?«, fragte er spöttisch. »Was wollen Sie von mir?«

»Ich schlage vor, dass wir das in Ruhe in Ihrem Büro klären. Wäre das möglich?«, wiederholte sie jetzt mit ernster Stimme. Sie hatte keine Lust, das unnötig in die Länge zu ziehen. »Ansonsten kann ich Sie auch abführen lassen. Ihre Entscheidung.«

Möller blickte sie überrascht an und das spöttische Lächeln wich aus seinem Gesicht.

Gut so, dachte sie. *Scheint den Ernst der Lage endlich zu erfassen.*

»Ich weiß zwar immer noch nicht, was Sie wollen, aber kommen Sie doch in mein Büro«, sagte er schließlich, ehe er mit leicht zynischem Ton hinzufügte: »Wobei es ja streng genommen gar nicht mehr meins ist.«

Keine Minute später setzten sich Hardenberg und Möller an den langen Besprechungstisch. Die Hauptkommissarin betrachtete ihr Gegenüber ganz genau. Es kam ihr so vor, als wäre Möller nicht im Geringsten besorgt. *Entweder,* dachte sie, *hat er keine Ahnung, warum ich hier bin. Oder er ist der beste Schauspieler, den ich kenne.*

»Vielen Dank«, sagte sie schließlich. »Ich will gleich zum Punkt kommen. Ich bin hier, um Sie wegen des dringenden Tatverdachts des Totschlages an Dirk Stecher festzunehmen.«

»Das ist doch lächerlich!«, unterbrach Möller sie ungehalten. »Mich wegen Mordes …«

»Totschlages. Vermutlich zumindest«, fuhr Jana Hardenberg ungerührt fort. »Und bevor Sie sich weiter äußern, werde ich Sie über Ihre Rechte belehren. Als Beschuldigter im Strafverfahren müssen Sie zu den Vorwürfen keine Angaben machen. Nicht jetzt, nicht auf dem Revier und auch später im Verfahren nicht. Sie müssen nichts sagen, was Sie selbst belasten könnte. Sie können die Aussage verweigern und schweigen.«

Möller, der gar nicht zuzuhören schien, war jetzt von seinem Stuhl aufgesprungen.

»Wer um alles in der Welt ist denn dieser …«, begann er, brach dann aber abrupt im Satz ab. Offensichtlich schien er langsam zu begreifen, was hier gerade passierte, und zwang sich selbst zur Ruhe.

»Okay«, sagte er schließlich kalt. »Kommt da noch was?«

Hardenberg fuhr mit der Belehrung fort und endete mit den Worten: »Und selbstverständlich haben Sie auch das Recht, einen Verteidiger zu kontaktieren.«

Möller schwieg. Er schien nachzudenken, was er als Nächstes tun und sagen durfte. Schließlich fragte er: »Können Sie mich denn einfach so festnehmen? Ich meine, ohne Haftbefehl oder so was?«

»Ich habe einen Haftbefehl für Sie«, erwiderte sie und reichte Möller das auf beiden Seiten bedruckte Papier über den Tisch. »Ein Zeuge hat Sie unmittelbar nach der Tat am Tatort gesehen und eindeutig identifiziert. Lesen Sie das in Ruhe durch. Und wenn Sie Verständnisfragen haben, sagen Sie mir bitte Bescheid.«

Möller griff den Haftbefehl und Hardenberg hatte für einen kurzen Moment den Eindruck, dass seine Hand dabei zitterte. Der gerade zurückgetretene Bausenator überflog das Schriftstück kurz und warf es dann auf den Tisch.

Jana Hardenberg, die auf keinen Fall einen Verfahrensfehler begehen wollte, belehrte Möller ein weiteres Mal über sein Recht, keine Angaben machen zu müssen.

»Wir haben jetzt zwei Möglichkeiten, Herr Möller«, schloss sie mit ruhiger Stimme. »Entweder Sie begleiten mich in Ruhe und ganz gesittet aus der Behörde. Wir werden dann zur Mordkommission fahren und von dort Ihren Anwalt verständigen. Oder, wenn Sie das vorziehen, rufe ich meine beiden Kollegen und wir legen Ihnen Handfesseln an.« Mit ernstem Blick fixierte sie Möller. Sie musste ihm klarmachen, wie das hier weiterging. Und zwar so unmissverständlich, dass es keinen Interpretationsspielraum gab. »Die Entscheidung liegt bei Ihnen.«

Möller schien hin- und hergerissen zu sein, ob er weiter protestieren oder einfach mitkommen sollte. Er schnaufte kopfschüttelnd und bedachte Hardenberg mit einem Blick, der Hass und Wut widerspiegelte. Dann erhob er sich und sagte: »Na gut, lassen Sie uns gehen, bevor uns hier irgendwer sieht. Und von Ihrer Wache aus werde ich mit meinem Anwalt sprechen.« Abschätzig sah er Hardenberg an. »Bis dahin, Frau Polizistin, werde ich keinen Ton mehr dazu sagen.«

31. KAPITEL

Berlin-Tiergarten, Landeskriminalamt – LKA 11,
Delikte am Menschen, Keithstraße 30:
Freitag, 5. März, 19.37 Uhr

Rocco, der sich noch in der Kanzlei aufgehalten hatte, hatte einen Anruf von Dieter Möller erhalten und sich sofort auf den Weg gemacht. Möller war verhaftet worden. Wegen eines Tötungsdeliktes. Und er war außer sich. Rocco hatte alle Not, ihm verständlich zu machen, keine Angaben zu machen. Er sollte sich zu nichts äußern. Dann hatte er sich die zuständige Beamtin geben lassen und war erleichtert, als er hörte, dass Jana Hardenberg die Ermittlungen leitete. Er kannte sie aus zwei früheren Verfahren und schätzte sie. Er wusste, dass Hardenberg keine Spielchen spielte und dass er sich auf ihr Wort verlassen konnte.

Keine fünfzehn Minuten später parkte er seinen Alfa vor dem historischen Gebäude in der Keithstraße, in dem die Mordkommission untergebracht war, und stand kurz darauf vor Hauptkommissarin Hardenberg.

»Hallo, Herr Rechtsanwalt«, begrüßte sie ihn und streckte Rocco die Hand entgegen.

»Hallo Frau Hauptkommissarin«, erwiderte Rocco den Gruß.

»Ich habe Ihren Mandanten schon ins Videovernehmungszimmer gebracht«, sagte Jana Hardenberg. »Sie kennen das Spiel.«

Rocco nickte und folgte ihr in den schallisolierten Raum.

»Netter Kerl übrigens«, fügte sie mit einer Ironie in der Stimme hinzu, die nicht zu überhören war.

Kurz darauf betraten sie den schmucklosen, in Weiß gehaltenen Raum. Außer einem Tisch und vier Stühlen war das Zimmer leer. An der Decke hingen zwei Kameras, die so ausgerichtet waren, dass sie die am Tisch sitzenden Personen optimal einfangen konnten. Auf der Längsseite des Raumes war eine verspiegelte Scheibe in die Wand eingelassen. Rocco wusste, dass sie auf der anderen Seite durchsichtig war und von dort weitere Beamte der Vernehmung folgen konnten. Ansonsten war der Raum bis auf die Digitaluhr über dem Türrahmen völlig kahl. Es gab weder Pflanzen noch Bilder. Das Einzige, was auffiel, war der penetrante Geruch nach Teppichkleber, der von den zur Schalldämmung angebrachten Platten an den Wänden herrührte.

Als Möller Rocco sah, sprang er von seinem Stuhl auf.

»Na endlich sind Sie da! Warum haben Sie so lange gebraucht?«, fragte er schroff.

Rocco, der sich dadurch nicht aus der Ruhe bringen ließ, wandte sich kurz an Hardenberg. »Geben Sie mir drei Minuten? Alleine mit meinem Mandanten?«

Hardenberg nickte.

»Ohne dass jemand zuhört«, fügte Rocco hinzu.

Hardenberg nickte erneut. »Alle Aufnahme einstellen und die Mikros aus«, sagte sie in Richtung der verspiegelten Scheibe gewandt, verließ das Zimmer und zog die Tür hinter sich zu.

Rocco drehte sich zu Möller und fixiert ihn mit seinem Blick. Mit einer Stimme, die keinen Zweifel an der Ernsthaftigkeit seiner Aussage zuließ, sagte er: »Ich möchte für alle Zeiten etwas klarstellen. Ich bin derzeit der beste Freund, den Sie haben. Möglicherweise Ihr einziger. Wenn Sie aber noch ein einziges Mal in diesem Ton mit mir sprechen, werde ich das Mandat sofort niederlegen. Ist das klar?!«

Möller schaute Rocco abschätzig an.

»So läuft das also. Sie glauben, Sie spielen hier den großen Zampano-Anwalt. Aber da täuschen Sie sich. Ich bezahle Sie. Und deshalb rede ich auch so mit Ihnen, wie es mir gefällt.«

Rocco konnte nicht fassen, was für ein arrogantes Arschloch Möller war. Aber wenn er es so wollte, musste er eben die Konsequenzen tragen.

»Gut, dann hätten wir das geklärt«, sagte Rocco vollkommen ruhig. »Ich werde die Hauptkommissarin informieren, dass ich Sie in dieser Sache nicht weiter vertrete. Sie kann Ihnen die Nummer vom Anwalt-Notdienst geben und da können Sie sich einen neuen Verteidiger suchen.«

Rocco blickte auf die Uhr. »Und wenn Sie ganz großes Glück haben, sehen Sie auch heute noch einen Haftrichter und müssen nicht auf der Wache schlafen.«

Mit diesen Worten drehte Rocco sich um machte sich daran, den Raum zu verlassen. Gerade in dem Moment, als er die Türklinke in der Hand hatte, hörte er Möller hinter sich.

»Halt, warten Sie. Ich hab das nicht so gemeint. Bin einfach vollkommen fertig.«

Rocco drehte sich um. War da tatsächlich so etwas wie Sorge in Möllers Augen? Er war sich nicht sicher. Eigentlich war es ihm auch egal. Er hatte so oder so keine Lust, den ehemaligen Senator weiter zu verteidigen. Möller war ganz offensichtlich eine *loose cannon.* Er konnte ohne Vorwarnung ausrasten, und darauf hatte Rocco überhaupt keinen Bock, nicht den geringsten. Gerade als er ihm das sagen wollte, schaute Möller ihn herausfordernd an.

»Außerdem komme ich auf Empfehlung Ihres Vaters.«

Rocco zuckte innerlich zusammen und versuchte, sich nichts anmerken zu lassen. *Sein Vater!* Möller hatte, bewusst oder unbewusst, seinen wunden Punkt getroffen. Er überlegte kurz und nickte dann.

»Okay. Ich gebe Ihnen eine letzte Chance. Aber noch so ein Ausraster und wir gehen getrennte Wege.«

32. KAPITEL

Berlin-Tempelhof, Bereitschaftsgericht,
Tempelhofer Damm 12: Freitag, 5. März, 22.37 Uhr

Nachdem Rocco und Möller gegenüber der Hauptkommissarin unmissverständlich klargemacht hatten, dass sie keine Aussage machen würden, hatte Hardenberg den gerade zurückgetretenen Senator noch erkennungsdienstlich behandeln lassen. Konkret bedeutete das, dass der zuständige Mitarbeiter Fingerabdrücke nahm. Sich dagegen zu wehren hatte Rocco Möller nicht empfohlen, da Hardenberg in jedem Fall einen entsprechenden Beschluss hätte erwirken können. Eine Weigerung hätte also am Ergebnis nichts geändert. Im Anschluss hatte Hardenberg noch einen Termin beim Bereitschaftsgericht organisiert. Da das Wochenende bevorstand und sie Möller nicht ohne Weiteres bis zum nächsten Werktag festhalten konnten, war das die einfachste Lösung.

Nachdem sie zum Tempelhofer Damm gefahren waren, warteten Rocco und Möller in einer kleinen Zelle, in der sie sich besprechen konnten.

»Es gibt einen Zeugen und Sie haben ein Motiv«, erklärte Rocco Möller zum wiederholten Mal den Inhalt des Haftbefehls.

»Was für ein Zeuge soll das sein? Das ist doch totaler Quatsch. Es kann keinen Zeugen geben. Und wenn, dann lügt er«, wiederholte Möller erneut. »Ich kenne diesen Stecher überhaupt nicht. Und in der *Hildegard Bar* war ich seit über einem Jahr nicht mehr.«

Möller lief aufgelöst in der kleinen Zelle auf und ab. »Kann man denn hier das Fenster nicht weiter aufmachen?«, schnaufte er. »Ich kriege gar keine Luft!«

Hektisch zog er an seiner Krawatte und öffnete die oberen Knöpfe seines Hemdes.

»Verdammt, Herr Möller! Jetzt reißen Sie sich zusammen. In zehn Minuten werden Sie dem Haftrichter vorgeführt. Das Letzte, was wir brauchen können, ist, dass Sie vor Gericht ausrasten.«

Auch wenn Möller sich etwas beruhigt hatte, war er immer noch schwer zu ertragen, und Rocco musste sich sehr bemühen, seine Fassung zu wahren. Extremsituationen brachten häufig das wahre Gesicht eines Menschen zum Vorschein. Und Möllers Fassade des seriösen und ruhigen Geschäftsmanns und Politikers bekam schwere Risse.

»Jetzt setzen Sie sich um alles in der Welt noch mal hin«, forderte Rocco ihn auf. »Das ist ja nicht auszuhalten.«

Möller blieb stehen und schaute Rocco direkt in die Augen. Wut und Ärger spiegelten sich darin wider und für einen Moment befürchtete Rocco, dass Möller erneut aus der Haut fahren würde. Gerade als er dazu anzusetzen schien, hielt er allerdings inne. Möller schloss seine Augen, atmete dreimal tief ein und aus, ehe er die Augen wieder öffnete. Seine Gesichtszüge entspannten sich und er nickte Rocco zu.

»Natürlich«, sagte er und setzte sich an den kleinen Tisch mit der über die Jahre völlig abgewetzten Oberfläche.

»Gut«, sagte Rocco, ohne der Ruhe wirklich zu trauen.

»Was passiert jetzt genau?«, fragte Möller und wippte dabei nervös mit seinem Bein.

»Die Sache ist ernst, da werde ich Ihnen nichts vormachen. Sie sind wegen des dringenden Tatverdachts des Totschlags an Dirk Stecher verhaftet worden. Stecher war der Tonmann des Rügen-Gate-Videos«, fuhr Rocco fort. »Er hat in den sozialen Netzwerken am vergangenen Samstag überall damit geprahlt, dass er Sie, den verhassten korrupten Politiker, zu Fall gebracht hat.«

»Rügen-Gate. So ein Quatsch. Das Ganze war offensichtlich eine Falle. Und ich Idiot bin reingetappt.«

Rocco horchte auf. Darüber hatte er mit Möller überhaupt noch nicht gesprochen.

»Wie kam es überhaupt zu dem Treffen auf Rügen?«, hakte er deshalb nach.

Möller schüttelte den Kopf und blickte dabei auf den Tisch.

»Eine Anfrage über mein Büro. Eine von Hunderten, die jeden Monat bei mir eingehen. Sie müssen wissen, dass es immer mehr Lobbyisten gibt, die einen von den Vorzügen der Unternehmen, die sie vertreten, überzeugen wollen.«

»Also war die Anfrage gar nicht so ungewöhnlich?«, fragte Rocco überrascht.

»Kein bisschen. Na ja, kaum zumindest. Im Nachhinein ist man immer schlauer. Ich hatte Herfurth beauftragt, alles vorzubereiten. Der einzige Termin, den wir beide möglich machen konnten, war während meines Urlaubs, und so kam es schließlich zu dem Treffen auf Rügen, wo ich mich ohnehin schon aufhielt.«

»Und die Frauen und der Alkohol? Spätestens da müsste Ihnen ein Licht aufgegangen sein.«

»Müsste, müsste!«, brach es aus Möller heraus. »Ja, stimmt, Herrgott! Ist es aber nicht. Am Ende blieb sowieso alles vage und wir sind irgendwann gegangen.« Möller hielt kurz inne. »Aber darum geht es doch heute gar nicht. Ich sitze hier, verdammt noch mal, weil ich diesen Deppen umgebracht haben soll. Weil er mich zu Fall gebracht hat? So ein Quatsch. Ist mir komplett egal, was so ein Hanswurst behauptet. Wissen Sie überhaupt, wie viel Verleumdungen und Dreck ich mir als Politiker seit sechs Jahren jeden Tag anhören muss? Egal, was ich tue, die Presse hat mich sowieso immer auseinandergenommen.«

Möller atmete wieder ein und aus, sichtlich um seine Fassung bemüht. Schließlich sagte er: »Ich kenne den Typen nicht und ich würde nie jemanden umbringen. Das werden wir dem Haftrichter sagen. Und dann fahre ich nach Hause.«

»Das werden wir nicht machen«, erwiderte Rocco. »Wir werden gar nichts aussagen und Sie werden weiter in Gewahrsam bleiben. Der Haftbefehl ist wasserdicht. Der Zeuge, ein gewisser Hagen Becker, behauptet, Sie am Tattag in der *Hildegard Bar* gesehen zu haben. Als Sie aus der Toilette kamen. Unmittelbar bevor dieser Becker auch Stecher tot vorgefunden hat.«

Möller presste seine Hände gegeneinander und schien nachzudenken.

»Das kann doch alles nicht sein«, sagte er kopfschüttelnd. »Herr Eberhardt, Sie müssen mir glauben, dass ich damit nichts zu tun habe!«

Rocco sah sein Gegenüber an. Er war sich nicht sicher, ob Möller die Wahrheit sagte oder nicht. Und am Ende spielte es auch gar keine Rolle.

»Ob ich Ihnen das jetzt glaube oder nicht, ist vollkommen irrelevant. Es kommt im Strafrecht erschreckenderweise nicht darauf an, was wirklich passiert ist, sondern was bewiesen werden kann. Und hier haben wir die glaubhafte Aussage eines Zeugen, der Sie direkt am Tatort gesehen hat, unmittelbar zur Tatzeit. Und es gibt ein Motiv, das zumindest für den Moment sicher genug erscheint. Stecher hat nach seiner Einschätzung Ihre Karriere zerstört. Zumindest hat er daran mitgewirkt. Das wird auch die Öffentlichkeit so sehen. Damit hat die Staatsanwaltschaft fürs Erste alle Trümpfe in der Hand. Und wir keinen.«

»Und wie geht es weiter?«

»Sie werden aller Wahrscheinlichkeit nach angeklagt werden. Wegen Totschlags, oder vielleicht sogar wegen Mordes. Je nachdem, welche Beweggründe Ihnen die Staatsanwaltschaft unterstellt. Und welche weiteren Beweise sie noch ermitteln werden.«

»Und was werden Sie dagegen tun?«

»Ich werde alles dafür tun, die Beweise der Staatsanwaltschaft zu widerlegen und Gegenbeweise zu finden, die Ihre Unschuld belegen.«

»Und wann komme ich wieder aus dem Gefängnis?«

»Das hängt davon ab, wie sich die Sache weiter entwickelt. Vorerst werden Sie aber nicht damit rechnen können. Solange entweder Fluchtgefahr oder Verdunkelungsgefahr besteht, wird man Sie nicht rauslassen. Und bei Ihrem Vermögen und Ihren Beziehungen trifft beides zu.«

Resigniert blickte Möller auf den Tisch, als Hauptkommissarin Hardenberg den Raum betrat.

»Wir wären so weit«, sagte sie.

»Alles klar«, erwiderte Rocco und nickte Möller zu. Er war sich unsicher, ob Möllers Resignation die eines Unschuldigen war, dessen Leben ohne sein Zutun eine dramatische Wendung genommen hatte. Oder das Abwehrverhalten eines Schuldigen, der bei seiner Tat ertappt worden war, obwohl er doch alles dafür getan hatte, nicht aufzufliegen.

33. KAPITEL

Berlin-Charlottenburg, Fasanenstraße 72,
Kanzlei Eberhardt: Montag, 8. März, 8.12 Uhr

Möllers Verhaftung kam für Rocco aufgrund der aktuellen Beweislage nicht unerwartet. Er fragte sich, ob sein Mandant Stecher wirklich ermordet haben konnte. Möller selbst würde ihm in dieser Hinsicht erst einmal nicht weiterhelfen. Er stritt die Tat vehement ab, was nach Roccos Erfahrung nicht ungewöhnlich war. Die wenigsten Straftäter gestanden ihre Schuld ein. Nicht gegenüber Dritten, und erstaunlicherweise auch selten gegenüber sich selbst. Dennoch beschloss Rocco, Möller später in Moabit, Berlins Untersuchungsgefängnis, zu besuchen. Zum einen wollte er ihn testen und fragen, wo er zur Tatzeit war und ob er ein Alibi hatte. Einfach um zu sehen, wie er auf die Frage reagierte. Rocco hatte im Laufe seiner Karriere zahlreiche Seminare und Fortbildungen im Bereich der Zeugenbefragungen absolviert und war geschult darin, Unwahrheiten zu erkennen. Anders als allgemein angenommen waren es nicht die offensichtlichen Signale, wie das Verschränken der Arme oder eine sich überschlagende Stimme. Es waren kleine Ungereimtheiten oder ein Stocken, die einen Lügner enttarnten. Wenn etwa nach Tatsachen gefragt wurde, die zwar gar nichts mit dem eigentlichen Geschehen an sich zu tun hatten, an die man sich aber erinnern konnte, wenn man tatsächlich zur angegebenen Zeit am angegebenen Ort gewesen ist. Zum Beispiel wie das Wetter war, wie man dort hingekommen war oder welche Kleidung man getragen hat. Wer die Unwahrheit sagte, geriet schnell ins Stottern, weil er sich etwas ausdenken musste, anstatt einfach abzurufen, was er wirklich wusste.

Außerdem muss ich erst einmal ein bisschen Ordnung in den Fall bringen, dachte Rocco, *um zu verstehen, was hier überhaupt passiert ist. Und wer da alles mit drinsteckt.*

Er ging zu seinem Whiteboard, das an der Stirnseite des langen Besprechungstisches an die Wand geschraubt war, und nahm einen Marker in die Hand. Es fiel ihm schon seit dem Studium leichter, komplexe Sachverhalte zu überblicken, wenn er sie vor sich sah.

Obwohl alles irgendwie zusammenzuhängen schien, gab es mittlerweile zwei unterschiedliche Komplexe. Rocco teilte das Whiteboard in zwei Spalten ein und überschrieb diese wie folgt:

Erstens: Strafbarkeit Dieter Möller
Zweitens: Dirk Stecher, Carlo Junghans und Unbekannt

Er trat einen Schritt zurück und blickte nachdenklich auf das Whiteboard. Dann wischte er alles ab. Das Bild war nicht vollständig. Im nächsten Schritt fügte er eine weitere Spalte hinzu. Den dritten Komplex überschrieb er mit *Helmut Eberhardt.*

So schwer es ihm auch fiel, er wusste, dass sein Vater irgendwie in die Sache verwickelt war. Das hatte Möller am Freitag deutlich gemacht, als Rocco kurz davor stand, das Mandat niederzulegen. Er wusste, dass er das Gespräch mit seinem Vater viel zu sehr auf die lange Bank geschoben hatte. Er musste ihn endlich anrufen.

Dann blickte er wieder auf die Spalte ganz links auf seinem Board. Möllers Strafbarkeit. Hier gab es zwei unterschiedliche Taten, die Rocco beurteilen musste: das Treffen auf Rügen und den Totschlag an Stecher. Was die Strafbarkeit aufgrund des Videos betraf, hatte er viel zu wenig Informationen. Möller hatte ihm erzählt, dass er und Herfurth insgesamt etwa fünf Stunden in der Villa auf Rügen waren und die Ausschnitte im Fernsehen nur einen Bruchteil des wahren Geschehens zeigten. Darum kümmerte sich Tobi.

Viel wichtiger war im Moment der Vorwurf des Totschlags zum Nachteil von Dirk Stecher. Ob und wie Stecher umgekommen war, ergab sich aus dem rechtsmedizinischen Gutachten von Jarmer. Mit einigem Unbehagen dachte er daran zurück, wie er Jarmer vor einer Woche angerufen hatte. Das war ein dummer Fehler gewesen und hatte ihr beginnendes Vertrauensverhältnis erschüttert. Gerade jetzt hätte er Jarmers objektive und nüchterne Sicht auf die Dinge gut gebrauchen können.

Rocco dachte einen Moment nach und griff dann zum Hörer. Er hasste es, wenn Sachen irgendwie in der Luft hingen, und beschloss, das aus der Welt zu schaffen.

»Ich habe mich schon gefragt, wann Sie mich wieder anrufen«, begrüßte ihn der Rechtsmediziner mit leicht reservierter Stimme. »Ich hoffe mal, dass Sie mich nicht schon wieder wegen des Verstorbenen Stecher anrufen.«

»Doch, genau deshalb. Allerdings nicht, um Sie etwas zu fragen. Sondern einfach nur um mich zu entschuldigen. Ich wollte unsere Bekanntschaft weder ausnutzen, noch wollte ich Sie in eine kompromittierende Situation bringen.«

»Hm«, entgegnete Jarmer. »Und was wollten Sie dann?«

»Eigentlich einfach nur Ihren Rat. Ich hatte das Gefühl, unsere Zusammenarbeit hat in der Vergangenheit zu guten Ergebnissen geführt.«

Rocco machte eine Pause. Er wollte sehen, was Jarmer dazu sagte. Doch der Rechtsmediziner blieb stumm.

»Na ja, auf jeden Fall vertrete ich jetzt Dieter Möller offiziell. Und das war schon alles, was ich sagen wollte. Und … dass ich es sehr schätze, dass Sie der sind, der Sie sind. Auch wenn das vielleicht keinen großen Sinn ergibt.«

»Nicht wirklich«, entgegnete Jarmer nüchtern. »Und dass Sie Möller vertreten, macht es nicht einfacher. Hören Sie, Herr Eberhardt, ich nehme Ihre Entschuldigung gerne an. Allerdings ändert das nichts an der Tatsache, dass wir uns nicht über den Fall Stecher unterhalten können. Zumindest nicht, bevor das Verfahren abgeschlossen ist. Und sollte es zu einem Verfahren kommen, sehen wir uns ohnehin vor Gericht.«

34. KAPITEL

Berlin-Moabit, Institut für Rechtsmedizin:
Montag, 8. März, 8.23 Uhr

Immerhin hat er den Anstand, sich zu entschuldigen, ging es Jarmer durch den Kopf, nachdem er aufgelegt hatte.

Er hatte Eberhardt erst im vergangenen Jahr in der Sache Nölting kennengelernt. Damals hatte er im Rahmen des zugehörigen Gerichtsverfahrens ein rechtsmedizinisches Gutachten erstellt, das für Eberhardt maßgeblich für die spätere Aufklärung des Falles gewesen war. Und zu seinem eigenen Erstaunen hatte Eberhardt es geschafft, seine vorgefasste Abneigung gegen Anwälte im Rahmen dieses Verfahrens Schritt für Schritt zu relativieren. Bis dato hatte er insbesondere Strafverteidiger für moralisch fragwürdige Vertreter der Unterwelt gehalten, die mit allen Mitteln ihre Mandanten freikämpfen wollten und dabei ohne Rücksicht auf Verluste im Gerichtssaal auftraten.

Eberhardt hatte ihm aber mehr durch seine Taten als durch seine Worte bewiesen, dass nicht alles schwarz und weiß war, wie es auf den ersten Blick schien. Jarmer hatte am Ende des Verfahrens Nölting, in dem er selbst als Sachverständiger vor Gericht ausgesagt hatte, sogar einen gewissen Respekt vor Eberhardt gewonnen. Sowohl fachlich als auch menschlich. Er schien ein anständiger Kerl zu sein. Trotz seines Berufes.

In der Sache mit dem *Granther-Experiment* hatte sich diese Meinung nur verfestigt. Hier hatten sie beide an einem Strang gezogen und einen politischen Skandal von ungeheuren Ausmaßen aufgeklärt, der bis in die höchsten Spitzen der Berliner Regierung hinreichte.

Und jetzt diese beiden Anrufe! Jarmer wusste nicht, wie er das einordnen sollte. Und sein erster Gedanke, als er hörte, dass Eberhardt diesen Möller vertrat, war alles andere als positiv. Allerdings, gestand er sich ein, hatte er sich schon einmal getäuscht. Und wer weiß, vielleicht überraschte Eberhardt ihn auch dieses Mal.

35. KAPITEL

Vier Monate später –
dritter Verhandlungstag

Berlin-Moabit, Kriminalgericht:
Mittwoch, 7. Juli, 10.23 Uhr

Rocco blätterte die zehn Seiten des Protokolls von Hagen Beckers Vernehmung zum dritten Mal an diesem Morgen durch, ehe er auf seine Uhr blickte. Keine zehn Minuten mehr und einer der Hauptbelastungszeugen der Anklage würde vor Gericht aussagen. Das markierte den eigentlichen Beginn der Verhandlung. An den vorherigen Tagen war außer der Verlesung der Anklage und der monotonen Aussagen der Polizisten, die den Sachverhalt vor Ort in der *Hildegard Bar* aufgenommen hatten, nichts Überraschendes geschehen.

Das wird sich heute ändern, dachte Rocco und blickte in den bis auf den letzten Platz voll besetzten Zuschauerraum. Neben den üblichen Verdächtigen der Berliner Presse waren auch einige internationale Journalisten anwesend. Vor allem in Österreich und der deutschsprachigen Schweiz verfolgte man den Fall des augenscheinlich korrupten und skrupellosen Politikers gebannt. Außerdem saß Tobi im Saal. Rocco hatte ihn bei wichtigen Verhandlungen immer gerne dabei, insbesondere bei strittigen Zeugenvernehmungen. So konnten sie sich in den Verhandlungspausen miteinander austauschen und ihre Einschätzungen der Aussagen abgleichen.

Im nächsten Moment erschien Dieter Möller, begleitet von zwei Beamten, durch eine Seitentür. In dem Raum dahinter hatte er, wie

Rocco wusste, schon seit gut einer halben Stunde auf den Beginn der Verhandlung gewartet, nachdem er aus dem durch einen unterirdischen Tunnel mit dem Gericht verbundenen Untersuchungsgefängnis Moabit gebracht worden war. Die Beamten führten Möller in den abgesperrten und durch Sicherheitsglas besonders geschützten Bereich hinter der lang gezogenen, zum Richtertisch hin leicht in den Raum gekrümmten Bank der Verteidigung. Für den objektiven Betrachter sah der ehemalige Senator nicht aus wie der Angeklagte eines Strafverfahrens, der seit einigen Monaten in Untersuchungshaft saß. In seinem dunkelblauen, tailliert geschnittenen Anzug mit weißem Hemd und eleganter Krawatte hätte er, ohne aufzufallen, an der Vorstandssitzung eines beliebigen Deutschen Dax-Unternehmens teilnehmen können.

»Ist der Zeuge schon da?«, fragte Möller Rocco durch eine der Lücken in den Glasscheiben, die den Verteidigern die Kommunikation mit ihren Mandanten ermöglichten. Möllers Tonfall war von einer nicht zu überhörenden Feindseligkeit in seiner Stimme geprägt, die im Widerspruch zu der gespielten Gelassenheit stand, die er augenscheinlich auszustrahlen versuchte.

»Vermutlich«, erwiderte Rocco. »Sonst hätte mich die Staatsanwältin sicher informiert.« Er blickte zu Doktor Julia Bunzel, die auf der gegenüberliegenden Seite am Tisch der Anklagevertretung saß. Konzentriert blickte sie durch ihre Lesebrille auf die vor ihr liegenden Akten. Während sie mit der linken Hand immer wieder eine lästige Strähne ihrer mittellangen brünetten Haare aus der Stirn wischte, machte sie sich mit der rechten Hand Notizen auf einem einfachen Zettel. Ganz offensichtlich bereitete sie sich auf ihre Vernehmung von Becker vor.

»Er ist aller Wahrscheinlichkeit nach auf dem Flur, vor dem Saal.«

»Er lügt, das wissen Sie«, flüsterte Möller Rocco so leise zu, dass es außer ihnen keiner hören konnte. »Die ganze Aussage ist von vorne bis hinten erstunken und erlogen. Ich war weder in der Bar, noch habe ich diesen Typen jemals gesehen. Ich verlasse mich auf Sie.«

Rocco war sich immer noch nicht sicher, ob er Möller trauen konnte, deshalb erwiderte einfach: »Wir werden sehen.«

Möller, dem das nicht genug zu sein schien, setzte gerade zu einer weiteren Bemerkung an, als die Richterinnen und Richter den Saal betraten.

Rocco und Möller erhoben sich, ebenso wie alle anderen Anwesenden. Diese traditionelle Respektsbekundung galt weniger den Richtern als Personen als vielmehr dem Richteramt.

»Guten Tag zusammen. Nehmen Sie doch bitte Platz«, begrüßte die Vorsitzende Richterin, Doktor Karla Paul, Prozessbeteiligte und Zuschauer. Knapp einen Meter siebzig groß, mit einem modernen Kurzhaarschnitt wirkte sie jünger als ihre fünfundfünfzig Jahre. Sie wechselte noch einige Worte mit den übrigen Richtern, ehe sie die Verhandlung eröffnete und mit Hagen Becker den ersten Zeugen des Tages aufrief.

Becker war Mitte dreißig, knapp einen Meter achtzig groß und hatte schütteres, dunkles Haar, das er mit einer große Portion Gel zurückgekämmt hatte. Zu einer blauen Jeans trug er weiße Sneaker, ein weißes T-Shirt und ein deutlich zu eng geschnittenes Sakko, das ihm vielleicht in früheren Tagen gepasst hatte.

Er nahm auf der Zeugenbank Platz, und nachdem die Vorsitzende ihn belehrt hatte, begann sie mit der eigentlichen Vernehmung.

Becker wiederholte exakt das, was Rocco aus der Akte kannte. Dabei war er ausgesprochen gelassen und lächelte sogar gelegentlich.

Im Anschluss an die Vernehmung durch die Richterin stellte Oberstaatsanwältin Doktor Bunzel ebenfalls einige Fragen, die allerdings keine neuen Anhaltspunkte brachten.

Becker hatte ausgesagt, dass er in der *Hildegard Bar* aufs Klo gegangen war, wo Möller ihm aus der WC-Tür entgegengekommen sei. Möller sei eilig an ihm vorbeigehastet, daran könne er sich noch erinnern. Im nächsten Moment hatte er auf dem Boden des WCs Dirk Stecher liegen sehen. Er hatte versucht, ihn anzusprechen. Als der sich aber nicht regte, war er in den Barraum gerannt und hatte am Tresen nach einem Notarzt gerufen. Danach hatte er gewartet und noch in der Bar der Polizei gegenüber eine Aussage gemacht. Und dann später erneut auf der Wache, bei einer anderen Hauptkommissarin, und schließlich ein drittes Mal bei der Staatsanwaltschaft.

Rocco glaubte Becker kein Wort. Er wusste, dass er log. Zum einen waren die Angaben in seinem Protokoll anlässlich der polizeilichen Vernehmung zu vollständig. Normalerweise können sich Zeugen an vieles, aber sicher nicht mehr genau an alles erinnern. Beckers Aussage enthielt aber einen Treffer nach dem anderen. Kein Detail fehlte. Die Aussage war perfekt. Zu perfekt. Aber das war bei Weitem nicht alles. Rocco blickte kurz zu Tobi, und der nickte ihm zuversichtlich zu.

»Haben Sie noch Fragen an den Zeugen?«, wandte sich Richterin Doktor Paul an Rocco.

»Ja, Frau Vorsitzende, die habe ich allerdings.«

»Machen Sie ihn fertig«, flüsterte Möller Rocco zu, als der sich erhob und an Becker wandte.

Darauf kannst du wetten, dachte Rocco. *Aber nicht, weil du es mir sagst, sondern weil er es nicht anders verdient.*

»Zunächst einmal möchte ich mich bei Ihnen bedanken, Herr Becker, dass Sie sich hier so ausführlich zu der Sache äußern. Das ist wichtig, wir müssen schließlich herausfinden, was passiert ist«, begann Rocco und wirkte dabei so freundlich und unterstützend, als würde er ihn und nicht Möller vertreten.

Becker schaute Rocco irritiert an. Ganz offensichtlich hatte er mit einem direkten Angriff durch den Verteidiger gerechnet. Er lächelte unsicher und entgegnete nur: »Sehr gerne.«

Rocco beschloss, Becker zunächst in Sicherheit zu wiegen, ehe er ihn Schritt für Schritt aufs Glatteis führte.

»Nur damit ich alles ganz genau verstehe, möchte ich Ihnen noch einige Fragen stellen.«

»Na klar, sehr gerne.«

»Ausgezeichnet. Verraten Sie mir doch bitte, wann Sie etwa in der *Hildegard Bar* angekommen sind.«

»Wie ich bereits gesagt habe, war das so gegen halb neun.«

»Und war es da in der Bar schon voll?«

»Hm. So mittel, würde ich sagen.«

»Verstehe. Und waren Sie alleine in der Bar oder hatten Sie sich dort mit jemandem getroffen?«

»Nein, da war ich alleine.«

»Gehen Sie öfter alleine in Bars?«, fragte Rocco weiter.

»Mal so, mal so«, erwiderte Becker.

»Und dieses Mal waren Sie alleine da.«

»Ganz genau.«

»Und aus welchem Anlass waren Sie da?«

»Nichts Besonderes. Ich hatte einen harten Tag und wollte mich einfach mit einem Drink belohnen.«

»Und wissen Sie noch, was Sie getrunken haben?«

»Irgendeinen Cocktail. Weiß nicht mehr genau, welchen.«

»Einen oder mehrere?«, hakte Rocco weiter nach und fing sich einen Blick der Richterin ein, die nicht sicher zu sein schien, wohin Roccos Befragung führen sollte.

Rocco war das vollkommen egal. Das hier war ein Totschlagsprozess. Seinem Mandanten drohte jahrelange Haft und er würde sich so viel Zeit nehmen, wie er brauchte.

»Na, das waren wohl drei. Oder zwei, das weiß ich nicht mehr genau.«

»Ist auch nicht so wichtig«, sagte Rocco. »Eine ganz andere Frage: Wie sind Sie eigentlich zu der *Hildegard Bar* gekommen?«

»Mit meinem Auto.«

»Das haben Sie dann aber stehen lassen, oder? Nach zwei oder drei Cocktails meine ich, wäre das ja keine gute Idee.«

Becker zögerte kurz, eher er antwortete.

»Ja, stimmt. Das habe ich stehen lassen.«

»Und wie sind Sie nach Hause gekommen?«

»Mit den Öffentlichen.«

»Bus oder U-Bahn?«, hakte Rocco weiter nach.

»U-Bahn«, erwiderte Becker. »Vom Wittenbergplatz, wenn Sie es ganz genau wissen wollen. Mit der Linie zwei bis zum Hausvogteiplatz, wo ich wohne.«

»Alles klar, vielen Dank«, erwiderte Rocco freundlich und blickte erneut zu Tobi in den Zuschauerraum. Der nickte, sodass Rocco sich wieder zufrieden Becker widmete.

Becker war in die erste Falle getappt, ohne dass er auch nur ansatzweise eine Ahnung davon hatte. Doch anstatt ihn jetzt schon darauf hinzuweisen, fuhr Rocco mit seiner Befragung fort. Er musste mehr als einen Fehler in Beckers Aussage finden, um dessen Glaubwürdigkeit zu relativieren. Er wusste aber, dass er auf dem richtigen Weg war.

»Dann möchte ich jetzt mit Ihnen noch einmal durchgehen, wie Sie meinen Mandanten gesehen haben.«

Becker rutschte unruhig auf seinem Stuhl hin und her. Langsam schien er seine Selbstsicherheit zu verlieren. Er drehte sich mit einem fragenden Blick zu der Vorsitzenden Richterin um.

»Ist das wirklich nötig? Das habe ich alles schon beantwortet.«

Richterin Paul nickte und wandte sich an Rocco. »Herr Rechtsanwalt. Ich habe das Gefühl, dass Sie hier nach etwas im Trüben fischen, von dem Sie selbst nicht wissen, was das sein soll. Ihnen dürfte das Verbot der Wiederholungsfrage doch durchaus vertraut sein. Sie stehen schließlich nicht zum ersten Mal in diesem Saal.«

Rocco hatte damit gerechnet, dass die Richterin ihn irgendwann in die Schranken weisen würde, und war darauf vorbereitet. Tatsächlich hatte er es sogar darauf angelegt.

»Frau Vorsitzende. Das ist mir natürlich bekannt. Es geht hier aber um einen schweren Vorwurf und Herr Becker ist der Hauptbelastungszeuge der Anklage. Ich möchte einfach sichergehen, dass ich mir ein Bild von seiner Glaubwürdigkeit verschaffen kann.«

Rocco hatte seine Hausaufgaben gemacht und beschloss, dem Gericht einen ersten Warnschuss vor den Bug zu setzen. Er hatte nicht vor, sich unnötig einschränken zu lassen. Wenn sein Fragerecht durch das Gericht ausgehöhlt würde, könnte er später einen Verfahrensfehler geltend machen. Das konnte im Ergebnis sogar dazu führen, dass das Urteil in der nächsten Instanz aufgehoben wurde. Richterin Paul war erfahren genug, zwischen den Zeilen zu lesen, und wusste sofort, worauf Rocco hinauswollte. Überdeutlich zog sie die Augenbrauen hoch. Rocco spielte das Spiel mit und beschloss, es erst bei dem Warnschuss zu belassen.

»Ich bitte daher um etwas Nachsicht, wenn ich mir einen Eindruck von der Aussagekonstanz des Zeugen machen möchte«, sagte er daher bewusst höflich.

»Einverstanden. Ich möchte Sie dennoch darum bitten, langsam zum Punkt zu kommen«, gab die Vorsitzende zurück.

»Also«, fuhr Rocco an Becker gewandt fort. »Wie war das noch mal genau?«

Becker, der langsam immer unsicherer wurde, musste sich offensichtlich schwer zusammenreißen, seine Ruhe zu bewahren. Nervös zupfte er mit der Hand an seiner rechten Socke.

»Ich hatte ja schon einiges getrunken und musste mal dringend auf Toilette. Ich bin also aufgestanden und zu den Klos gegangen. An der Bar vorbei, hinten rechts in den Gang. Und dann ist der Möller da rausgekommen. Aus der Toilettentür, meine ich.«

»Er lügt«, hörte Rocco auf einmal Möller hinter sich protestieren. »Ich war an diesem Abend nicht in der Bar!«

Rocco, der befürchtet hatte, dass es Möller irgendwann nicht mehr auf seinem Stuhl halten würde, drehte sich zu seinem Mandanten um und bedeutete ihm mit einer Handbewegung, sich zu beherrschen.

»Bitte unterlassen Sie jegliche Unterbrechung«, wies ihn auch die Vorsitzende im selben Moment an. »Ich werde nicht zulassen, dass Sie den Zeugen beeinflussen. Das nächste Mal lasse ich Sie für die restliche Dauer der Zeugenvernehmung aus dem Saal entfernen.«

Rocco war es grundsätzlich egal, ob Möller entfernt wurde oder nicht. Allerdings würde er damit keine Pluspunkte bei den Richtern sammeln. Und auch wenn Justitia eigentlich blind war, so war sie doch in der Regel höflichen Angeklagten gegenüber wohlwollender als einem Unsympathen wie Möller. Abgesehen davon musste Rocco Möller recht geben. Er wusste sicher, dass Becker log, und er würde ihn auch gleich überführen. Was er allerdings noch nicht wusste, war, warum Becker das tat. Und ob das Ganze seine Idee war oder ob er, wie Rocco vermutete, für jemand anderen die Wahrheit verdrehte.

»Wie genau ist mein Mandant aus der Toilette rausgekommen?«, fragte er deshalb seelenruhig weiter und genoss Beckers wachsende Nervosität.

»Er hat die Tür nach außen aufgestoßen und kam mir eilig entgegen.«

»Wissen Sie noch, welche Kleidung er getragen hat?«

»Nein, daran kann ich mich nicht erinnern. Einen Anzug, glaube ich, aber das weiß ich nicht mehr so genau.«

»Aber dass es mein Mandant war, das wissen Sie noch ganz genau?«

»Ja, ich habe ihn ja deutlich vor mir gesehen.« Becker machte eine Pause und blickte auf den Boden, so als versuchte er, sich zu erinnern, wie es genau gewesen war. Dann, mit einem Lächeln auf den Lippen, sagte er: »An dem Abend war mir der Mann nur irgendwie bekannt vorgekommen. Und ich habe bei der Befragung durch die Polizei sein Aussehen beschrieben. Aber kurz darauf habe ich ein Bild von Möller in der Zeitung gesehen. Und da habe ich eins und eins zusammengezählt. Das habe ich auch bei meiner zweiten Vernehmung der Hauptkommissarin gesagt. Er war der Mann aus der Bar.«

»Verstehe«, gab Rocco zurück. »Sie haben meinen Mandanten also in dem Flur gesehen, der zu der Toilette führt?«

»Ganz genau.«

»Und dann haben Sie den Toten in der Toilette liegen sehen und sofort das Barpersonal benachrichtigt?«, fragte Rocco weiter.

»Genauso war es!«

»Wissen Sie noch, wie spät es da war?«

»Keine Ahnung, wie spät genau. Aber das müsste sich aus dem Zeitpunkt des Notrufs ergeben, oder? Weil, die Barleute haben dann sofort den Notarzt gerufen. Muss also so maximal drei Minuten vorher gewesen sein. Ich hatte ja noch versucht, den Mann anzusprechen. Aber der war schon tot. Oder bewusstlos.«

»Alles klar«, sagte Rocco und sah erneut zu Tobi, der ihm zum zweiten Mal zunickte. In dem Moment wusste Rocco, dass Becker erledigt war.

Er machte eine kurze Pause.

»Kommen da noch weitere Fragen?«, hakte Doktor Paul ungeduldig nach.

Rocco sah die Richterin an.

»Ja, Frau Vorsitzende. Und zwar an Sie. Könnten Sie den Zeugen wohl bitte nochmals energisch darauf hinweisen, dass das Gesetz bei einer uneidlichen Falschaussage eine Freiheitsstrafe von drei Monaten bis fünf Jahren vorsieht? Und dass die Mindeststrafe bei Meineid bei einem Jahr liegt.«

Die Richterin zog die Augenbrauen hoch, während Becker langsam die Panik ins Gesicht stieg.

»Können *Sie* mir bitte sagen, warum das hier von Relevanz sein soll?«, fragte die Richterin, jetzt doch etwas vorsichtiger. »Mal ganz abgesehen davon, dass Sie ja den Zeugen gerade selbst erneut auf den Umstand der Strafbarkeit aufmerksam gemacht haben.«

»Natürlich«, erwiderte Rocco und blickte erst zu Becker und dann direkt zu Oberstaatsanwältin Doktor Bunzel.

»Weil der Zeuge Becker soeben in zwei entscheidenden Punkten die Unwahrheit gesagt hat. Oder, um es klarer zu machen: Er lügt! Und weil ich bei einer weiteren Lüge seine Vereidigung verlangen werde, was dann eine Freiheitsstrafe nicht unter einem Jahr Gefängnis nach sich ziehen wird.«

36. KAPITEL

Berlin-Moabit, Kriminalgericht:
Mittwoch, 7. Juli, 11.17 Uhr

Roccos letzte Bemerkung war eingeschlagen wie eine Bombe. Zuschauer und Pressevertreter fingen aufgeregt an, miteinander zu tuscheln, und die Lautstärke im Saal stieg von einem Moment auf den anderen hörbar an. Oberstaatsanwältin Doktor Bunzel sprang auf und wandte sich mit hochrotem Gesicht an die Richterbank.

»Frau Vorsitzende, ich bitte Sie, den Verteidiger darauf hinzuweisen, nicht so ohne Weiteres den Leumund eines unbescholtenen Zeugen zu beschädigen. Gegebenenfalls wäre zu prüfen, ob hier nicht ein strafbares Verhalten des Verteidigers selbst vorliegt.«

Doktor Bunzel ordnete ihre Robe, ehe sie sich wieder setzte. Voller Entrüstung blickte sie zu Rocco, der sich ein Lächeln nur schwer verkneifen konnte. Insgeheim freute er sich darüber, dass die Oberstaatsanwältin so aufgebracht war. Je mehr sie sich schützend vor ihren Zeugen stellte, desto mehr würde sie nicht nur ihre eigene Anklagestrategie, sondern, wenn Becker als Lügner entlarvt wurde, auch die Glaubhaftigkeit seiner übrigen Angaben beschädigen.

Die Vorsitzende Richterin war allerdings klug genug, sich selbst nicht aus der Fassung bringen zu lassen. Sie wusste, dass Rocco Eberhardt zu erfahren war, als dass er mit haltlosen Beschuldigungen um sich werfen würde.

»Bitte, meine Damen und Herren, bitte«, sagte sie mit erhobener Stimme. »Kommen Sie zur Ruhe. Ansonsten lasse ich den Saal räumen.«

Ihre Worte taten sofortige Wirkung und Stille trat ein.

An Rocco gewandt fuhr sie fort: »Herr Verteidiger, ich möchte Sie in aller Förmlichkeit daran erinnern, welche Stellung Sie als unabhängiges Organ der Rechtspflege einnehmen. Wir sind hier nicht auf dem Jahrmarkt oder in einem drittklassigen amerikanischen Justizthriller.«

Sie machte eine bewusste Pause, augenscheinlich, um ihren Worten die entsprechende Wirkung zu verleihen.

»Ich hoffe sehr für Sie, dass Sie Ihre Behauptung beweisen können.«

Rocco, der für alle Eventualitäten gerüstet war, erhob sich und zog zwei mal zwei zusammengeheftete Seiten aus seiner Akte.

»Das kann ich, Frau Vorsitzende. Ich möchte hiermit zwei Beweisanträge stellen. Zum Ersten«, sagte er, »beantrage ich, zum Beweis der Tatsache, dass die U-Bahnlinie zwei am Samstag, den 27. Februar, nicht gefahren ist, einen für die Fahrplanauskunft zuständigen Mitarbeiter der Berliner Verkehrsbetriebe zu vernehmen. Der Mitarbeiter der BVG wird bestätigen, dass der Regelbetrieb auf dieser Linie wegen Gleisbauarbeiten nicht stattgefunden hat.«

Jetzt machte Rocco gleichfalls eine Pause, um die Wirkung seiner Worte zu verstärken.

»Der Zeuge Becker kann also gar nicht mit der U-Bahn nach Hause gefahren sein. Ob er nach drei Cocktails mit dem Auto gefahren ist, oder was auch immer er gemacht hat, ist mir nicht bekannt.«

Becker, der mittlerweile gänzlich seine Selbstsicherheit verloren hatte, sah Hilfe suchend in den Zuschauerraum. Doch niemand eilte ihm zur Rettung. Stattdessen erhob sich wieder ein Raunen im Saal.

»Zum Zweiten beantrage ich, den Geschäftsführer der *Hildegard Bar*, Thomas Pflanz, zu der Tatsache zu vernehmen, dass fünf Minuten vor dem Notruf der Strom in der *Hildegard Bar* ausgefallen war und die Lichter im Flur vor den Toiletten nicht geleuchtet haben. Es war dem Zeugen Becker daher unmöglich, meinen Mandanten aus der Toilette kommen zu sehen und diesen eindeutig zu identifizieren. Es fehlte schlichtweg an Licht, um irgendetwas zu sehen, geschweige denn, irgendjemanden zu erkennen.«

Bewusst langsam ging Rocco zur Richterbank, um seine beiden Beweisanträge zu überreichen. Auf der Höhe von Becker blieb er kurz stehen, blickte auf den Zeugen herunter und schüttelte für alle Teilnehmer sichtbar den Kopf.

Treffer, versenkt!

37. KAPITEL

Berlin-Moabit, Kriminalgericht:
Mittwoch, 7. Juli, 12.32 Uhr

Nach der Mittagspause versammelten sich die Beteiligten wieder im Verhandlungssaal, um den zweiten Zeugen der Anklage zu hören. Rocco wusste, dass er einen Etappensieg errungen hatte, aber weit entfernt davon war, den Prozess zu gewinnen. Er hatte den bisher wichtigsten Zeugen der Anklage in seiner Glaubwürdigkeit schwer beschädigt und dessen Aussage entkräftet. Allerdings befürchtete er, dass dieser Sieg weit weniger Gewicht hatte als gehofft. Denn Oberstaatsanwältin Doktor Bunzel, die in diesem Moment den Saal betrat, zwinkerte ihm selbstbewusst zu, ehe sie an ihrem Tisch Platz nahm. Ein Lächeln spielte um ihre Lippen und Rocco fragte sich, was ihr dieses Selbstvertrauen gab. Offensichtlich wusste sie etwas, das er nicht wusste. Sie musste einen Trumpf auf der Hand haben, den er übersehen hatte.

Rocco blickte in den Zuschauerraum zu Tobi, dem das Verhalten von Bunzel ebenfalls aufgefallen war, aber sein Freund zuckte nur mit den Schultern. Tobi hatte also auch keine Ahnung, was als Nächstes kommen würde.

Nachdem die Richter hinter ihrer Bank Platz genommen hatten, setzte die Vorsitzende die Verhandlung fort und rief den Sachverständigen Bernd Marcus auf, einen Experten für Daktyloskopie, der ein Gutachten zu den am Tatort gesammelten Fingerabdrücken erstellt hatte. Marcus entsprach äußerlich dem klassischen Bild eines Professors in einem englischen Roman des frühen zwanzigsten Jahrhunderts. Zu einem Tweedsakko trug er ein kariertes Hemd mit Strickkrawatte und eine dunkelbraune

Cordhose. Auf der Nase hatte er eine schlichte Brille mit rundem Stahlgestell.

Rocco kannte sein Gutachten aus der Ermittlungsakte. Ihm zufolge hatte die Polizei keine Fingerabdrücke von Möller am Tatort gefunden.

Nach der Belehrung begann der Sachverständige Marcus mit seiner Aussage. Er stellte zunächst seinen Auftrag dar und erläuterte dann, wie die Mitarbeiter der Spurensicherung am Tatort gearbeitet hatten. Im Anschluss ging er darauf ein, wie er die im Rahmen der erkennungsdienstlichen Maßnahmen von Möller genommenen Fingerabdrücke mit denen am Tatort verglichen hatte.

»Wie sich aus Seite vier Ihres Gutachtens ergibt, haben Sie keine Übereinstimmung der am Tatort sichergestellten Fingerabdrücke mit denen des Angeklagten feststellen können, oder?«, fragte die Vorsitzende Richterin Doktor Paul.

»Das ist zutreffend«, antwortete Marcus und rückte seine Brille zurecht. »Ich muss allerdings darauf hinweisen, dass ich bei zwei Fingerabdrücken, die mir aufgrund ihrer Beschaffenheit nicht verwertbar erschienen, gestern Abend noch einen Kollegen zurate gezogen habe.«

Mit einem Mal wusste Rocco, was hier lief. Er setzte sich aufrecht hin und sah zu Oberstaatsanwältin Doktor Bunzel, die seinen Blick mit einem übertriebenen Achselzucken quittierte.

»Und darf ich Sie fragen«, fuhr Richterin Paul fort, »ob das zu neuen Erkenntnissen geführt hat?«

Marcus räusperte sich und es schien, als fühlte er sich in seiner Haut äußerst unwohl.

»Nun, es ist mir sehr peinlich, aber tatsächlich verfügt der Kollege über ein etwas, sagen wir mal, moderneres Equipment.« Er machte eine kurze Pause und räusperte sich. »Was ich damit sagen will, Frau Vorsitzende, ist, dass er zu einem anderen Ergebnis gekommen ist als ich.«

Im selben Moment erhob sich Oberstaatsanwältin Doktor Bunzel von ihrem Tisch. Triumphierend kam sie dem Sachverständigen zu Hilfe.

»Frau Vorsitzende, nachdem der Herr Verteidiger damit begonnen hat, möchte ich gleichfalls einen Beweisantrag stellen. Zum Beweis der Tatsache, dass der Angeklagte sich am Abend des 27. Februar in der Toilette der *Hildegard Bar* aufgehalten hat, beantrage ich, den Sachverständigen Doktor Daniel Tomek zu hören. Seine Untersuchung der von der Spurensicherung sichergestellten Fingerabdrücke hat zweifelsfrei ergeben, dass wenigstens einer der Fingerabdrücke mit denen des Angeklagten übereinstimmt.«

Rocco hörte, wie Möller hinter ihm aufsprang, drehte sich blitzschnell zu ihm um und hob einen Finger an die Lippen.

»Wir besprechen das später«, raunte er ihm zu. »Halten Sie einfach die Klappe.«

Rocco hatte keine Zweifel daran, dass Bunzel die Information schon lange vor dem Termin vorliegen hatte, sie aber erst jetzt in die Verhandlung einbrachte, um das Überraschungsmoment für sich zu nutzen. Rocco wusste auch, dass es müßig war, darüber zu streiten. Er würde das niemals beweisen können. Trotzdem erhob er sich. Er musste Schadensbegrenzung betreiben.

»Frau Vorsitzende«, sagte er deshalb so ruhig, wie ihm das möglich war, »ich bitte um ein kurzes Gespräch mit Ihnen und der Staatsanwältin.«

Die Vorsitzende Richterin Doktor Paul blickte zur Bank der Staatsanwaltschaft und dann wieder zu Rocco.

»Sollten Sie einen Antrag auf Ablehnung des Beweisantrages wegen Verspätung stellen wollen, so kann ich Ihnen jetzt schon sagen, dass ich geneigt bin, Ihren Antrag zurückzuweisen.«

»Ich stelle den Antrag trotzdem«, erwiderte Rocco für alle Teilnehmer im Saal hörbar, wenngleich ihm klar war, dass er damit keinen Erfolg haben würde.

»Das steht Ihnen selbstverständlich frei«, gab die Vorsitzende zurück, wobei Rocco meinte, eine gewisse Genugtuung in ihrer Stimme zu hören.

Okay, dachte er bei sich, *dann werde ich auch andere Kaliber auffahren.* Bislang hatte er gezögert, eine sogenannte harte Verteidigung zu fahren, die neben der materiellrechtlichen sich auf die Bewertung der Beweise konzentrierenden Verteidigung vor allem darauf aus war, das Gericht dazu zu bringen, einen oder mehrere Verfahrensfehler zu begehen und somit in der Revision eine Aufhebung des Urteils zu erreichen. Von diesem Mittel, so beschloss Rocco, würde er ab sofort Gebrauch machen. Entsprechend selbstbewusst verkündete er: »Frau Vorsitzende, dann möchte ich jetzt einen unaufschiebbaren Antrag stellen.«

Der Begriff des unaufschiebbaren Antrags war im Strafverfahren für alle professionell Beteiligten das Synonym dafür, dass die Verteidigung einen oder mehrere Richter wegen Befangenheit ablehnen würde.

»Auch das steht Ihnen selbstverständlich frei«, erwiderte Doktor Paul ungerührt. Im Laufe ihrer Karriere hatte sie mehr Befangenheitsanträge gegen sich erlebt, als sie zählen konnte. Das war absolute Routine.

»Wir unterbrechen die Verhandlung für fünfundvierzig Minuten«, teilte sie den Zuschauern über ihr Mikrofon mit. An Rocco gewandt sagte sie lediglich: »Wenngleich ich mir sicher bin, dass Sie kaum mehr als zwanzig Minuten benötigen werden.«

Mit diesen Worten erhob sie sich von ihrem Platz und verschwand mit den übrigen Richtern durch die Tür hinter der Bank.

38. KAPITEL

Vier Monate zuvor

Berlin-Mitte, Torstraße 1:
Sonntag, 28. Februar, 14.37 Uhr

Der Mann, der sich auf Twitter @Mieter38 nannte, schaute zufrieden auf seinen Bildschirm.

Anhand eines Zeitstrahls hatte er die Ereignisse in der Nacht vom 27. auf den 28. Februar minutiös aufgezeichnet. Von Stechers Ankunft in der *Hildegard Bar* über das Eintreffen von Rettungswagen und Polizei bis zur Vernehmung der Zeugen am Tatort gab es eine Reihe von Indizien, die nur eine Schlussfolgerung zuließen.

Von wegen, es gab kein perfektes Verbrechen. Isoliert betrachtet würde keiner der Hinweise für eine Verurteilung ausreichen. In ihrer Gesamtheit aber ergaben sie ein schlüssiges Bild. Dabei ließ sich @Mieter38 nicht dazu verleiten, es allzu klar zu zeichnen. Er hatte das Ganze so aufgebaut, dass er der Verteidigung immer wieder die Chance gab, die Oberhand zu gewinnen. Aber eben nur so lange, bis ihr die Argumente ausgingen. Die scheinbar unperfekte Beweiskette würde am Ende eben doch so stark sein, dass das Gericht nur zu einer Entscheidung kommen konnte.

Dabei würde er ein paar Nebelkerzen zünden. Indizien, die auf den ersten Blick eine große Bedeutung hatten, dann aber in sich zusammenfielen. Zumindest, wenn die Verteidigung gründliche Arbeit leistete. Und die erste Nebelkerze war Hagen Becker. Ein scheinbar perfekter Zeuge für die Anklage, der allerdings vor Gericht nicht bestehen würde. Ein leichtes Fressen für die Verteidigung.

Der nächste Beweis, den @Mieter38 platziert hatte, würde allerdings weniger leicht zu entkräften sein. Vielleicht gar nicht.

Mit einem zufriedenen Lächeln und auch einer gehörigen Portion Stolz dachte er an seine Arbeit zurück. Er hatte es geschafft, Möllers Fingerabdruck zu fälschen und am Tatort zu platzieren. Tatsächlich war das alles andere als trivial, aber am Ende doch einfacher, als er gedacht hatte.

Alles, was er dazu benötigte, war ein bisschen Technik, die er sich im Internet bestellt hatte, und ein wenig Geschick. Die größte Herausforderung, einige verwertbare Fingerabdrücke von Möller zu erhalten, hatte er nach drei vergeblichen Versuchen schließlich gemeistert. Zum Glück hatte die Kellnerin die Kaffeetasse in dem gut besuchten Café nicht gleich abgeräumt. Der Rest war pure Fleißarbeit. Zunächst hatte er die Abdrücke mit einer hochauflösenden Kamera abfotografiert und auf seinen Computer hochgeladen, um sie weiterzubearbeiten. Dabei hatte er das Bild des besten Abdrucks invertiert, sodass dieser in der Bearbeitungssoftware weiß hervortrat und der Hintergrund schwarz erschien. Das fertige Bild hatte er auf Pauspapier ausgedruckt und anschließend mit einer UV-Ätzmaschine auf eine Leiterplatine übertragen. Das Bild des Abdrucks trat dabei leicht hervor. Alles, was er dann noch tun musste, war, es erneut mit Grafitpulver und mit einer hellen Latexmilch zu bestreichen. Nachdem die Latexmilch getrocknet war, hatte er die dünne Haut von der Leiterplatte abgezogen, auf die richtige Größe zugeschnitten und an seinem eigenen Finger angebracht.

Der Rest war ein reines Kinderspiel. In der *Hildegard Bar* angekommen, hatte er am frühen Samstagabend darauf geachtet, einen einzigen Abdruck so zu platzieren, dass dieser zum einen nicht leicht zu erkennen und zum anderen nur unter größtem Aufwand zu verwerten sein würde. Er durfte es den Ermittlern nicht zu leicht machen. Andererseits hatte er ihn auch so hinterlassen, dass sie ihn nicht ohne Weiteres übersehen konnten. Das Ergebnis war perfekt.

Wenn alles klappte, konnte Beweis Nummer zwei ausreichen, um das Schicksal seines Feindes zu besiegeln. Wenn der Fingerabdruck nicht genügte, hatte er noch die Beweise drei, vier und fünf vorbereitet. Und die, da war er sich sicher, würden Möller endgültig zu Fall bringen. Keine Verteidigung hätte da eine Chance. Das perfekte Verbrechen eben. Und die deutsche Rechtsprechung würde nicht mehr sein als ein Spielball in seinen Händen.

39. KAPITEL

Vier Monate später –
vierter Verhandlungstag

Berlin-Moabit, Kriminalgericht:
Donnerstag, 8. Juli, 8.11 Uhr

Die Pressevertreter im Schwurgerichtssaal 700 hätten sich keinen besseren Auftakt für diesen Tag wünschen können. Der Prozess war an sich schon spektakulär, aber die Art, wie er geführt wurde, heizte die Gemüter weiter an. Und sorgte für Schlagzeilen. Genau das war es, worauf sie aus waren.

Am Vortag hatte Rocco Eberhardt die Aussage des ersten Zeugen in der Luft zerfetzt. Nur, um dann mit dem Sachverständigen eine verheerende Schlappe einzustecken. Das scheinbar unverfängliche Fingerabdruck-Gutachten war von einem Moment auf den anderen von einem Vorteil für die Verteidigung zu einem kolossalen Risiko geworden. Roccos anschließender Befangenheitsantrag gegen Doktor Paul war als unbegründet zurückgewiesen worden, womit Rocco allerdings gerechnet hatte. Er hatte für sich längst einen Haken an die Sache gemacht und sich stattdessen auf den heutigen Tag vorbereitet.

Als Erstes würden sie den neuen Sachverständigen der Anklage, Daniel Tomek, zu Möllers Fingerabdruck hören.

Rocco hatte sich noch am Vorabend mit einem ihm bekannten Profi für die Analyse von Fingerabdrücken unterhalten. Allerdings ohne Erfolg. Die Daktyloskopie hatte sich in den vergangenen Jahren so sehr weiterentwickelt, dass die Behauptung vom Vortag durchaus zutreffend sein konnte. Rocco hatte daher keine andere Möglichkeit, als sich auf seine Improvisationsfähigkeit und seinen Instinkt zu verlassen. Und auf einen Tipp, den ihm Tobi mitgegeben hatte: Wenn du die Tatsachen nicht entkräften kannst, greife die scheinbaren Fakten von einer anderen Seite an. Das war nicht eben viel, aber immerhin ein Strohhalm.

Der zweite Zeuge des heutigen Tages bereitete Rocco allerdings größere Sorgen. Rocco hatte keine Ahnung, was der aussagen würde, und hoffte nur, dass die Sache gut ging. Da wurde er aus seinen Gedanken gerissen. Die Richterinnen und Richter hatten den Saal betreten. Nach dem Aufruf der Sache hatte die Vorsitzende Richterin den Sachverständigen Tomek belehrt und dann mit der Befragung begonnen.

Möller, der wie an jedem Tag aus den Katakomben des Gerichts durch eine Seitentür in dem abgesperrten Bereich hinter Rocco gebracht wurde, saß auch heute genauso angespannt wie an den vorherigen Prozesstagen hinter der Glasscheibe, die ihn von seinem Anwalt trennte. Rocco, der sich mit aller Konzentration auf die vor ihm liegende Aussage konzentrierte, hatte beschlossen, Möller bis auf Weiteres einfach zu ignorieren. Er konnte jetzt keine Ablenkung gebrauchen.

»Herr Tomek, wir haben gestern den Sachverständigen Marcus gehört, der uns berichtet hat, dass Sie einen zunächst nicht verwertbar erscheinenden Fingerabdruck dann doch haben zuordnen können. Bitte schildern Sie uns, was genau es damit auf sich hat«, begann Richterin Paul die Vernehmung.

»Sehr gerne, Frau Vorsitzende«, erwiderte Tomek souverän, während er sich seine elegante Lesebrille aufsetzte und eine Akte vor sich aufschlug. Knapp einen Meter neunzig groß und mit einem teuren, auffällig tailliert geschnittenen Anzug, entsprach er mehr dem Bild eines Anwalts oder Steuerberaters als dem eines Wissenschaftlers.

»Die Methode, mit der mein Kollege die Fingerabdrücke analysiert hat, entspricht dem gängigen Standard, der weltweit angewandt wird.«

Tomek blätterte durch die Akte vor sich, ehe er fortfuhr.

»Allerdings, und das kann meinem Kollegen in keiner Weise vorgeworfen werden, gibt es inzwischen neuere Methoden, die eine erweiterte, über die damaligen Ergebnisse hinausreichende Beurteilung ermöglichen.«

An dieser Stelle hielt er inne und sah die Richterin an, die wohlwollend nickte.

»Meine Untersuchung der vorliegenden Samples hat daher auch bei einem der vorher nicht verwertbaren Abdrücke zu einem eindeutigen Ergebnis geführt.«

»Vielleicht, lieber Herr Tomek, könnten Sie uns erklären, wie genau Sie vorgegangen sind?«, fragte die Richterin mit einer kleinen Spur von Ungeduld.

»Natürlich«, entgegnete Tomek, »das will ich gerne machen. Also, die Herausforderung, die es zu meistern galt, war die Zuordnung eines auf den ersten Blick unsauberen Fingerabdrucks. Denn ebendieser wurde von einem weiteren Abdruck überlagert. Dadurch war es mit herkömmlichen Mitteln nicht möglich, die beiden so präzise voneinander zu trennen, dass man zwei saubere Muster erhalten würde. Das von mir angewandte neue Verfahren bietet genau diese Möglichkeit. Im Ergebnis kann ich daher bestätigen, dass einer dieser beiden sich überlagernden Fingerabdrücke dem des Herrn Dieter Möller entspricht.«

Tomek stoppte an dieser Stelle mit seinem Vortrag, während sich eine gewisse Unruhe im Saal breitmachte. Zufrieden drehte der Sachverständige sich um und es schien Rocco, als würde er die Aufmerksamkeit genießen.

Nachdem die Vorsitzende Richterin und Oberstaatsanwältin Bunzel noch einige unterstützende Fragen gestellt hatte, lag das Fragerecht bei Rocco. Langsam erhob er sich von seinem Platz.

»Herr Tomek, Sie werden verstehen, dass Ihre Aussage meinen Mandanten schwer belastet.«

Tomek nickte.

»Sehr gut. Bitte sehen Sie mir nach, dass ich sichergehen möchte, dass diese Aussage tatsächlich auch jeder Frage standhält.«

Tomek nickte erneut.

»Dann möchte ich als Erstes gerne einmal wissen, wann Sie mit der Erstellung Ihres Gutachtens beauftragt wurden.«

Auf Tomeks Gesicht, der offensichtlich mit höchster Aufmerksamkeit Roccos Worten folgte, zeichnete sich ein Lächeln ab, und Rocco wusste, dass er mit dieser Frage keinen Erfolg haben würde. Offenbar war er entsprechend von der Staatsanwaltschaft darauf vorbereitet worden.

»Die Beauftragung erfolgte tatsächlich erst vor zwei Tagen. Der Kollege Marcus hatte mich konsultiert. Er wusste aus vorhergehenden Verfahren, dass ich eine neue Art der Analyse verwende, und er schien mit dem Ergebnis seiner eigenen Auswertung noch nicht vollauf zufrieden.«

Rocco war klar, dass sein Versuch, eine frühere Beauftragung und Involvierung von Tomek nachzuweisen, ins Leere laufen würde. Somit konnte er auch eine frühere Kenntnis der Staatsanwaltschaft nicht belegen und eine Rüge wegen Verspätung hätte keinerlei Aussicht auf Erfolg. Stattdessen beschloss er, zum Frontalangriff überzugehen. Die aktuelle Situation ließ ihm keine andere Möglichkeit. Wenn Tomeks Analyse zutreffend war, würde sie zunächst die Vermutung verstärken, dass Möller sich zur Tatzeit in der *Hildegard Bar* aufgehalten hatte. Damit kam er als Täter trotz seines Erfolges in der Befragung des Zeugen Becker wieder in Betracht. Um dem entgegenzuwirken, musste Rocco seine ganze folgende Verteidigung darauf aufbauen, dem Gericht einen alternativen Täter zu präsentieren. Denn nur wenn die Richter von Möllers Schuld zweifelsfrei überzeugt waren, durften sie ihn schuldig sprechen. Wenn das Gericht hingegen einen Dritten für schuldig hielt, käme das Möller unmittelbar zugute. Das Problem war allerdings, dass Rocco momentan keinen alternativen Täter anbieten konnte. Trotzdem: Stecher war keines natürlichen Todes gestorben. Irgendjemand musste ihn getötet haben. Und wenn das nicht Möller gewesen war, war es ein unbekannter Dritter.

»Ausgezeichnet«, sagte er deshalb schlicht zu Tomek. »Dann würde ich gerne einige allgemeine Fragen zur Bewertung von Fingerabdrücken stellen. Natürlich nur, um das Geschehen richtig zuzuordnen«, fuhr er an die Vorsitzende Richterin gewandt fort.

»Gerne«, erwiderte Tomek selbstsicher.

»Erläutern Sie uns doch bitte einmal, ob es nach Ihrer professionellen Meinung möglich ist, einen Fingerabdruck zu fälschen.«

Tomek zog die Augenbrauen hoch. »Ich bin mir nicht sicher, ob ich weiß, was genau Sie meinen«, sagte er.

»Oh, das ist ganz einfach. Sie sind anerkannter Fachmann auf dem Gebiet der Daktyloskopie. Ein Profi sozusagen. Und ich würde gerne wissen, ob es nach Ihrer Erfahrung möglich ist, einen Fingerabdruck an einem Ort zu platzieren, obwohl der eigentliche Träger des Abdrucks diesen dort nicht selbst hinterlassen hat. Oder, mit anderen Worten: Wäre es theoretisch möglich, dass ein Dritter einen Fingerabdruck meines Mandanten in der *Hildegard Bar* platziert hat?«

Tomek schien leicht irritiert zu sein und blickte Hilfe suchend erst zur Richterbank und dann zu Oberstaatsanwältin Bunzel.

»Sie können die Frage ruhig beantworten«, kam ihm die Vorsitzende zu Hilfe.

»Ja«, erwidert Tomek. »Das ist tatsächlich möglich. Wenngleich ich es in meiner gesamten Karriere nicht erlebt habe.«

Rocco ballte im Geiste triumphierend die Fäuste, da Tomek, der seinen guten Ruf verteidigen wollte, direkt in die Falle getappt war.

»Entschuldigen Sie«, hakte er deshalb nach. »Da muss ich jetzt doch noch einmal etwas genauer nachfragen. Sie meinen, in Ihrer gesamten Karriere ist Ihnen nie eine Fälschung begegnet?«

»So ist es«, erwiderte Tomek siegessicher.

»Aber es könnte theoretisch sein, dass das nur der Fall war, weil es bisher niemand hinterfragt hat, oder? Wäre es nicht möglich, dass nahezu jeder Fingerabdruck, den Sie im Laufe Ihrer Karriere untersucht haben, in Wahrheit gefälscht war? Ich meine, mit den modernen Mitteln, die uns heute zur Verfügung stehen?«

Tomek rutschte jetzt unruhig auf seinem Stuhl hin und her. Dann, nach einer kurzen Pause, antwortete er: »Ja, das wäre theoretisch möglich. Aber doch sehr unwahrscheinlich.«

»Vielen Dank«, erwiderte Rocco zufrieden. »Ich habe keine weiteren Fragen.«

Richterin Doktor Paul blickte Oberstaatsanwältin Bunzel an, und nachdem diese kurz den Kopf schüttelte, entließ sie den sachverständigen Zeugen.

Rocco fragte sich, ob Bunzel erneut aufspringen und einen weiteren unerwarteten Beweisantrag stellen würde. Doch das tat sie nicht. Stattdessen sah sie ihn direkt an. Immer noch voller Selbstsicherheit. Und mit einer Spur Bedauern.

Und das kam nicht von ungefähr. Denn als Nächstes rief die Vorsitzende Richterin einen Zeugen auf, den Rocco niemals vor Gericht hatte sehen wollen. Vor allem nicht in einem Verfahren, in dem er die Verteidigung leitete. An den Wachtmeister gewandt sagte Doktor Karla Paul: »Bitten bringen Sie doch den Zeugen Helmut Eberhardt in den Saal.«

Obwohl die Zeugenliste für den heutigen Tag allgemein bekannt war, ging ein Raunen durch den Saal, und sämtliche Augen richteten sich auf Rocco. Das kam nicht von ungefähr, denn das auflagenstärkste Blatt der Hauptstadt hatte mit seiner Schlagzeile »Vater des Starverteidigers Eberhardt sagt heute im Rügen-Gate-

Prozess aus« für die entsprechende Aufmerksamkeit gesorgt. In dem Artikel selbst, ebenso wie in den sozialen Medien, wurde darüber spekuliert, welche Verbindung es zwischen Roccos Vater und diesem Fall gab. Von einer bloß moralischen Unterstützung Roccos vor Gericht über eine zwielichtige Kooperation mit Möller bis hin zu der Spekulation, er sei der Initiator des Videos, war dort alles zu lesen. Aber niemand hatte wirklich eine Ahnung, was Helmut Eberhardt aussagen würde.

»Ich hoffe, Sie haben Ihren Vater im Griff«, raunte Möller Rocco zu, als der sich zu seinem Mandanten umdrehte.

Rocco, den Möllers Art mittlerweile gar nicht mehr kümmerte, erwiderte nur trocken und, da ihn der gesamte Saal ins Auge gefasst hatte, mit einem Lächeln: »Sie sollten besser als jeder andere wissen, dass niemand Helmut Eberhardt jemals im Griff gehabt hat.«

40. KAPITEL

Vier Monate zuvor

Berlin-Charlottenburg, Fasanenstraße 72,
Kanzlei Eberhardt: Montag, 8. März, 9.17 Uhr

Zwei Tassen Kaffee nach dem Gespräch mit Jarmer hatte Rocco das Gefühl, dass der Rechtsmediziner wieder bereit war, ihn zu unterstützen – vielleicht sogar in diesem Fall. Er wusste zwar derzeit nicht, wann und wie, aber auf jeden Fall war er froh, sich noch einmal bei Jarmer gemeldet und die Sache fürs Erste klargestellt zu haben.

Das nächste Mal würden sie sich vermutlich erst vor Gericht wiedersehen.

Rocco lehnte sich in seinem Stuhl zurück und ärgerte sich insgeheim, dass ihn dieser Fall so sehr beschäftigte. Wenn er ehrlich zu sich selbst war, wusste er, dass es hier gar nicht um Möller ging. In Wirklichkeit ging es um seinen Vater. Nicht mehr und nicht weniger.

Und das warf eine ganze Reihe weiterer Fragen auf. Er musste mit jemandem darüber sprechen. Alessia, seine kleine Schwester, schied aus. Seine Mutter ebenfalls. Auch wenn er beide über alles liebte und ihre Meinung schätzte, würden sie doch genauso wie er viel zu subjektiv an die Sache herangehen.

Mit Tobi zu sprechen, würde ihm auch nicht weiterhelfen. Der hatte ihm schon ein Dutzend Mal gesagt, er solle endlich seinen Vater anrufen. Außerdem war er mit seiner Schwester Alessia zusammen und konnte die Sache wahrscheinlich nicht mehr lange vor ihr geheim halten.

Aber irgendwen musste es doch geben. Und dann, von einer Sekunde auf die nächste, war ihm klar, wer ihm helfen konnte. Er schnappte sich sein Telefon und wählte eine Nummer, die er mittlerweile besser kannte als seine eigene.

41. KAPITEL

Berlin-Charlottenburg, Restaurant *Funky Fish:*
Montag, 8. März, 20.17 Uhr

Was die Gastro-Presse als Food-Imperium bezeichnete, war in der Realität vor allem eins: perfektes Essen in entspannter Atmosphäre mit einem Service, der seinesgleichen sucht.

The Duc Ngo, das Mastermind hinter Restaurants wie dem *Kuchi,* dem *893 ryotei* oder dem *Funky Fish,* hatte nach Roccos Meinung darüber hinaus vor allem eins geschaffen: Orte, an denen man sich einfach wohlfühlte.

Nachdem Rocco Claudia Spatzierer von zu Hause abgeholt hatte, saßen sie jetzt bei einem Glas Rosé über der Speisekarte am Bartresen des *Funky Fish.*

»Kannst du was empfehlen?«, fragte sie.

»Ich weiß nicht«, erwiderte Rocco. »Sieht alles gut aus. Allerdings habe ich auch noch nie aus der Karte bestellt, sondern mich bisher immer von den Kellnern inspirieren lassen.«

»Wenn ich Ihnen vielleicht helfen kann?«, schaltete sich im selben Moment der sympathische Barmann von der anderen Seite des Tresens ein. »Ich bin Steve«, sagte er und zeigte auf den Namen, der mit feiner blauer Schrift auf sein Hemd gestickt war. »Steven Vinzens. Ich habe gerade unbeabsichtigt Ihre Unterhaltung gehört und kann Ihnen tatsächlich etwas empfehlen, wenn Sie mögen. Wir haben jeden Tag frische Ware und wenn Sie mir sagen, welche Art von Fisch Ihnen Spaß macht, berate ich Sie gerne.«

Beide nahmen das Angebot dankend an und nachdem sie sich für Vorspeisen und Stör sowie Steinbutt mit dem legendären Kartoffel-Trüffel-Püree entschieden hatten, blickte Claudia Rocco vielsagend an.

»Also, ich kenne dich doch. Was liegt dir auf dem Herzen?«

»Na ja, die Sache ist gar nicht so einfach. Es geht um meinen Vater.« Rocco machte eine Pause, unschlüssig, wo er anfangen sollte. »Also, ich habe heute mit Dieter Möller gesprochen. Du weißt schon, unser Bausenator. Er hat mich wegen der Rügen-Affäre aufgesucht.«

Claudia verzog ihr Gesicht. Ganz offensichtlich löste der Name Möller keine Sympathien bei ihr aus.

»Okay. Und was genau hat das mit deinem Vater zu tun?«, fragte sie.

»Möller kam auf Empfehlung meines Vaters. Kurz zuvor hat mir ein Bekannter vom LKA, Sven Beister, erzählt, dass mein Vater zusammen mit Möller in einen Skandal verwickelt ist.«

Rocco hielt inne und trank einen großen Schluck Wein. Es fiel ihm schwer, über seinen Vater zu sprechen. Gefühle waren nicht so seine Sache und das hier alles andere als einfach.

»Was für ein Skandal?«, hakte Claudia nach. »Die Rügen-Affäre? Steckt dein Vater mit drin?«

»Weiß ich nicht«, gab Rocco zu.

»Okay. Und was sagt dein Vater dazu?«

»Keine Ahnung. Ich habe noch nicht mit ihm gesprochen.«

»Oh, Mann«, stöhnte Claudia. »Du hast dich echt kein bisschen verändert.« Sie sah Rocco direkt in die Augen. »Du musst mit deinem Vater reden.«

»Das hat Tobi auch gesagt.«

»Recht hat er. Wie willst du dir ein Bild machen, wenn du gar nicht weißt, worum es eigentlich geht? Willst du deinem Vater denn nicht helfen?«

»Schon. Glaube ich zumindest. Aber nicht, wenn er in die Sache verwickelt ist und das verheimlicht. Wir haben ja gerade erst wieder angefangen, miteinander zu reden. Und ich habe Angst, dass das alles wieder kaputtgeht. Was ist, wenn er nicht der Mensch ist, für den ich ihn halte? Was ist, wenn er wirklich keiner von den Guten ist?«

Claudia schien nachzudenken, ehe sie antwortete.

»Das ist genau das Gleiche wie letztes Mal. Du redest nicht mit ihm und er redet nicht mit dir. Dann fangt ihr beide an, euch irgendetwas zusammenzudichten, und am Ende wird das Problem dadurch nur noch größer. Wenn dir etwas an der Beziehung zu deinem Vater liegt, musst du ihm die Chance geben, sich zu erklären. So wie ich das sehe, hast du gar keine Wahl. Du musst mit ihm sprechen. Und«, fügte sie hinzu, »eigentlich weißt du das selber, oder?«

Natürlich wusste er das. Aber irgendwie hatte er Claudia gebraucht, um sich endlich dazu aufzuraffen. *Manchmal,* dachte er, *brauche ich einfach einen kleinen Schubser.*

Dann griff er zu seinem Telefon. Nach dem zweiten Klingeln nahm sein Vater das Gespräch an.

42. KAPITEL

Berlin-Kladow, Uferpromenade,
Dienstag, 9. März, 8.14 Uhr

Ich bin so ein Idiot, dachte Rocco, nachdem er an dem langen Teakholztisch auf der Terrasse Platz genommen hatte, während sein Vater in der Küche verschwunden war, um Kaffee zu holen. *Warum um alles in der Welt bin ich nicht schon früher hierhergekommen?* Er blickte über den Vorgarten zum Ufer des Glienicker Sees. Es war ungewöhnlich warm für die Jahreszeit, knapp neunzehn Grad. Und windig. Mehr als sonst. In schnellem Rhythmus schlugen die Wellen des sonst eher ruhigen Sees auf den Strand. Rocco dachte an seine Kindheit und den Tag zurück, als sie in das Haus eingezogen waren. Er war gerade einmal zwölf Jahre alt und konnte sein Glück kaum fassen. Ein Haus am See. Er hatte damals beschlossen, im Sommer jeden Tag nach der Schule schwimmen zu gehen. Und im Winter zum Schlittschuhlaufen. In seiner Erinnerung waren alle Sommer seiner Kindheit heiß und die Winter kalt, voller Schnee und Eis. Rocco fragte sich gerade, ob das überhaupt sein konnte oder ob ihm sein Gedächtnis einen Streich spielte, als er seinen Vater hinter sich hörte.

Er drehte sich um und musste lächeln. Sein Vater hatte zwei Tassen in der Hand, die bis an den Rand gefüllt waren. Entsprechend vorsichtig bewegte er sich. Jedoch ohne großen Erfolg.

»Verdammt«, fluchte Helmut Eberhardt halb ernst, halb im Spaß, als der Kaffee auf die Terrakottafliesen der Terrasse spritzte.

»Was soll's«, sagte er dann lächelnd zu Rocco. »Zu viel Kaffee ist eh ungesund. Sonst kriegen wir noch einen Herzkasper.«

Vorsichtig und darauf bedacht, nicht noch mehr zu verschütten, stellte er die eine Tasse vor Rocco und die andere für sich auf den Tisch, ehe er selbst Platz nahm.

Nachdem beide einen großen Schluck getrunken hatten, wandte sich Helmut Eberhardt an seinen Sohn.

»Ich nehme an, dass du mich wegen Möller sprechen willst, oder?«

»Ja, auch«, erwiderte Rocco. Er wunderte sich nicht, dass sein Vater genau wusste, warum er hier war. Helmut Eberhardt hatte einen messerscharfen Verstand. Nicht umsonst leitete er ein extrem erfolgreiches Unternehmen.

»Wegen Möller also«, sagte er. »Und warum noch?«

»Eins nach dem anderen«, entgegnete Rocco. »Ich würde dir gerne einige Fragen stellen, wenn das für dich okay ist. Ich werde deinen Freund gerne vertreten, aber …«

Weiter kam er nicht, denn sein Vater unterbrach ihn sofort.

»Möller ist nicht mein Freund. Um ehrlich zu sein, ist er sogar sehr weit entfernt davon.«

Jetzt war es Rocco, der stutzte. »Aber du hast ihn doch zu mir geschickt. Ich bin davon ausgegangen, dass du mich deinem Freund empfohlen hast.«

»Tja, und wie wir beide wissen, sind Annahmen nicht immer zutreffend«, erwiderte Helmut Eberhardt gut gelaunt. »Tatsächlich ist Möller eher ein Geschäftspartner. Uns verbindet ein gemeinsames Vorhaben. Und da ich sehr daran interessiert bin, dass dieses Vorhaben erfolgreich umgesetzt wird, möchte ich gerne jeden Schaden von Möller fernhalten. Auch in meinem Interesse.«

»Das klingt ein bisschen suspekt«, sagte Rocco und zog die Augenbrauen hoch.

»Ist es aber gar nicht«, erwiderte Helmut Eberhardt. »Ganz im Gegenteil. Das Ganze dient einem guten Zweck. Und obendrein ist es höchst profitabel.«

»Und ist es auch legal?«, fragte Rocco und sah seinen Vater direkt an. Er wollte wissen, wie er reagierte.

Anstatt sofort zu antworten, zog Helmut Eberhardt die Augenbrauen hoch. Rocco meinte, so etwas wie Verwunderung, gepaart mit einer gewissen Enttäuschung, im Ausdruck seines Vaters zu erkennen.

»Ich dachte, über diesen Punkt wären wir seit Kurzem hinaus«, antwortete er schließlich mit reservierter Stimme. »Und nein, natürlich …«

Doch dieses Mal ließ Rocco ihn nicht ausreden.

»Entschuldige bitte, so habe ich das nicht gemeint. Lass es mich kurz erklären.«

Helmut Eberhardt hielt inne. »Also gut, nur zu«, sagte er schließlich.

»Die Sache ist die«, fuhr Rocco fort. »Ein Bekannter, ein Ermittler vom LKA, hat mich darauf angesprochen, dass seine Einheit in einem Fall ermittelt, der politischen und wirtschaftlichen Sprengstoff böte. Eine ganz große Sache. Und in diesem Kontext hat er mir gesagt, dass dein Name in der Ermittlungsakte stehen würde. Zusammen mit dem eines Politikers.«

»Wann hast du diese Information von deinem ›Freund‹ erhalten?«, fragte Helmut Eberhardt und zog die Stirn in Falten.

»Das ist schon eine Weile her«, antwortete Rocco und realisierte im selben Moment, welchen fatalen Fehler er begangen hatte.

»Wie lang?«

Rocco überlegte kurz. Es hatte jetzt keinen Sinn mehr, um den heißen Brei herumzureden.

»Das war im September. Am selben Tag, als das Urteil in der Sache Nölting gefallen war. Wir waren damals alle zusammen im Café Manstein. Und da hat mein Bekannter mich angerufen.«

»Im September?« Die Enttäuschung in Helmut Eberhardts

Stimme war nicht zu überhören. »Das ist ein halbes Jahr her. Und du kommst erst jetzt auf die Idee, mir davon zu erzählen?!«

Auf einmal fühlte Rocco sich schrecklich. Ihm wurde klar, was für ein verdammter Idiot er die ganze Zeit gewesen war. Hätte er doch bloß auf Tobi gehört!

»Ja, ich weiß, ich hätte früher mit dir sprechen sollen. Aber das war damals total vage, ich wusste nicht, ob überhaupt etwas an der Sache dran war. Wir hatten gerade erst angefangen, wieder miteinander zu reden, und dann war da noch die Sache mit Alessia. Es war einfach nie der richtige Zeitpunkt dafür. Und ich wollte dich nicht damit belästigen«, versuchte Rocco sich zu rechtfertigen. Doch ein Blick in das Gesicht seines Vaters zeigte ihm, dass er es nur noch schlimmer machte.

»Belästigen?«, entfuhr es Helmut Eberhardt und er schüttelte den Kopf. »Ist dir nie in den Sinn gekommen, dass diese Information für mich vielleicht wichtig gewesen sein könnte? Dein Bekannter hat das offensichtlich genauso gesehen. Warum hätte er dich sonst informieren sollen?«

Rocco wusste nicht, was er sagen sollte. Eine kleine Stimme in seinem Kopf wies ihn hämisch darauf hin, dass er immer noch keine Antwort von seinem Vater hatte, ob er in die Sache mit Möller verwickelt war.

Schlimmer kann es eh nicht mehr werden, dachte er. Er hatte die Sache lange genug vor sich hergeschoben. So ging es nicht weiter. Er brauchte Antworten.

»Das tut mir leid«, versuchte er mit besänftigender Stimme, die Situation zu retten. »Es war ein Fehler, den ich jetzt leider nicht mehr ändern kann. Aber ich muss das wissen: Bist du in irgendetwas Illegales hineingeraten? Ich meine, das kann ja auch unabsichtlich passieren und geht oft schneller, als man es je hätte kommen sehen. Glaub mir, ich weiß, wovon ich rede. Ich habe mehr als genug Mandanten, denen es ähnlich erging.«

»Du behauptest, du hast Mandanten, denen etwas Ähnliches passiert ist wie mir?«, konterte Roccos Vater. »Du stellst mich auf eine Stufe mit deinen Verbrechern? Und das, obwohl du keine Ahnung hast, worum es hier überhaupt geht?«

»Nein, natürlich nicht. Was ich sagen wollte, war, dass ich auch Mandanten habe, die quasi unschuldig in Sachen hineingeschlittert sind und sich in einem Ermittlungsverfahren wiedergefunden haben. Und ich will nicht, dass dir etwas Vergleichbares passiert. Deshalb möchte ich die Sache mit dir klären. Dann weiß ich auch, was ich mit Möller machen soll. Ich kann ihn doch nicht vertreten, wenn ich damit Gefahr laufe, dir zu schaden.«

»Mir zu schaden?!«, rief Helmut Eberhardt entrüstet. »Du hast einen Hinweis vom LKA, dass gegen mich ermittelt wird. Und dir fällt nicht einmal ein, mit mir darüber zu reden. Sechs Monate lang? Wofür hältst du mich eigentlich?« Helmut Eberhardt war inzwischen von seinem Stuhl aufgesprungen.

»Aber das ist doch jetzt vollkommen egal!«, sagte Rocco unwirsch und verlor ebenfalls die Geduld. Warum um alles in der Welt konnte sein Vater ihm nicht antworten? Er musste wissen, was hier Sache war.

»Es tut mir wie gesagt echt leid. Und ja, du hast vollkommen recht, das war dumm von mir. Ich habe damals mit Tobi versucht zu ergründen, was genau der Typ vom LKA gemeint haben könnte. Aber wir haben nichts herausgekriegt. Ich habe gar nicht mehr darüber nachgedacht. Bis vor Kurzem, als er wieder Kontakt zu mir aufgenommen hat.«

Der letzte Satz brachte Helmut Eberhardt endgültig auf die Palme.

»Du hast dem Freund deiner Schwester davon erzählt? Und mir nicht? Wer weiß noch davon? Alessia? Deine Mutter? Bin ich hier der Einzige, den du über seine eigenen Angelegenheiten im Dunkeln gelassen hast?«

Rocco konnte es nicht fassen. Seine schlimmsten Befürchtungen, wie das Gespräch mit seinem Vater hätte laufen können, wurden gar übertroffen. Und nach wie vor wusste er nicht, was wirklich dahintersteckte.

»Hast du jetzt was Verbotenes getan oder nicht?«, fuhr es aus ihm heraus.

Helmut Eberhardt lief mit Zornesröte im Gesicht auf und ab.

»Nach all den Jahren hatte ich so sehr gehofft, du hättest dich geändert«, sagte Roccos Vater. »Aber ich habe mich geirrt.« Er machte eine kurze Pause und sah seinem Sohn direkt in die Augen. Die Enttäuschung in seinem Blick hätte nicht größer sein können. »Ich möchte dich bitten, jetzt zu gehen.«

Dann drehte er sich um und verschwand im Haus.

43. KAPITEL

Vier Monate später –
vierter Verhandlungstag

Berlin-Moabit, Kriminalgericht:
Donnerstag, 8. Juli, 10.23 Uhr

Der Wachtmeister, der eben auf Anweisung der Richterin auf den Flur getreten war, kehrte kurz darauf alleine wieder in den Gerichtssaal zurück. Anstelle von Helmut Eberhardt hatte er lediglich einen Zettel in der Hand. Er lief am Tisch der Verteidigung vorbei zur Richterbank, übergab den Zettel und wechselte einige Worte mit der Vorsitzenden Richterin. Diese begutachtete die Notiz sorgfältig, nickte dann und legte sie vor sich auf dem Tisch ab.

»Was soll das?«, hörte Rocco Möller hinter sich. Er drehte sich um, und zum ersten Mal seit Beginn der Verhandlung meinte er, anstelle von Arroganz einen Hauch von Unsicherheit auf dem Gesicht seines Mandanten zu entdecken.

»Ich habe keine Ahnung«, erwiderte Rocco. »Aber das werden wir sicher gleich erfahren. Vermutlich …«

Doch bevor er seinen Satz zu Ende bringen konnte, begann jemand hinter ihm im Saal etwas zu rufen. Rocco drehte sich um und sah, wie fünf Zuschauerinnen und Zuschauer auf den Bänken standen und jeweils etwa einen Meter mal fünfzig Zentimeter große Stoffbanner in der Luft schwenkten.

Was um alles in der Welt soll das denn jetzt?, fragte sich Rocco und versuchte zu erkennen, was auf den Bannern stand. Das war gar nicht so einfach, weil die fünf ihre Arme so stark bewegten, dass Rocco einen Moment brauchte.

»Mörder«, stand auf dem einen, »Ausbeuter« auf dem anderen. Dann noch »Korruption«, »Rügen-Gate« und schließlich »Miet-Wahnsinn«.

Voller Inbrunst schwenkten die Aktivisten ihre Banner und skandierten laut: »Mörder in den Knast, Mörder in den Knast.«

Während die versammelten Reporter aufsprangen und mit ihren Smartphones die überraschende Szene festhielten, tönte gleichzeitig die Stimme der Vorsitzenden Richterin aus den Lautsprechern. »Wir unterbrechen die Verhandlung.« Sie machte eine Pause, vermutlich um zu sehen, ob sich die Lage beruhigte. Ganz im Gegenteil schienen die Störer jetzt aber noch angestachelter zu sein. Sie drehten sich zu den übrigen Zuschauern und forderten diese auf, mitzumachen.

»Mieten-Wucher, Mieten-Wucher«, riefen sie in einem fort, und tatsächlich erhoben sich nun auch einige Zuschauer und stimmten in den Chor mit ein.

Rocco drehte sich zur Richterbank, wo die Vorsitzende Doktor Karla Paul kopfschüttelnd die Augenbrauen hochzog. Während sie auf den Knopf vor sich drückte, sprach sie mit überraschend gelassener Stimme in das Mikrofon. »Ich bitte die Wachtmeister, den Saal zu räumen.« Dann blickte sie auf ihre Uhr und fügte mit der ruhigen Stimme der erfahrenen Prozessleiterin hinzu: »Wir setzen die Verhandlung um 11 Uhr mit der Vernehmung des nächsten Zeugen fort. Unter Ausschluss der Öffentlichkeit.« Rocco wusste nur zu gut, dass Richterin Paul in ihrem Leben schon ganz andere Szenen von weitaus bedrohlicherem Charakter gemeistert hatte, zum Beispiel als der Sohn eines der führenden Berliner Clan-Chefs vom Vorwurf des Mordes freigesprochen wurde und dessen Vater, der Clan-Chef selbst, so lange in Richtung des Staatsanwalts geschrien hatte, weil er seine Angehörigen mal wieder zu Unrecht beschuldigt sah, bis ihn Familienmitglieder und Justizwachtmeister aus dem Saal drängten.

Insgeheim bewunderte er die Vorsitzende für ihre Ruhe und Souveränität.

Diese klappte ihre Akte zu, erhob sich und verließ mit den übrigen Richtern den Saal.

44. KAPITEL

Berlin-Mitte, Torstraße 1:
Donnerstag, 8. Juli, 10.36 Uhr

Voller Genugtuung blickte @Mieter38 auf sein Handy. Unter dem Hashtag *#ruegengate* wurden im Sekundentakt neue Tweets aus dem Gerichtssaal gepostet.

Ganz vorne, in der zweiten Reihe direkt hinter den Pressevertretern, die allesamt die skurrile Szene mit ihren Smartphones festhielten, stand Nina Fromm, eine Mietaktivistin, die sich in den vergangenen Jahren in der Berliner Szene einen Namen gemacht hatte. Voller Inbrunst und mit sich überschlagender Stimme skandierte sie im Chor mit den übrigen Aktivisten ihre Parolen. Sie hatte diese Aktion lange vorbereitet und in ihrer Twitter-Community geteilt, wo sie gleich auf große Begeisterung gestoßen war.

Von Anfang an hatte @Mieter38 auf diese Gruppe gesetzt und gehofft, dass die Aktivistin ihren Beitrag leisten würde. Doch was sie da ablieferte, übertraf selbst seine kühnsten Erwartungen. Die Aktion war auch in der Öffentlichkeit ein voller Erfolg. Innerhalb weniger Minuten ging sie in den sozialen Medien viral und wurde darüber hinaus von den Online-Ausgaben der meisten Zeitungen nahezu zeitgleich weiterverbreitet.

Zumindest Letzteres verwunderte @Mieter38 nicht im Geringsten. Das Thema traf den Nerv der Zeit, weil immer weniger Haushalte sich die steigenden Mieten noch leisten konnten. Jahrelange Misswirtschaft in Politik und Wirtschaft trieben die Schere zwischen Arm und Reich in der Hauptstadt jeden Tag weiter auseinander. Und das, obwohl die Stadt seit 2001 in den Händen der Sozialdemokraten, Grünen oder Linken war, die sich entschlossener als die übrigen Parteien die Unterstützung sozial Schwacher auf ihre Fahnen geschrieben hatten.

Gut gewollt ist in den seltensten Fällen gut gemacht, dachte @Mieter38 und schüttelte nur den Kopf, dass dieser Umstand den Parteien und ihren Vorsitzenden kaum zu schaden schien. Zwar sanken die Wahlergebnisse der Volksparteien insgesamt durch die Zersplitterung im Parteiensystem, doch wirklichen Schaden erlitten die verantwortlichen Politiker durch ihre Misswirtschaft nach @Mieter38s Meinung nicht.

Ganz im Gegenteil stellten die Anhänger der Parteien sich weiter schützend vor sie. Ein Effekt, der zutiefst in der menschlichen Natur verankert zu sein schien. Was nicht sein darf, das kann auch nicht sein. Die Kapitalisten waren die Bösen und für das Elend der Welt verantwortlich. Und die guten Politiker der sozialen Parteien hatten keine Chance, dagegen anzukämpfen.

So entlud sich der Zorn der Bevölkerung zu seiner Überraschung auch nicht gegen die Parteien, die für diese Misere mitverantwortlich waren. Vielmehr war man auf der Suche nach einem Schuldigen, auf den man alles Schlechte inklusive der politischen Verfehlungen der vergangenen Jahre projizieren konnte.

Diesen Schuldigen hatten sie jetzt mit Dieter Möller gefunden. Und genau diesen Umstand machte sich @Mieter38 zunutze. Möllers eigentlicher Vorteil, als Quereinsteiger aus der Wirtschaft praktische Erfahrung mitzubringen, half ihm mittlerweile in keiner Weise mehr. Woran er allerdings nicht ganz unschuldig war. Anstatt diesen Vorteil für sich zu nutzen, hatte er den Bogen überspannt. Er hatte seine Chance gehabt, doch die hatte er nicht nur verpasst, sondern durch die Rügen-Gate-Affäre ein für alle Mal zerstört. Die Öffentlichkeit hatte geurteilt. Unbarmherzig und mit voller Härte. Genauso wie @Mieter38 es vorausgesagt hatte. Und das gab ihm die Gelegenheit, die verkorkste Mietpolitik für seine Zwecke zu nutzen.

Denn ob es den Berlinern nun besser oder schlechter ging, war ihm völlig egal.

@Mieter38 blickte auf seine Uhr und musste lächeln. In wenigen Minuten würde die Verhandlung fortgesetzt werden. Und Möller würde Schritt für Schritt weiter an Boden verlieren.

45. KAPITEL

Berlin-Moabit, Kriminalgericht:
Donnerstag, 8. Juli, 10.57 Uhr

Drei Minuten vor Verhandlungsbeginn wurde Dieter Möller von den Wachtmeistern wieder in den Saal gebracht. Er war sichtlich aufgewühlt, hatte seine Krawatte abgenommen und die obersten beiden Knöpfe seines Hemdes geöffnet. Seine ansonsten so akkurat sitzenden Haare waren leicht zerzaust.

»Kann ich was zu trinken haben?«, rief er dem Beamten zu, als dieser die gläserne Tür der Angeklagten-Box hinter ihm verschließen wollte. Der hielt kurz inne und überlegte, ob es seine Aufgabe war, den Angeklagten zu bedienen, aber Rocco kam ihm zuvor und reichte Möller eine Karaffe mit Wasser.

»Danke«, murmelte Möller, ehe er Platz nahm und Rocco fragte: »Was sollte denn die Sache mit diesen Plakaten? Das ist ja das reinste Irrenhaus hier.«

»Na ja, je mehr Aufmerksamkeit ein Prozess schon hat, desto mehr Aufmerksamkeit zieht er auch an.«

Möller schüttelte nur den Kopf. »Und was wird Ihr Vater jetzt aussagen?«

»Gar nichts«, antwortete Rocco. »Er wird nicht kommen.«

»Wieso wird er nicht kommen? Er ist doch geladen«, fragte Möller irritiert.

»Er ist krank. Zumindest gibt es ein Attest, dass das besagt.«

»Und was bedeutet das? Wann haben Sie zuletzt mit ihm gesprochen?«

»Das wissen Sie ganz genau«, gab Rocco zurück. »Und das bedeutet, dass wir ihn später oder gar nicht hören werden. Hängt davon ab, wie wichtig er für die Staatsanwaltschaft wirklich ist. Und«, fügte Rocco hinzu, »wie lange er krank ist.«

»Und jetzt?«

»Geht es mit dem nächsten Zeugen weiter. Der GPS-Tracker in Ihrem Auto.«

»So ein Blödsinn. GPS-Tracker. Schon wieder so ein gefälschter Beweis. Ich war weder *in* der Bar, noch bin ich mit meinem Auto in der Nähe gewesen. Ich war überhaupt nicht unterwegs. Ich war zu Hause. Woher um alles in der Welt nehmen die die Frechheit, das einfach zu behaupten?«

Rocco hatte auf Möllers letzte Bemerkung keine Antwort. Stattdessen drehte er sich wieder um und griff zu seiner Akte. Die Staatsanwaltschaft schien eine nicht enden wollende Kette an Indizien zu haben, die Möllers Anwesenheit am Tattag in der *Hildegard Bar* belegte. Und auch wenn keiner alleine genügte, seine Schuld zu beweisen, und Hagen Beckers Aussage zumindest in Teilen gelogen war, zeichnete sich doch ein immer klareres Bild ab: Möllers war der Täter.

Das änderte nichts an der Tatsache, dass Rocco weiterhin von der Unschuld seines Mandanten überzeugt war. Er hatte allerdings nach wie vor keine Möglichkeit, das zu beweisen.

Im nächsten Moment betraten die Richter den Saal. Drei Berufsrichter und zwei Schöffen. Fünf Richter bedeuteten fünf Stimmen. Und auch wenn die beiden Schöffen in der Regel der Empfehlung der Vorsitzenden Richterin folgten, gab es immer wieder Ausnahmen. Rocco wusste, dass die Berufsrichter jeden Fall relativ nüchtern betrachteten und nur selten unterschiedlicher Meinung waren. In diesem Fall, der eine politische Relevanz hatte, kamen jedoch Emotionen dazu. Möller war nicht nur bis vor Kurzem noch Mitglied der Berliner Regierung und der SPD gewesen, er war eine streitbare und umstrittene Figur des öffentlichen Lebens.

Rocco nahm die Schöffin, die auf der linken Seite der Richterbank saß, ins Auge. Rebecca Koritz. Siebenunddreißig Jahre alt. Ledig, von Beruf Lehrerin. Auf eine ruhige Art wirkte sie sehr klug. Allerdings hatte sie bisher nur wenige Fragen gestellt, sodass das mehr eine Vermutung als Gewissheit war. Rocco hatte keine Ahnung, wie sie die Sache wirklich beurteilte. Im Unterschied zu dem anderen Schöffen, der in seiner gesamten Gestik und Mimik keinen Hehl daraus machte, wie wenig er von Möller hielt, war Koritz schwer zu lesen.

»So«, unterbrach die Vorsitzende Richterin Roccos Gedanken. »Dann wollen wir mal weitermachen. In der Verhandlung gegen Dieter Möller ist die Sitzung hiermit wieder eröffnet.«

Sie blätterte in ihrer Akte und rief den nächsten Zeugen auf. Der Kfz-Sachverständige Andreas Tautermann hatte ein Gutachten erstellt, das Rocco nur zu gut aus der Akte kannte. Daraus ergab sich, dass Möllers Privatwagen, ein drei Jahre alter Jaguar XJ, von einer Stunde vor der Tötung Stechers bis zwanzig Minuten danach in unmittelbarer Nähe der *Hildegard Bar* geparkt war. Das ergab sich aus den Daten des Secure-Tracker-Systems, mit dem die Limousine ausgestattet war.

Möller jedoch beharrte gegenüber Rocco darauf, an dem Abend zu Hause gewesen zu sein, ebenso wie sein Auto. Es gab nur zwei Schlüssel, und die hatte beide er. Die Daten mussten also falsch sein. Zumindest nach Möllers Behauptung.

Tautermann hatte in den ersten zehn Minuten seiner Aussage für Roccos Geschmack etwas zu ausführlich erklärt, über welch exzellente Sachkunde und Erfahrung er verfügte und dass es keinen Zweifel daran gab, dass die Aussagen in seinem Gutachten zutreffend waren. Nach der Vernehmung durch das Gericht hatte Oberstaatsanwältin Doktor Bunzel keine weiteren Fragen, also war Rocco an der Reihe.

»Herr Tautermann«, begann er. »Ich will nicht lange um den

heißen Brei herumreden. Ist es Ihrer Meinung nach möglich, einen GPS-Tracker, wie er im Auto meines Mandanten verbaut ist, so zu manipulieren, dass die Daten nicht den wahren, sondern einen anderen Standort anzeigen?«

Ein überlegenes Lächeln zeichnete sich auf Tautermanns Gesicht ab. Selbstsicher drehte er sich zur Bank der Staatsanwaltschaft, ehe er Roccos Frage beantwortete. Offensichtlich hatte Doktor Bunzel ihn darauf vorbereitet.

»Ja«, erwiderte er unumwunden, »das ist selbstverständlich möglich. Allerdings halte ich es in diesem Fall für sehr unwahrscheinlich.«

»Und könnten Sie uns bitte auch erläutern, warum das so ist?«, fragte Rocco.

»Natürlich. Ich habe nicht nur die Daten rund um die Zeit des Mordes überprüft, sondern auch in den vierundzwanzig Stunden vor und nach der Tat. Wenn ein Signal gehackt wird, springt der Standort in der Regel von der realen Position zu der vorgetäuschten Position und danach wieder zurück. Es ergibt sich somit kein linearer Verlauf der Strecke, die zwischen diesen beiden Punkten zurückgelegt worden sein müsste.«

»Mal abgesehen davon, dass es hier nicht um Mord, sondern um Totschlag geht«, erwiderte Rocco trocken, »teilen Sie uns doch bitte mit, was diese Prüfung ergeben hat.«

Tautermanns Stimme wechselte von selbstsicher zu hochmütig. »Aus den Daten ergibt sich eben genau der von mir geschilderte lineare Streckenverlauf. Zu keinem Zeitpunkt innerhalb der fünfzig Stunden, die ich ausgelesen habe, gab es eine auffällige, also springende Bewegung des Fahrzeugs des Angeklagten.«

»Und wäre es nicht möglich, dass jemand hier sehr sorgfältig gearbeitet und diesen Umstand mit bedacht hat?«

Noch bevor Tautermann antworten konnte, ergriff Oberstaatsanwältin Bunzel das Wort. »Frau Vorsitzende, das sind doch schon wieder offensichtlich unzulässige Wiederholungsfragen. Der Verteidiger stochert nur im Nebel herum.«

Jetzt war es Rocco, dessen Mundwinkel sich unwillkürlich nach oben zogen. Wenn Doktor Paul eins nicht leiden konnte, dann war es, wenn man ihr sagte, wie sie ihre Verhandlung führen sollte und wann sie bei einer Aussage einzuschreiten hatte. Entsprechend fiel auch ihre Antwort aus.

»Geschätzte Vertreterin der Anklage«, sagte sie, »ich weiß Ihre Fürsorge sehr zu schätzen, aber die Beurteilung, wann die Zeugenvernehmung in den Bereich der Unzulässigkeit rutscht, können Sie getrost mir überlassen.«

An Rocco gewandt fuhr sie fort: »Herr Verteidiger, Sie haben weiterhin das Wort. Allerdings hoffe ich, dass sich die Annahme der Staatsanwaltschaft nicht bestätigt.«

»Keinesfalls, vielen Dank«, gab Rocco zurück und widmete sich wieder dem Zeugen.

»Also, Herr Tautermann, hätte das Ganze nicht von langer Hand geplant sein können? Wäre es nicht möglich, dass ein Dritter den GPS-Tracker so manipuliert hat, dass er den Anschein erweckt, das Fahrzeug meines Mandanten wäre in der Nähe der *Hildegard Bar* gewesen?«

»Möglich ist alles«, erwiderte Tautermann. »Aber eine solch perfekte Fälschung bedarf schon einiger Sachkenntnis. Ich glaube nicht, dass es in ganz Berlin mehr als eine Handvoll Profis gibt, die dazu in der Lage wären.«

Bingo!, dachte Rocco und blickte in den Zuschauerraum, zu seinem besten Freund Tobi, der wie an jedem Verhandlungstag in einer der vorderen Reihen Platz genommen hatte. Tobi nickte zuversichtlich und hielt den Daumen seiner rechten Hand hoch. Wieder einmal hatte ihnen ein Hacker, Lars Cleve, den Rocco seinerzeit in einem komplexen Fall die Freiheit gerettet hatte, einen unschätzbaren Dienst erwiesen.

»Frau Vorsitzende«, sagte Rocco siegessicher, »ich möchte einen weiteren Beweisantrag stellen. Zum Beweis der Tatsache, dass es auf einfache Art und Weise möglich ist, ein GPS-System so zu manipulieren, dass die Daten den Anschein erwecken, es hätte sich linear von einem Ort zum anderen bewegt, beantrage ich, das Mobiltelefon des Sachverständigen Tautermann in Augenschein zu nehmen und dessen GPS-Daten zu überprüfen. Es wird sich herausstellen, dass das Gerät, das sich aktuell in diesem Gerichtssaal befindet, den Anschein erweckt, als kreise es in regelmäßiger Fahrt um die Siegessäule.«

Ein Raunen ging durch den Saal und die Zuschauer fingen an zu tuscheln.

Andreas Tautermann schüttelte den Kopf und blickte Rocco mit einer Mischung aus Ungläubigkeit und Mitleid an. Mit der rechten Hand zog er dann jedoch langsam sein Handy aus der Tasche, entsperrte es und öffnete die App, in der sein Standort zu sehen war. Sämtliche Farbe wich aus seinem Gesicht. Irritiert schaute er erst Rocco und dann Oberstaatsanwältin Doktor Bunzel an.

46. KAPITEL

Berlin-Moabit, Kriminalgericht:
Donnerstag, 8. Juli, 13.12 Uhr

Während der Mittagspause beriet Rocco sich mit Tobi im Anwaltszimmer.

»Lief doch super, oder?«

»So weit, so gut«, sagte Rocco, »aber wirklich weiter sind wir damit auch nicht gekommen. Sollte mich sehr wundern, wenn Bunzel nicht ein weiteres Ass im Ärmel hat. Ich könnte wetten, dass sie gleich einen neuen Beweis präsentiert, der unseren Etappensieg wieder zunichtemacht. Irgendwas ist hier komplett komisch. Das habe ich so noch nie erlebt. Wann immer wir das Beweisgebäude der Staatsanwaltschaft zum Einsturz bringen, baut Bunzel es wieder auf. Es kommt mir so vor, als wenn es da jemanden gibt, der mit uns spielt. Irgendwer, der schon den Mord inszeniert hat und jetzt alles dafür tut, Möller immer weiter in den Abgrund zu stürzen.«

»Stimmt, is' wirklich krass. Aber wer könnte das sein?«, fragte Tobi.

»Das ist die Eine-Million-Dollar-Frage. Und genau das müssen wir rausfinden. Ich habe das Gefühl, wir laufen die ganze Zeit in die falsche Richtung. Wir konzentrieren uns immer darauf, die bekannten und neuen Beweise zu widerlegen. Darauf verwenden wir all unsere Energie. Ich glaube, wir müssen unsere Strategie ändern. Anstatt nur die Beweise anzugreifen, müssen wir herausfinden, wer uns mit falschen Beweisen füttert, wer uns in die Irre führt. Die eigentliche Frage ist doch, wer einen Vorteil davon hat, dass Möller aus dem Verkehr gezogen wird. Wer profitiert davon?«

»Und«, fügte Tobi hinzu, »wer ist bereit, dafür über Leichen zu gehen. Denn die Sache mit Stecher ist echt heftig.«

»Stimmt«, sagte Rocco nachdenklich. »Eigentlich müssen wir zwei Sachen klären. Wer hat ein Interesse daran, Möller aus dem Rennen zu werfen? Und warum musste Stecher sterben? Was hat er gewusst, das unserem Mann hätte gefährlich werden können?«

»Oder unserer Frau«, ergänzte Tobi.

»Oder unserer Frau«, stimmte Rocco zu, während er auf seine Uhr sah.

»Also tu mir bitte einen Gefallen und schau, ob du was dazu rausfindest. Ich schlage vor, du checkst Stechers Umfeld. Und vielleicht versuchst du auch noch mal, diesen Junghans aufzuspüren. Kann mir kaum vorstellen, dass Stecher was wusste, was Junghans nicht bekannt war. Ich muss wieder in die Verhandlung. Es geht in zehn Minuten weiter.«

»Geht klar«, sagte Tobi und stand auf. »Und«, fügte er hinzu, »lass dich nicht unterkriegen, Alter.«

Rocco nickte seinem Freund zum Abschied zu und griff sich seine Akte. Am Nachmittag stand nur noch ein weiterer Punkt auf der Agenda: Justus Jarmer würde als Sachverständiger aussagen.

47. KAPITEL

Berlin-Moabit, Kriminalgericht:
Donnerstag, 8. Juli, 13.27 Uhr

Justus Jarmer hatte das bisherige Verfahren gegen Dieter Möller genaustens verfolgt. Das war ungewöhnlich für ihn, denn normalerweise interessierten ihn Gerichtsverfahren nur sehr wenig. Selbst dann, wenn er als Sachverständiger geladen war. Sein Auftrag war in diesen Fällen präzise umrissen: Er würde das Ergebnis seiner rechtsmedizinischen Untersuchung vorstellen und Fragen von Gericht, Staatsanwaltschaft und Verteidigung beantworten. Damit war seine Arbeit getan und er konnte sich dem nächsten Fall widmen. Und davon gab es mehr als genug. In Berlin wurden pro Jahr etwa zweitausendvierhundert bis zweitausendfünfhundert Leichen obduziert, und seine Kollegen aus der Rechtsmedizin und er traten in nicht weniger als fünf- bis sechshundert Fällen als Sachverständige vor Gericht auf.

Dieser Fall hatte allerdings sein Interesse geweckt, was vor allem an Rocco Eberhardts Beteiligung und dessen Anruf lag. In der Presse hatte er gelesen, dass Eberhardt die bisherigen Zeugen der Staatsanwaltschaft erheblich in die Enge getrieben und in einem Fall sogar der Lüge überführt hatte. Dieses harte Vorgehen gegen Zeugen war einer der Gründe, warum er Strafverteidiger immer verachtet hatte. Seiner Meinung nach schlugen sie oftmals mit unbarmherziger Härte auf Unbeteiligte ein. Gewinnen um jeden Preis, koste es, was es wolle.

Aber Rocco Eberhardt hatte ihm im vergangenen Jahr bei gleich zwei Verfahren gezeigt, dass nicht alle Anwälte so vorgingen. Deshalb fragte sich Jarmer, ob Möller, der von Presse und

Öffentlichkeit bereits für den Mord an Stecher verurteilt wurde, wirklich schuldig war. Nach dem, was er aus den beiden Telefonaten mit Eberhardt herausgehört hatte, war dieser keineswegs davon überzeugt. Und keiner war momentan näher an Möller dran als Eberhardt selbst.

Mal gucken, ob er mich heute in der Verhandlung angreift und mein Gutachten infrage stellt, dachte sich Jarmer. Sollte er das versuchen, würde er allerdings auf Granit beißen. Denn das Ergebnis seiner Untersuchung war eindeutig, daran gab es nichts zu rütteln. Die Fakten sprachen für sich. Diese Gewissheit würde auch ein noch so geschickter Anwalt nicht erschüttern können.

Als Jarmer den Gerichtssaal betrat und zielsicher auf den Sachverständigentisch, der unmittelbar vor der Richterbank stand, zusteuerte, nickte er den Richtern, der auf seiner rechten Seite sitzenden Anklagevertreterin ebenso wie Rocco Eberhardt, der zu seiner Linken am Tisch der Verteidigung saß, höflich zu. Er würde wie immer unvoreingenommen und vollkommen objektiv in die Verhandlung gehen. Es war nicht an ihm, über Recht oder Unrecht zu entscheiden oder seine subjektive Meinung zu teilen. Er war ein Mann der Fakten. Nicht mehr und nicht weniger.

»Guten Tag, Herr Doktor Jarmer«, begrüßte die Vorsitzende Richterin ihn freundlich. »Schön, Sie wiederzusehen. Bitte nehmen Sie Platz.«

»Guten Morgen, Frau Vorsitzende«, erwiderte Jarmer, der die Richterin aus zahlreichen Verfahren kannte. Er setzte sich und begann nach der obligatorischen Belehrung über seine Rechte und Pflichten als Sachverständiger, den Inhalt seines Gutachtens vorzutragen.

Da er darin nicht nur sehr erfahren war, sondern auch genau wusste, worauf das Gericht Wert legte, war er nicht überrascht, dass die Richterin nur an zwei Stellen kurze Fragen stellte, ehe sie der Staatsanwaltschaft das Wort erteilte.

»Herr Doktor Jarmer«, begann Oberstaatsanwältin Doktor Bunzel, »zusammenfassend sind Sie also der Auffassung, dass Dirk Stecher vorsätzlich getötet wurde, indem jemand seinen Kopf wenigstens zweimal so stark gegen das Waschbecken geschlagen hat, dass er aufgrund der dadurch erlittenen Verletzungen unmittelbar danach gestorben ist.«

»Das ist zutreffend«, erwiderte Jarmer. »Aufgrund der Blutantragungen, also der Blutspritzer auf und um das Waschbecken, und der Verletzung am Schädel des Verstorbenen kann ein unfallbedingter Sturz aus rechtsmedizinischer Sicht ausgeschlossen werden.«

»Dirk Stecher kann also nicht einfach ausgerutscht und so unglücklich gefallen sein, dass er sich selbst so schwer verletzt hätte?«

»Nein, das ist wie gesagt ausgeschlossen«, bestätigte Jarmer zum wiederholten Mal. Genau diesen Punkt hatte er keine fünf Minuten zuvor ausführlich erläutert. Aber er kannte das Spiel, dass die Tatsachen seines Gutachtens, die für die Parteien von herausragender Bedeutung waren, wieder und wieder erörtert wurden mit dem Ziel, ihn aus der Ruhe zu bringen, nervös zu machen und dabei gegebenenfalls seine Aussagen zu relativieren oder zumindest in irgendeiner Form angreifbar zu machen. Und deshalb machte es ihm auch nichts aus, gegenüber der Staatsanwältin erneut unmissverständlich klarzustellen, dass es sich hier um ein Tötungsdelikt handelte.

»Wäre er ausgerutscht und einmal mit dem Kopf auf das Becken geschlagen, hätte es keine Blutspritzer gegeben. Diese entstehen erst bei wiederholtem Aufschlag. Aus der ersten Verletzung resultierte zwar eine tiefe Kopfplatzwunde, aus der aber erst beim zweiten Aufschlag das Blut austreten konnte.«

»Dann ist also die Darstellung in Fernsehkrimis, wo bereits beim ersten Schlag des Täters das Blut des Opfers durch die Gegend spritzt, im echten Leben ausgeschlossen?«, hakte Bunzel nach.

»Exakt«, bestätigte Jarmer, »weshalb die meisten Produktionsfirmen auch gut daran täten, sich dann und wann von Profis beraten zu lassen oder das Genre zu wechseln.«

Oberstaatsanwältin Doktor Bunzel nickte lächelnd und Jarmer fragte sich, ob es das jetzt gewesen sei oder ob sie noch eine Runde um die immer gleiche Frage drehen würden. Offensichtlich dachte sie darüber nach, schien aber Abstand davon zu nehmen.

»Sehr gut«, sagte sie an Jarmer gewandt, »dann besteht ja wohl kein Zweifel, was hier passiert ist. Ich habe keine weiteren Fragen.«

Nachdem Bunzel Platz genommen hatte, war Eberhardt an der Reihe und Jarmer war gespannt, ob der Anwalt ihn jetzt angreifen und seine Expertise infrage stellen würde.

Eberhardt erhob sich und sah Jarmer freundlich an.

»Herr Doktor Jarmer. Ich bedanke mich für Ihre wie immer präzise und unmissverständliche Darstellung der Fakten. Ich erspare uns allen eine weitere Wiederholung der Frage, ob es sich hier um ein Tötungsdelikt handelt. Das steht wohl fest. Stattdessen habe ich nur zwei Fragen an Sie. Zum einen: Können Sie anhand Ihrer Untersuchung mit an Sicherheit grenzender Wahrscheinlichkeit sagen, dass mein Mandant, dass Dieter Möller, Dirk Stecher getötet hat?«

»Nein, das kann ich nicht.«

»Vielen Dank. Meine zweite Frage lautet: Können Sie anhand Ihrer Untersuchung irgendeine Aussage dazu machen, wer Dirk Stecher getötet hat?«

»Nein, das ist mir ebenfalls nicht möglich.«

»Vielen Dank, Herr Doktor Jarmer«, bedankte Eberhardt sich bei dem Rechtsmediziner und wandte sich an das Gericht. »Frau Vorsitzende, dann habe ich ebenfalls keine weiteren Fragen.«

48. KAPITEL

Berlin-Moabit, auf der Straße vor dem
Kriminalgericht: Donnerstag, 8. Juli, 14.53 Uhr

Im Anschluss an Jarmers Befragung hatte die Vorsitzende Richterin die Verhandlung für diesen Tag beendet. Das Verfahren würde am kommenden Montag mit der Vernehmung des nächsten Zeugen fortgesetzt.

Rocco war nicht wie an den übrigen Prozesstagen direkt in die Kanzlei gefahren, sondern hatte Jarmer auf der Straße vor dem Gericht abgepasst. Er hegte die Hoffnung, dass der Rechtsmediziner nach seiner Aussage bereit war, mit ihm zu sprechen.

»Hallo, Herr Doktor Jarmer«, begann er deshalb vorsichtig. »Hätten Sie vielleicht ein paar Minuten Zeit für mich?«

»Habe ich, sehr gerne«, erwiderte Jarmer und Rocco fiel ein Stein vom Herzen. Jarmer schien ihm sein unbedachtes Vorgehen nicht nachzutragen.

»Und nur um das klarzustellen«, fügte Jarmer ergänzend hinzu. »Jetzt, nach meiner Aussage, stellt das auch kein Problem mehr dar.«

Rocco nickte dankbar und kam gleich zur Sache. »Ich habe folgendes Problem. Alle Fakten des Falls sprechen gegen meinen Mandanten. Er hat ein Motiv, die Indizien sprechen dafür, dass er zur Tatzeit am Tatort gewesen ist, und ich habe die Vermutung, dass die Staatsanwaltschaft in den kommenden Verhandlungstagen weitere Beweise präsentieren wird, die das Schicksal von Dieter Möller besiegeln werden.«

Jarmer zuckte mit den Schultern. »Das ist alles sehr bedauerlich, Herr Eberhardt, aber wie kann ich Ihnen dabei helfen?«

»Haben Sie vor einer Untersuchung manchmal eine Idee, was passiert ist, eine Art Instinkt, der Ihnen im Voraus sagt, worum es hier geht? Und kommt es nicht vor, dass sich dieser Instinkt dann bewahrheitet und durch das Ergebnis der Untersuchung bestätigt wird?«

Jarmer nickte. »Natürlich habe ich das. Das bringt die Erfahrung mit sich, das ist ja wohl in jedem Beruf so.«

»Absolut, genauso sehe ich das auch«, stimmte Rocco zu. »Und das ist auch mein Problem. Mein Instinkt und meine Erfahrung sagen mir ganz eindeutig, dass Dieter Möller unschuldig ist. Dass irgendjemand ihn reinlegen und zum Sündenbock machen will.«

Jarmer zog zweifelnd die Augenbrauen hoch. »Das hört sich ein bisschen nach Verschwörungstheorie an, oder? Sind Sie sicher, dass hier nicht der Wunsch Vater des Gedankens ist?«

Rocco, der mit Jarmers Skepsis gerechnet hatte, ließ sich dadurch allerdings nicht beirren. »Da haben Sie grundsätzlich recht. Und unter uns: Es ist nicht so, dass ich Möller verteidige, weil er mich mit seiner Sympathie für sich eingenommen hätte. Aber darauf kommt es am Ende auch nicht an. Vielmehr stellt sich nicht die Frage, ob Sie oder ich ein Fan von Möller sind, sondern ob er Stecher getötet hat. Und diese Frage ist nicht so leicht zu beantworten, wie uns die Staatsanwaltschaft glauben machen möchte. Denn bei näherer Betrachtung ergibt ein Punkt keinen Sinn: Warum hätte Möller Stecher umbringen sollen?«

»Nun, man könnte meinen, das sei recht eindeutig«, entgegnete Jarmer. »Aus Rache. Stecher war mit daran beteiligt, dass Möllers Karriere ein so unrühmliches Ende genommen hat. Ohne das Rügen-Gate-Video wäre er sicher noch Senator.«

»Ja, das stimmt. Aber so, wie ich Möller kenne, ist das ein Schlag, von dem er sich schnell wieder erholt hätte. Er hat seine gesamte Karriere über immer polarisiert und ist ständig von der Presse angegriffen worden. Vergessen Sie nicht, dass er sein Vermögen in der Baubranche gemacht hat. Da wird mit harten Bandagen gekämpft. Möller ist ein wohlhabender Mann in den besten Jahren. Warum sollte er das alles hinwerfen, nur um sich auf so brutale Weise an dem Tonmann dieses Videos zu rächen?«

Jarmer runzelte die Stirn. »Okay«, sagte er. »Gehen wir mal davon aus, dass an Ihrer Theorie etwas dran ist. Und bedenken wir den oft vernachlässigten Umstand, dass ein vermeintlich eindeutiges Motiv sich nicht immer als tatsächlich tragfähig erweist. Wer um alles in der Welt sollte dann dahinterstecken?«

»Das ist die Frage, die ich mir auch stelle. Wer hat einen Vorteil, wenn Möller verschwindet?«

»Sie haben doch eine Idee, oder?«, fragte Jarmer neugierig. »Sonst wären Sie nicht auf mich zugekommen.«

Rocco musste schmunzeln. Er freute sich, dass Jarmer sich auf die Unterhaltung einließ. Sie begannen gerade, sich die Bälle zuzuspielen. Genauso wie schon im Fall Nölting und Krampe. Rocco hoffte, dass diese Synergie ihm auch in dieser Sache helfen würde.

»Die habe ich tatsächlich. Ich glaube, es hängt mit dem Projekt zusammen, an dem Möller arbeitet. Zusammen mit meinem Vater.«

»Ihrem Vater?«, fragte Jarmer überrascht. »Was hat der denn mit der Sache zu tun? Und um welches Projekt geht es dabei überhaupt?«

»Das weiß ich leider nicht genau. Mein Vater und ich haben gerade kein gutes Verhältnis zueinander. Um ehrlich zu sein, sind wir ziemlich aneinandergeraten. Was ich vermute, ist, dass es irgendetwas mit Immobilien zu tun hat.«

Rocco berichtete Jarmer in groben Zügen von den Gesprächen mit Sven Beister, der Begegnung mit Carlo Junghans und dem Streit mit seinem Vater.

Jarmer hörte aufmerksam zu und schien dann einen Moment

nachzudenken. »Das mit den Immobilien könnte sein. Ohne Frage einer der profitabelsten Märkte in Berlin. Und über all das hinaus stellt sich die Frage, wer hinter dem Rügen-Gate-Video steckt. Das werden ja wohl weder Junghans noch Stecher gewesen sein.«

Jarmer hielt kurz inne, ehe er fortfuhr. »Wissen Sie was, mir ist da gerade ein Gedanke gekommen. Vor Kurzem habe ich einen Toten obduziert. Vermutlich Suizid. Es gibt einen Abschiedsbrief, in dem er recht klar darlegt, dass ihn nicht zuletzt die Kündigung seiner Wohnung und seine finanzielle Lage so sehr in Bedrängnis gebracht haben, dass er keinen anderen Ausweg mehr sah.«

»Inwiefern könnte das mit unserem Fall zusammenhängen?«, fragte Rocco.

»Unser Fall?«, schmunzelte Jarmer, ohne weiter darauf einzugehen. »Also, der Punkt, der mich stutzig macht, ist, dass ich die Tochter des besagten Toten kenne. Nicht wirklich gut, aber sie ist die Klavierlehrerin meiner Kinder. Na ja, auf jeden Fall hat sie Zweifel, ob ihr Vater sich wirklich selbst das Leben genommen hat. Sie hat mich gebeten, mir das genauer anzuschauen.«

»Und, haben Sie was rausgekriegt?«

»Nicht wirklich. Um ehrlich zu sein, habe ich bisher auch nicht viel unternommen. Ich habe lediglich die Hauptkommissarin, die in der Sache zuständig war, gebeten, den Abschiedsbrief einmal grafologisch untersuchen zu lassen. Ob er wirklich von dem Toten geschrieben wurde, meine ich.«

»Hatten Sie denn Zweifel daran?«, fragte Rocco.

»Nein, hatte ich nicht«, erwiderte Jarmer. »Aber die Tochter hatte mich schließlich um Hilfe gebeten. Und außerdem sprachen wir ja gerade über Instinkt. Irgendwie sagt mir jetzt mein Instinkt, dass da vielleicht auch nicht alles mit rechten Dingen zugeht.«

49. KAPITEL

Berlin-Mitte, Torstraße 1:
Donnerstag, 8. Juli, 18.23 Uhr

@Mieter38 überließ nichts dem Zufall. Er würde sicherstellen, dass Dieter Möller verurteilt wurde. Um das zu erreichen, war es von erheblicher Bedeutung, die aktuelle Einschätzung der zuständigen Richter zu kennen. Wenn diese anhand der Beweislage von Möllers Schuld überzeugt waren, hatte @Mieter38 sein Ziel erreicht.

Das herauszubekommen war im Grunde nicht schwer, aber zeitaufwendig. Doch schließlich hatte er ins Schwarze getroffen. Wie schon an den vergangenen Tagen hatte er auch heute in der Kantine des Landgerichts zu Mittag gegessen. Dabei war ihm aufgefallen, dass Rebecca Koritz, eine der zwei Schöffen des Verfahrens, die dort wie an jedem Verhandlungstag aßen, gegen Ende der Mittagspause immer telefonierte. Dafür ging sie in den Gang vor den Toiletten, vermutlich, um ungestört zu sprechen. An den letzten beiden Verhandlungstagen war ihr @Mieter38 unauffällig gefolgt und hatte sich an dem Automaten, der direkt um die Ecke des Gangs aufgestellt war, einen Kaffee geholt. Dabei hörte er, wie die Schöffin ihrem Gesprächspartner berichtete, dass die Richter bezüglich der Schuld des Angeklagten noch unschlüssig waren. Bislang gäbe es nur Indizien, die auf seine Schuld hindeuteten, aber nicht für eine Verurteilung reichten.

Damit hatte @Mieter38 genug gehört und ihm war klar, dass er zum finalen Schlag ansetzen musste. Er musste einen letzten Zeugen – oder besser eine letzte Zeugin – ins Spiel bringen, die die Schuld von Möller belegen würde und deren Aussage über jeden Zweifel erhaben war. Und er wusste auch genau, wer das sein würde.

50. KAPITEL

Berlin-Neukölln, Hermannstraße 72:
Freitag, 9. Juli, 21.12 Uhr

Panik stieg in Jana Hardenberg auf, als sie die beiden Voicemail-Nachrichten auf ihrer Mailbox abhörte. Dabei hatte der Abend so gut begonnen.

Nachdem sie ihren Sohn Max von der Tagesmutter abgeholt und zusammen mit ihm zu Abend gegessen hatte, hatten sie noch ein bisschen gespielt und herumgealbert, bis sie ihren vollkommen erschöpften Jungen ins Bett gebracht hatte.

Danach hatte sie sich mit einem Glas Wein vor den Fernseher gesetzt, um ein bisschen runterzukommen und selbst in einer halben Stunde schlafen zu gehen. Sie hatte sich nichts dabei gedacht, als sie die Voicemails abspielte. Vermutlich wieder die Hausverwaltung, weil sie auch im letzten Monat ihre Miete zu spät überwiesen hatte. Aber immerhin. Sie hatte jetzt ja gezahlt.

Doch die Nachrichten waren nicht von ihrer Hausverwaltung. Sie waren von dem Mann, von dem sie sich auf Empfehlung ihrer Freundin Geld geliehen hatte. Viel Geld. Um die Spielschulden ihres Freundes abzuzahlen, nachdem er ihr gemeinsames Konto leergeräumt und den Dispo komplett überreizt hatte.

»Hallo, Frau Hardenberg. Vermutlich haben Sie es übersehen«, begann die erste Nachricht. »Aber die Rückzahlung Ihres Darlehens ist überfällig. Sollten Sie nicht innerhalb der nächsten drei Tage den Betrag einschließlich der vereinbarten Zinsen überweisen, werde ich die sofortige Vollstreckung einleiten. Bitte melden Sie sich, wenn Sie dazu Fragen haben.«

Die zweite Nachricht lautete: »Und nur, um Missverständnisse auszuschließen: Der Betrag ist auf siebenundfünfzigtausend Euro angewachsen. Fünfzigtausend Euro Darlehen und siebentausend Euro Zinsen.«

Jana Hardenberg fühlte, wie sich der Boden unter ihr zu drehen begann. Warum war das Darlehen jetzt schon fällig? Sie suchte die Unterlagen heraus – und tatsächlich. Da stand es: rückzahlbar in drei Monaten. Das war doch ganz anders vereinbart gewesen! Drei Jahre, hatten sie gesagt. Und so stand es auch in der ersten Fassung des Vertrages, den sie Wort für Wort durchgelesen hatte. Wie konnte das sein? Der Typ musste bei der Unterzeichnung die Papiere ausgetauscht haben. So ein Scheißkerl!

Was sollte sie jetzt tun? Einen Anwalt einschalten? Das würde noch mehr Geld kosten.

Sie griff wieder nach den Vertragsunterlagen und suchte nach der Nummer des Unternehmens. Gott, sie war so dämlich. Die Firma hieß »Royal Investment Finance«. Alleine der Name hätte sie stutzig machen müssen.

Jana Hardenberg wählte die Nummer. Nach dem ersten Klingeln ertönte eine automatische Ansage mit der Nachricht, sie solle in der Leitung bleiben und werde gleich verbunden. Nach dreißig Sekunden Warteschleifenmusik hörte sie ein Klicken. Dann die Stimme des Mannes, der sie ganz offensichtlich über den Tisch gezogen hatte. Die Stimme kam ihr irgendwie bekannt vor, auch wenn es ganz sicher nicht der Mann war, den sie bei der Vertragsunterzeichnung getroffen hatte. Mit einem nicht zu überhörenden zynischen Unterton sagte er: »Hallo, Frau Hardenberg. Wie schön, dass Sie sich melden. Ich habe schon mit Ihrem Anruf gerechnet.«

51. KAPITEL

Berlin-Moabit, Kriminalgericht,
Schwurgerichtssaal 700:
Montag, 12. Juli, 8.53 Uhr

»Langsam habe ich das Gefühl, dass die Staatsanwaltschaft hier nach der Salamitaktik verfährt. Das ist doch etwas ungewöhnlich, meinen Sie nicht?«

Rocco Eberhardt schaute ungläubig auf den vorliegenden, gut fünfzigseitigen Vertragsentwurf, den Oberstaatsanwältin Doktor Bunzel ihm und dem Gericht keine fünf Minuten zuvor mit einem entsprechenden Antrag auf Verlesung der Urkunde übergeben hatte.

Noch vor Aufruf der Sache und bevor die Wachtmeister die Zuschauer in den Saal gelassen hatten, standen Rocco und Oberstaatsanwältin Doktor Julia Bunzel vor der Richterbank. Es war im Rahmen eines Strafverfahrens nicht unüblich, dass die Prozessbeteiligten im Falle einer unangekündigten Wendung informell miteinander sprachen.

»Nun, nur weil es ungewöhnlich erscheint, ist es nicht gleich unzulässig«, bemerkte die Vorsitzende Richterin Doktor Karla Paul, während sie den Beweisantrag aufmerksam studierte.

Doch Rocco ließ nicht locker. »Erst haben wir die Überraschung des nachgereichten Fingerabdruckexperten und jetzt taucht wie aus dem Nichts dieses Dokument auf.«

»Nun, es steht Ihnen frei, sich Ihrerseits dazu zu verhalten«, erwiderte die Richterin bestimmt.

»Das ist mir klar«, entgegnete Rocco genervt. »Und das werde ich auch tun. Ich wollte das Gericht lediglich darauf hinweisen, dass die ständig neuen Beweismittel, die Monate nach Eröffnung des Verfahrens nach und nach auftauchen, für mich sehr überraschend sind. Da stelle ich mir doch die Frage, worauf diese augenscheinlich sehr spontanen Eingebungen der Staatsanwaltschaft zurückzuführen sind.«

Die Vorsitzende Richterin schien kurz nachzudenken und wandte sich dann an die Oberstaatsanwältin. »Auch wenn der Antrag auf den ersten Blick zulässig erscheint und ich geneigt bin, ihm stattzugeben, hat der Herr Verteidiger nicht ganz unrecht. Es ist in der Tat auffällig, dass Ihre Ermittlungen wöchentlich neue Ergebnisse produzieren.«

Oberstaatsanwältin Bunzel wiegte abwägend den Kopf hin und her, zuckte dann aber mit den Schultern und erwiderte: »So ungewöhnlich ist das nun wieder nicht. Der Prozess erregt eine Menge Aufmerksamkeit und so, wie es aussieht, motiviert er den ein oder anderen Bürger dazu, Informationen mit uns zu teilen. Das kann daran liegen, dass diese vorher unwichtig erschienen, oder auch daran, dass sich manch einer erst jetzt traut, etwas zu sagen. Ich habe selbst keinen Einfluss darauf, wann mir Beweise zugänglich werden. Und nur weil sie überraschend kommen, kann ich sie ja nicht ignorieren, oder?«

Rocco unterdrückte mit Mühe eine zynische Bemerkung und schüttelte stattdessen den Kopf. »Das ist doch sehr weit hergeholt. Aber gut, wenn Sie den Antrag auf Verlesung stellen, werde ich einen Antrag auf Aussetzung nach Paragraf 246 Absatz 2 Strafprozessordnung stellen. Bevor ich mich intensiv mit dieser Unterlage beschäftigt habe, kann ich nur schwerlich dazu Stellung nehmen.«

»Tun Sie, was Sie nicht lassen können«, entgegnete Bunzel. »Ich habe Zeit. Ob Ihr Mandant eine Woche früher oder später verurteilt wird, ist mir vollkommen egal. Wichtig ist nur, dass er für das, was er getan hat, zur Rechenschaft gezogen wird.«

»Na dann, lassen Sie uns mal anfangen«, sagte die Vorsitzende und gab den Wachtmeistern das Zeichen, alle Beteiligten in den Saal zu lassen. An Rocco und Doktor Bunzel gewandt sagte sie: »Ich schlage vor, dass Sie gleich Ihre Anträge stellen. Ich werde beiden Anträgen stattgeben und die Verhandlung dann bis nächste Woche aussetzen. Der einzige Zeuge, der heute für die Verteidigung aussagen sollte, Thomas Pflanz, der Eigentümer der *Hildegard Bar*, hat sich wegen Krankheit entschuldigen lassen.«

»Den brauchen wir nicht mehr zu laden, wenn er wieder gesund ist«, sagte die Oberstaatsanwältin gespielt jovial zu Rocco. »Die Staatsanwaltschaft erkennt hiermit gerne an, dass der Strom in der *Hildegard Bar* ausgefallen war.«

Rocco, dem klar war, dass ihm dieser Umstand keinen Vorteil mehr bringen würde, nickte nur und ging mit der Kopie des Beweisantrages zur Einbringung des Vertrages zur Bank der Verteidigung. Ebenso verhielt es sich mit der Zeugenaussage von Hagen Becker. Dass der offensichtlich gelogen hatte, würde sich für den vorliegenden Fall im Ergebnis nur dann auswirken, wenn es auf Beckers Aussage überhaupt noch ankommen würde. Und danach sah es momentan nicht aus. Und dass dessen Falschaussage einen Rückschluss auf weitere manipulierte Beweise zuließ, konnte Rocco im Moment nicht beweisen, wenngleich einiges darauf hindeutete. Und ob und in welchem Umfang Becker wegen seiner Falschaussage zur Verantwortung gezogen würde, half Dieter Möller in diesem Verfahren auch nicht, dachte Rocco, als ein Wachtmeister seinen Mandanten in den Saal brachte.

Nachdem Möller sich an seinem üblichen Platz hinter der Glasscheibe gesetzt hatte, beugte Rocco sich zu ihm und reichte ihm seine Kopie der Unterlagen von der Staatsanwaltschaft durch eine Öffnung in der Glasscheibe, die für genau diesen Zweck der Kommunikation gedacht war.

»Schauen Sie mal, womit die Anklage uns heute überrascht

hat«, sagte er und beobachtete Möller ganz genau. Er wollte wissen, wie dieser auf den neuen Beweis reagierte. Der blätterte die Seiten durch und wurde mit einem Mal ganz blass im Gesicht.

»Wo hat die Staatsanwaltschaft das her?«, wollte er wissen.

»Anonym«, entgegnete Rocco zynisch. »Aus dem Hut gezaubert. Keine Ahnung. Woher könnten sie es denn haben?«

»Es gibt nur zwei Personen, die diesen Vertragsentwurf überhaupt kennen«, antwortete Möller.

»Und wer sind diese beiden Personen?«

»Ich«, erwiderte Möller. »Und Ihr Vater.«

52. KAPITEL

Berlin-Moabit, Untersuchungsgefängnis:
Montag, 12. Juli, 11.37 Uhr

»Jetzt erklären Sie mir doch bitte einmal mit Ihren eigenen Worten, was es mit dem Vertrag auf sich hat«, bat Rocco Dieter Möller, der ihm an dem kleinen, schäbigen Tisch in der Sprechzelle des Untersuchungsgefängnisses gegenübersaß.

Nach der Aussetzung des Verfahrens hatte Rocco zunächst eine gute Stunde im Anwaltszimmer des Gerichts über dem Entwurf gesessen, den die Staatsanwaltschaft am Morgen als Beweis eingereicht hatte, ehe er sich jetzt mit seinem Mandanten darüber unterhalten wollte.

Soweit Rocco es überblickte, ging es um den Verkauf von zwanzigtausend Wohnungen aus dem Bestand einer durch Investmentfonds gestützten privaten Wohnungsbaugesellschaft. Die Wohnungen sollten an eine neu zu gründende Gesellschaft übertragen werden, die zum Teil im Eigentum des Landes Berlin stehen und zum Teil einer privaten Investorengruppe gehören würde. Darüber hinaus enthielt der Vertrag Bestimmungen über garantierte Gewinne, Mietpreisbindungen, Sanierungen, den Neubau von Wohnungen auf landeseigenen Grundstücken und zeitlich begrenzte Ausstiegsklauseln. Die Bedingungen waren so kompliziert formuliert, dass Rocco trotz seiner juristischen Ausbildung keine Ahnung hatte, für wen dieser Vertrag vorteilhaft war. Er war schließlich Strafrechtler und kein Wirtschaftsanwalt.

»Im Prinzip ist das gar nicht so schwer«, begann Möller, der anders als sonst überraschend sachlich und ruhig wirkte. Rocco hatte das Gefühl, dass Möller hier über ein Thema sprach, mit dem er sich nicht nur auskannte, sondern das ihm zudem etwas bedeutete.

»Seit Anfang der 2000er-Jahre verkaufte das Land Berlin Zehntausende Wohnungen an private Investoren. Der beabsichtigte Erfolg, die finanzielle Sanierung der kommunalen Wohnungsgesellschaften durch den Verkaufserlös, blieb jedoch aus. Stattdessen verloren die Bezirke in großem Umfang die Möglichkeit, Einfluss auf die Wohnungspolitik zu nehmen, da sie große Teile ihrer Wohnungsbestände aus den Händen gegeben hatten. Diese verfehlte Politik konnten sie nur durch Fördergelder ausgleichen, für die der ganze Erlös aus den Wohnungsverkäufen draufging. Damit aber nicht genug: In den folgenden Jahren geschah dann auch noch genau das, was viele Experten vorausgesagt hatten. Die nun in Privatbesitz übergegangenen Wohnungen wurden entmietet, umfangreich saniert und zu deutlich höheren Preisen an wohlhabendere Interessenten neu vermietet. Die ursprünglichen Mieter hatten schlichtweg nicht genug Geld, um sich ihre frühere Wohnung noch leisten zu können, und mussten in andere Bezirke oder sogar ins Umland ausweichen.«

»Dann hat das Land also alles falsch gemacht, was man falsch machen konnte?«, fragte Rocco ungläubig.

»Absolut. Sie haben den Verkaufserlös verpulvert, waren die Wohnungen los, hatten keine Kontrolle mehr über ihre Kieze und mussten mit ansehen, wie die Bürger immer unzufriedener wurden, weil sie sich die gestiegenen Mieten kaum noch leisten konnten.«

»Wie konnte das passieren?«, fragte Rocco. »War das Ganze nicht vorhersehbar?«

»Natürlich war es das. Das war genauso ein idiotischer Schiffbruch mit Ansage wie der Berliner Flughafen. Und auch wenn es sicherlich an der ein oder anderen Stelle gut gemeint war, ist es durch die Berücksichtigung zahlreicher Einzelinteressen zu einem administrativen und ideologischen Monster ausgeartet. Jede Partei hatte andere Punkte, die ihr wichtig waren. Also haben sie einen Nichtangriffspakt geschlossen, der garantierte, dass alle ihre Interessen umsetzen konnten. Da diese sich oftmals nicht sinnvoll ergänzten oder einander sogar widersprachen, fehlte dem Projekt eine klare Linie, was schließlich zu einem kompletten Chaos führte.«

»Und was geschah dann?«, hakte Rocco nach.

»Mein Vorgänger beschloss, die ehemals landeseigenen Wohnungen, die ja nun privaten Investoren gehörten, wieder zurückzukaufen. Dadurch wollte er den überschießenden Markt regulieren und wieder bezahlbaren Wohnraum für die Berliner Bevölkerung zur Verfügung stellen. Allein, es hat sich gezeigt, dass das Land nicht in der Lage ist, bezahlbaren Wohnraum profitabel zu bewirtschaften. Denn zu den enormen Rückkaufkosten, die vom Steuerzahler und somit von den Bürgern selbst bezahlt werden mussten, fehlte es an einem vernünftigen Konzept, die Wohnungen so zu vermieten, dass sie Erträge abwerfen würden. Die Konzepte, die mein Vorgänger präsentierte, hätten die Schulden der Stadt nur noch mehr in die Höhe getrieben. Dazu kommt, dass durch reinen Populismus Regelungen eingeführt wurden, die nicht nur wirtschaftlich unsinnig waren, sondern sich viel zu häufig auch als verfassungswidrig herausgestellt haben, wie zum Beispiel dieser unselige Mietendeckel.«

»Und was hat das jetzt mit diesem Vertrag zu tun?«, fragte Rocco und hielt Möller die Unterlagen hin.

»Ganz einfach. Das Konzept, das ich zusammen mit Ihrem Vater entwickelt habe, löst die Probleme meines Vorgängers und sieht eine ganz pragmatische Lösung vor. Das Land Berlin gründet gemeinsam mit privaten Investoren eine neue Gesellschaft, die beiden zu jeweils fünfzig Prozent gehört. Zweck der Gesellschaft ist zum einen der Rückkauf von zunächst zwanzigtausend Wohnungen aus den Händen der Finanzinvestoren und zum gleichen Teil der Neubau von bezahlbaren Wohnungen auf den vielen Freiflächen, die dem Land Berlin gehören. Die Laufzeit des Vertrages ist auf vorerst zehn Jahre festgeschrieben und sieht eine hälftige Teilung der Gewinne vor. Dabei überprüft ein Beirat jedes Jahr aufs Neue die Quote der geförderten Wohnungen an einkommensschwächere Mieter sowie den Anteil an gehobenen Wohnungen für wohlhabendere Mieter für das jeweils folgende Jahr.«

Rocco legte die Papiere vor sich ab und ließ das Gesagte auf sich wirken.

»Und welches Risiko besteht dabei für das Land Berlin? Ich meine, wie kann verhindert werden, dass das private Konsortium übermäßig profitiert und am Ende wieder die Steuerzahler und Mieter dabei auf der Strecke bleiben?«

»Ein Restrisiko kann man nie ganz ausschließen«, gab Möller zu. »Aber es ist minimiert. Durch die gleich verteilten Anteile können weder das Land Berlin noch die privaten Investoren erhebliche Änderungen an der getroffenen Vereinbarung vornehmen. Und auch wenn das Land nicht immer wirtschaftlich arbeitet, können Sie davon ausgehen, dass die Investoren alles dafür tun werden, ihren Einsatz zu vermehren.«

»Und wie soll das gehen?«

»Das, lieber Herr Eberhardt, ist gar nicht so komplex, wie es einige Politiker glauben machen wollen. Die Gewinnmargen in diesem Bereich liegen im einstelligen Prozentbereich. Und diese können durch ganz einfache Maßnahmen optimiert werden, ohne dass dabei die Mieter in die Tasche greifen müssen oder sonst jemand einen Nachteil erleidet.«

»Wie soll das wiederum gehen?«, fragte Rocco neugierig und hatte langsam das Gefühl, der Sache auf den Grund zu kommen.

»Durch einfache Maßnahmen. Zum Beispiel können die Baufirmen, die mit der Sanierung beauftragt werden, zentral gesteuert werden. Und da die privaten Investoren selbst umfangreiche Beteiligungen an Baufirmen haben, können sie die Leistungen oft zum Selbstkostenpreis erbringen. Dazu kommen eine zentrale Verwaltung, zentral verhandelte Verträge mit Zulieferern wie Strom, Gas, Reinigung, Müllabfuhr und so weiter und so fort. Außerdem konnten wir von Städten wie Wien, die eine exemplarische Bewirtschaftung von Wohnraum geschaffen haben, lernen und entsprechend erfolgreiche Beispiele mit umsetzen.«

Rocco war noch nicht überzeugt. »Wenn das alles so wäre, wie Sie sagen – wer um alles in der Welt hätte dann ein Interesse daran, das zu verhindern?«

»Ganz einfach. Zum einen natürlich die reinen Investoren, die sich einen Teufel darum scheren, bezahlbaren Wohnraum für einkommensschwache Mieter anzubieten. Berlin ist eine Metropole wie London, Paris oder New York. Unreguliert könnte der freie Wohnungsmarkt noch über Jahrzehnte Profite für Spekulanten abwerfen. Unser Konzept würde das stark beschränken, wenn nicht gar gänzlich verhindern. Zum anderen gibt es leider auch genug Politiker, die ohne jegliche Kenntnis von wirtschaftlichen Zusammenhängen reine Symbolpolitik betreiben, nur um mit populistischen Parolen Wählerinnen und Wähler für sich zu gewinnen und auf diese Weise an der Macht zu bleiben. Nach deren Vorstellung ist die bloße Kooperation mit einem privaten Träger Hochverrat.«

»Und was um alles in der Welt springt für Sie dabei raus? Nehmen Sie es mir nicht übel, aber es fällt mir schwer zu glauben, dass Sie das alles machen, nur um den Menschen der Stadt zu helfen.«

Möller lachte laut auf. Dann beugte er sich über den Tisch und sah Rocco direkt in die Augen. »Das, lieber Herr Eberhardt, ist hier ganz offensichtlich das Problem. Die Menschen haben den Glauben daran verloren, dass es einen Politiker geben kann, der ohne einen versteckten Plan einfach nur das Interesse der Bevölkerung im Sinn hat.«

»Und Sie selbst haben keinen privaten Vorteil davon?«, hakte Rocco weiter nach.

»Na ja«, gab Möller nach einigem Zögern zu, »tatsächlich ist es so, dass ich auch eine Beteiligung an diesem Projekt in Erwägung gezogen habe. Allerdings aus einer ganz anderen Motivation heraus, als Sie sich vielleicht denken.«

53. KAPITEL

Berlin-Charlottenburg, Fasanenstraße 72,
Kanzlei Eberhardt: Mittwoch, 14. Juli, 16.12 Uhr

»Gehen wir mal davon aus, dass das alles stimmt, was Möller dir erzählt hat«, sagte Tobi und sah Rocco zweifelnd an. »Welchen Einfluss hat das auf das Strafverfahren?«

»Keinen guten. Bunzel wird es unabhängig von Möllers Motivation so darstellen, dass er einen Vertrag zwischen Berlin und einem Konsortium einfädeln wollte, bei dem die Investoren ordentlich Gewinn scheffeln würden. Die Kooperation allein dürfte in den Augen der Öffentlichkeit schon verwerflich genug sein, aber noch schlimmer ist, dass Möller selbst in dem Konsortium mit drinsteckt. Die ganze Rügen-Gate-Affäre hat einen Stein ins Rollen gebracht, der sein wichtigstes politisches Projekt und außerdem ein lukratives Geschäft zunichtegemacht hat. Mal ganz abgesehen davon, dass sein Ruf für immer ruiniert und seine politische Karriere am Ende ist.«

»Womit er ein immer klareres Motiv hat, sich an Stecher zu rächen.«

»Ganz genau«, erwiderte Rocco.

»Aber könnte es nicht genau so gewesen sein? Besteht nicht auch die Möglichkeit, dass Möller Stecher wirklich umgebracht hat? Die Indizien sprechen doch immer mehr gegen ihn. Der Fingerabdruck, die GPS-Daten, der Vertrag.«

»Ja, das kann tatsächlich so sein«, gab Rocco zu. »Aber irgendwie glaube ich es nicht. Das passt einfach nicht zu Möller, der ein Arsch sein mag, aber kein Mörder. Und außerdem glaube ich, er hätte immer noch angenommen, dass ein kleines Licht wie Stecher nichts bewirkt, von dem einer wie Möller sich nicht doch erholen kann. Dazu kommt, dass ich mich nach wie vor frage, wer um alles in der Welt diesen Becker ins Rennen gebracht hat. Der Typ hat so offensichtlich gelogen, dass er sich dafür noch wird verantworten müssen. Und eins steht fest: Alleine ist er bestimmt nicht auf die Idee gekommen, diese beknackte Geschichte zu erzählen.«

»Das stimmt, hilft uns aber momentan auch nicht weiter. Wie du weißt, bin ich an Becker dran. Aber bisher liefen alle meine Ermittlungen ins Leere.«

Tobi schüttelte seinen Kopf und blickte Rocco an.

»Und was würde eigentlich passieren, wenn wir keine Gegenbeweise finden? Ich meine, wenn wir keinen anderen Täter präsentieren können, wie schätzt du dann die Chancen ein, dass Möller verurteilt wird?«

»Dreißig zu siebzig. Gegen uns«, sagte Rocco. »Nicht gut.«

»Und was sollen wir deiner Meinung nach jetzt tun?«

»Keine Ahnung.« Rocco war tatsächlich ratlos. Gerade als er Tobi fragen wollte, was seine Bemühungen, das Rügen-Gate-Video zu besorgen, ergeben hatten, klingelte sein Telefon. Ein Blick auf das Display zeigte ihm, dass es die Staatsanwaltschaft war. Rocco ahnte nichts Gutes, doch seine Befürchtungen wurden noch unterboten.

Als er aufgelegt hatte, sah Tobi ihn mit fragenden Augen an. »Und, wer war das?«

»Oberstaatsanwältin Doktor Bunzel.«

»Was wollte sie?«

»Mich informieren, dass es einen neuen Beweis gibt. Hauptkommissarin Hardenberg hat Möllers Segelboot durchsuchen lassen. Keine richtige Jacht, aber immerhin gibt es eine Kabine mit kleiner Pantry und Schlafplatz. Die hatten sie bisher überhaupt nicht auf dem Schirm.«

»Und, haben sie was gefunden?«

»Haben sie. Ein Hemd von Möller. Mit Blutspuren von Stecher.«

54. KAPITEL

Berlin-Moabit, Kriminalgericht:
Donnerstag, 22. Juli, 9.24 Uhr

Heute, am letzten Prozesstag, stand nur noch die Verkündung des Urteils auf dem Programm. Und Rocco hatte nicht den geringsten Zweifel, wie es ausgehen würde.

Er wusste, dass sie verloren hatten. Es gab nichts, was er dagegen tun konnte. Der Beweis mit dem Hemd war der Todesstoß für seine Verteidigung, und alle Etappensiege, die er im Laufe der Beweisaufnahme errungen hatten, spielten keine Rolle mehr.

Rocco dachte an das Gespräch mit Tobi zurück und fragte sich, ob er nicht schon die ganze Zeit falschgelegen hatte. Hatte er sich etwas vorgemacht und Möller war doch schuldig? Wollte er das nur nicht wahrhaben, aus Angst, sein Vater könnte wirklich in die Sache verwickelt sein? Verschwörung? Totschlag? Bestechung?

Rocco schüttelte den Kopf. Wie konnte er nur derart naiv sein. Er war nicht objektiv gewesen. Die ganze Zeit über hatte er nicht das gesehen, was alle anderen offensichtlich schon von Anfang an erkannt hatten. Er hatte sich etwas vorgemacht. Seine Professionalität aufgegeben. Dabei war es unter Anwälten ein ungeschriebenes Gesetz, sich nicht in eigener Sache selbst zu verteidigen. Diese Weisheit konnte er jetzt um Verfahren, in denen der eigene Vater eine Rolle spielte, erweitern.

Rocco biss sich auf die Unterlippe und ballte unter dem Tisch seine Faust. Voller Ärger, sich ohne Not in diese unmögliche Situation gebracht zu haben, klappte er die Akte vor sich zu, als Hauptkommissarin Jana Hardenberg den Zeugenstand betrat.

Nüchtern und mit der professionellen Erfahrung einer Beamtin, die schon häufig in Prozessen ausgesagt hatte, legte sie in ihrer Zeugenaussage dar, wie sie das Hemd gefunden hatten.

Oberstaatsanwältin Doktor Bunzel verzichtete nach der Vernehmung durch das Gericht auf weitere Fragen. Rocco hatte für einen kurzen Moment überlegt, ob er Jana Hardenberg ein wenig in die Zange nehmen sollte, zum Beispiel warum sie erst so spät das Schiff durchsucht hatte. Er entschied sich dann aber dagegen. Im Zweifel würde er die Aussage der Hauptkommissarin nur unnötig aufwerten und die Argumente, die gegen seinen Mandanten sprachen, verstärken. Er wusste aus zahlreichen Verfahren, dass bei umfassenden Ermittlungen regelmäßig neue Beweise auftauchten und auch die Polizei immer wieder etwas übersah.

Im Anschluss an Jana Hardenbergs Aussage hatte ein Sachverständiger die Übereinstimmung mit Stechers Blut und den von dem Hemd stammenden Proben bestätigt. Spiel, Satz und Sieg. Aber diesmal für die Gegenseite.

Auch wenn Möller weiter vehement bestritt, irgendetwas mit Stechers Tod zu tun zu haben, und sich nicht erklären konnte, wie dessen Blut auf sein Hemd gekommen sein sollte, kämpften sie von da an auf verlorenem Posten. Roccos Instinkt sagte ihm zwar nach wie vor, dass hier irgendetwas nicht stimmte, aber von seinem unerschütterlichen Glauben an Möllers Unschuld war nicht mehr viel übrig. Dazu kam, dass der Verdacht, sein Vater müsse in die Affäre verwickelt sein, täglich wuchs. Doch welche Kontakte er auch bemühte und welche Aktivitäten er in letzter Sekunde unternahm, änderte nichts an dem sich zuletzt verdichteten Bild: Möllers Schuld.

Nach dem Ende der Beweisaufnahme am Dienstag hatten er und Oberstaatsanwältin Doktor Bunzel am Mittwoch ihre Schlussplädoyers gehalten. Möller selbst hatte von seinem Recht auf das letzte Wort keinen Gebrauch gemacht.

Rocco drehte sich zu ihm um, um ihm einen aufmunternden

Blick zuzuwerfen. Doch Möller nahm es gar nicht wahr. Resigniert und in sich zusammengesunken saß er in der Kabine hinter der Bank der Verteidigung.

»Im Namen des Volkes ergeht folgendes Urteil …«, begann die Vorsitzende Richterin, als völlig unerwartet Tobias Baumann durch die Seitentür des Gerichtssaals geplatzt kam. Mit hochrotem Kopf und völlig außer Atem rief er in den Saal: »Halt, warten Sie! Möller ist unschuldig. Er ist es nicht gewesen. Wir können alles beweisen!«

Die Vorsitzende Richterin hielt inne. Irritiert sah sie zu Baumann hinüber, der gerade von einem Wachtmeister festgehalten und daran gehindert wurde, weiter in den Saal zu vorzudringen, als hinter ihm Doktor Justus Jarmer und Hauptkommissarin Jana Hardenberg durch die Tür gestürmt kamen.

»Er hat recht«, rief sie, ebenfalls nach Luft ringend. »Die Beweise sind gefälscht!«

Sie hielt kurz inne und blickte von der Richterin zu Oberstaatsanwältin Doktor Bunzel. »Es … es ist alles meine Schuld.«

Dann, von einem Moment auf den anderen, legte sie die Hände vors Gesicht und brach in unkontrolliertes Schluchzen aus. Es kam Rocco so vor, als wenn vor seinen Augen ein Damm bräche, der unerträglich lange aufgestauten Gefühlen freien Lauf ließ.

Jarmer, der neben ihr stand, legte ihr einen Arm um die Schultern und hielt sie fest.

Dann wandte auch er sich an das Gericht. »Frau Vorsitzende«, sagte er mit ruhiger Stimme. »Ich bin mit den Regeln des Strafverfahrens nicht im Detail vertraut, aber wenn es eine Möglichkeit gibt, die Hauptkommissarin jetzt noch anzuhören, sollten Sie davon Gebrauch machen. Denn wenn Sie Dieter Möller heute wegen Totschlags an Dirk Stecher schuldig sprechen, begehen Sie einen schweren Justizirrtum.«

TEIL DREI

DIE WAHRHEIT UND NICHTS ALS DIE WAHRHEIT

55. KAPITEL

Am selben Morgen –
zwei Stunden zuvor

Berlin-Neukölln: Donnerstag, 22. Juli, 7.27 Uhr

Nach Justus Jarmers Einschätzung war die knapp sechzig Quadratmeter große Wohnung vermutlich das letzte Mal in den Achtzigern saniert worden. Die Küchenschränke waren mit dunkler Eiche furniert, das Bad war in Braungrün gehalten.

Den Schlüssel zu Stephan Moosmanns Wohnung hatte er von dessen Tochter Carolin erhalten. Nachdem die Handschriftenprobe nicht eindeutig ergeben hatte, dass der Abschiedsbrief von Stephan Moosmann selbst verfasst worden war, hatte er Carolin Moosmann versprochen, die Wohnung ihres Vaters noch einmal in Augenschein zu nehmen. Sie wollte unbedingt wissen, ob es nach seiner Meinung irgendeinen Hinweis darauf gab, dass sich ihr Vater nicht selbst das Leben genommen hatte, sondern ermordet worden war. Einen Hinweis, den die Polizei übersehen haben konnte. Die Ermittler stuften sein Ableben weiter als Suizid ein und hatten lediglich ein weiteres Gutachten mit anderen Schriftproben in Auftrag gegeben, dessen Ergebnis allerdings noch ausstand.

Jarmer war auf dem Weg zum Institut für Rechtsmedizin bei Moosmanns Wohnung in Neukölln vorbeigefahren, um das zu erledigen. Doch schon als er die Tür aufschloss, fühlte er sich unwohl in seiner Haut. Alleine die Wohnung eines Verstorbenen zu durchsuchen, noch dazu eines Menschen, den er selbst obduziert hatte, war auch für ihn ein Novum. Es widersprach all seinen Prinzipien. Indem er die Wohnung von Stephan Moosmann betrat, ohne Polizei und außerhalb eines Ermittlungsverfahrens, überschritt er eine Schwelle, die er nie hatte übertreten wollen. Er tat das ausschließlich für Carolin Moosmann und hoffte, dass sie im Anschluss loslassen und Ruhe finden konnte.

Bei der Durchsuchung der Wohnung ging er genauso systematisch vor wie in allen Bereichen seines Lebens. Er begann in dem kleinen Hausflur, öffnete alle Schubladen der Kommode, sah sich die Jacken an der Garderobe an und ging dann weiter in die Küche. Alles war sauber, ordentlich, unauffällig. Nachdem er auch das kleine Wohnzimmer und das Bad durchsucht hatte, ohne irgendeinen Hinweis, der gegen Moosmanns Suizid sprach, zu finden, blickte er schließlich aus dem Fenster im Schlafzimmer. Vor seinen Augen erstreckte sich eine trostlose Betonwüste. Selbst wenn nach seiner Auffassung nichts in der Wohnung darauf hindeutete, dass Moosmann Opfer eines Verbrechens geworden war, merkte er, wie Wut in ihm aufstieg. Diese Wohnung, die ganze Gegend, hatte nichts mit dem farbenfrohen und gutbürgerlichen Teil Berlins zu tun, in dem er mit seiner Familie lebte. Das hier war ein Getto. An diesem Ort lebten Menschen von der Hand in den Mund, häufig angewiesen auf staatliche Unterstützung. Die Häuser waren heruntergewirtschaftet, zum Teil verfallen. Fahrstühle, Müllschlucker und andere technische Einrichtungen funktionierten nur selten. Es war kein Wunder, dass Menschen hier verzweifeln konnten, ja verzweifeln mussten. Das ganze Viertel war ein Musterbeispiel der verfehlten Wohnungspolitik der letzten Jahrzehnte. Verursacht oder geduldet von Menschen wie Dieter Möller. Jarmer schlug mit der Faust auf die Fensterbank vor sich, stärker, als er beabsichtigt hatte. Der Schmerz riss ihn aus seinen Gedanken. Er blickte auf die Uhr. Es war fast acht. Wenn er um Viertel vor neun im Institut sein wollte, musste er sich langsam auf den Weg machen. Er lief noch einmal durch alle Zimmer und vergewisserte sich, dass er nichts übersehen und überall das

Licht ausgeschaltet hatte. Dann verschloss er die Wohnungstür und ging den Hausflur entlang in Richtung des Fahrstuhls.

Er drückte auf den Knopf und hörte, wie sich der Aufzugskorb mit Quietschen und Rattern in Gang setzte und durch den Fahrstuhlschacht nach oben gezogen wurde. Als die Fahrstuhltür sich eine knappe Minute später im Erdgeschoss wieder öffnete, staunte er nicht schlecht. Vor ihm stand Kriminalkommissarin Jana Hardenberg vom LKA.

»Nanu«, sagte Jarmer überrascht. »Frau Hardenberg, was machen Sie denn hier?«

Anstelle einer Antwort starrte sie ihn an wie im Schock, ganz so, als blickte sie in das Antlitz eines Geistes.

Jarmer, der immer noch im Fahrstuhl stand, lächelte. »Entschuldigen Sie bitte. Wenn Sie mich eben rauslassen könnten. Ansonsten schließen sich wohl die Türen gleich wieder.«

»Ja ... ja, natürlich«, stotterte die Beamtin und schien sich langsam zu fassen. »Klar, bitte«, fuhr sie fort und machte Jarmer Platz.

»Was führt Sie denn zu dieser frühen Stunde hierher? Gab es doch neue Erkenntnisse im Fall Moosmann, die eine andere Beurteilung ermöglichten?«

»Ich, äh, also ich, ich musste noch etwas nachschauen ... äh, also überprüfen. In der Wohnung, meine ich. Von Moosmann.«

»So, was denn?«, fragte Jarmer.

»Das ist nichts Besonderes. Reine Routine. Ich will den Fall gerne abschließen und sichergehen, dass wir wirklich nichts übersehen haben«, wiegelte Jana Hardenberg ab, schroffer, als es der Situation angemessen wäre. Zumindest nach Jarmers Dafürhalten. Und das passte so gar nicht zu der Hauptkommissarin. Er kannte sie als offene, freundliche Polizistin. Und er erinnerte sich, dass sie in diesem speziellen Fall schon damals bei der Obduktionsbesprechung ungewohnt emotional reagiert hatte. Er hatte das Gefühl, dass sie irgendetwas zurückhielt, irgendetwas, was sie sehr beschäftigte, aber sich nicht zu teilen traute. Er wollte sie gerne unterstützen. Aber weil das Spiel der großen Emotionen noch nie sein Spezialgebiet gewesen war, beschloss er, sie einfach zu fragen. Vielleicht half das ja.

»Tatsächlich. Ich dachte, das wäre erledigt und es steht lediglich das letzte Gutachten zur Handschriftenprobe aus?«, fragte er deshalb mit ruhiger Stimme nach.

Mit offenen Augen, allerdings ohne etwas zu erwidern, sah Jana Hardenberg ihn an. Jarmer blieb weiter ganz ruhig und wartete ab. Jedes weitere Wort hätte sie vermutlich eher abgeschreckt.

Und dann, von einem Moment auf den anderen, rollte eine dicke Träne über ihre Wange.

Jarmer war unschlüssig, was er tun sollte, entschied sich aber, weiterhin nichts zu sagen. Er wollte ihr den nächsten Schritt überlassen. Und tatsächlich fing sie Sekunden später mit einem Zittern in der Stimme an zu sprechen.

»Herr Doktor Jarmer, es ist alles ganz fürchterlich. Ich habe etwas Schlimmes gemacht. Ich habe Beweise gefälscht!«

Jarmers erster Gedanke war, dass der Hausflur im Erdgeschoss einer Mietskaserne der denkbar schlechteste Ort für ein solches Geständnis war. Behutsam legte er seinen Arm um die Schultern der Hauptkommissarin und schob sie sanft, aber bestimmt nach draußen auf den Parkplatz.

»Bitte kommen Sie doch mit zu meinem Auto«, sagte er und ging entschlossenen Schrittes voran. Jana Hardenberg folgte ihm ohne Widerrede. Nachdem sie in seinem Smart Platz genommen hatten, sah er der Hauptkommissarin direkt in die Augen.

»So, jetzt noch mal von Anfang an.«

»Also«, begann sie, nun wieder gefasst. »Alles hat damit begonnen, dass mein Freund unseren Sohn und mich auf einem Haufen Schulden hat sitzen lassen.«

Und dann beichtete sie ihm ihre ganze Geschichte.

56. KAPITEL

Berlin-Neukölln:
Donnerstag, 22. Juli, 8.43 Uhr

»Verdammt«, schimpfte Justus Jarmer. »Ich erreiche ihn einfach nicht.« Zum wiederholten Mal hatte der Rechtsmediziner versucht, Rocco Eberhardt ans Telefon zu bekommen, aber der Anwalt ging nicht ran.

»Was sollen wir jetzt machen?«, fragte Jana Hardenberg verzweifelt. »Ich kann auch Staatsanwältin Bunzel nicht erreichen. Ihre Geschäftsstellenleiterin meinte, sie wäre schon auf dem Weg zur Urteilsverkündung.«

»Können Sie sich nicht irgendwie über das Gericht mit dem Saal oder den Richtern verbinden lassen?«

»Habe ich probiert. Die meinten, man würde mich zurückrufen! Die haben mir gar nicht richtig zugehört und überhaupt nicht begriffen, worum es geht. Und dann gleich aufgelegt.«

»Okay, wir müssen zusehen, dass wir es rechtzeitig vor der Urteilsverkündung zum Gericht schaffen«, stellte Jarmer fest und fluchte innerlich bei dem Anblick der Wagenkolonne vor sich. Sie standen auf der Autobahn A 113 Richtung Norden im Stau.

»Und wenn wir es nicht rechtzeitig schaffen?«, fragte Jana Hardenberg. »Gibt es nicht irgendjemanden, den wir anrufen könnten?«

Jarmer dachte nach. Sie erreichten weder Rocco noch die Staatsanwältin, noch die Richterin, weil alle auf dem Weg zur Urteilsverkündung waren. Da kam ihm eine Idee. »Wir rufen Baumann an! Tobias Baumann, Roccos besten Freund und Privatdetektiv. Vielleicht erreichen wir den.«

Jarmer scrollte durch seine Kontakte, konnte die Nummer von Baumann aber nicht finden. Verdammt, wer konnte ihm jetzt noch helfen? Natürlich, Klara Schubert, Roccos Bürochefin.

Er wählte die Nummer der Kanzlei und atmete erleichtert auf, als Klara Schubert den Anruf entgegennahm.

»Hallo, Herr Doktor Jarmer. Ich hoffe, es geht Ihnen gut. Rechtsanwalt Eberhardt ist leider nicht da, er ist heute bei Gericht«, begrüßte sie den Mediziner.

»Ich weiß, Frau Schubert, da fahre ich auch gerade hin. Allerdings stecke ich im Stau«, begann er und beschloss kurzerhand, alle Förmlichkeiten beiseitezuschieben. »Aber das ist jetzt egal. Und bitte nehmen Sie es mir nicht übel, aber wir haben keine Zeit für lange Erklärungen. Es geht um jede Minute. Ich kann Ihren Chef nicht erreichen, aber ich muss dringend mit Herrn Baumann sprechen. Können Sie mir bitte seine Nummer geben?«

Schubert, die den Ernst der Lage sofort zu verstehen schien, antwortete kurz und sachlich. »Natürlich. Schicke ich Ihnen sofort aufs Handy. Oder soll ich Sie gleich verbinden? Das geht vielleicht noch schneller.«

»Unbedingt«, erwiderte Jarmer dankbar und hatte kurz darauf Baumann am Ohr. Baumann war selbst auch auf dem Weg ins Gericht und hatte das gleiche Problem wie Jarmer und Hardenberg. Er steckte im Verkehr fest. Das gab Jarmer die Möglichkeit, ihm die Geschehnisse der letzten Stunde zu erläutern. Nachdem er geendet hatte, schwieg Baumann einen Moment. Dann sagte er: »Okay, wer auch immer zuerst im Gericht ist, muss die Verkündung des Urteils verhindern. Wir müssen dafür sorgen, dass wir die Hauptkommissarin noch als Zeugin in das Verfahren kriegen, bevor es zu spät ist.«

Jarmer stimmte ihm zu, legte auf, sah auf die Uhr und dann auf den anfahrenden Wagen vor ihnen. Wenn sich der Stau jetzt auflöste, konnten sie es mit etwas Glück rechtzeitig schaffen.

57. KAPITEL

Berlin-Moabit, auf der Straße vor dem
Kriminalgericht: Donnerstag, 22. Juli, 9.17 Uhr

Mit quietschenden Reifen brachte Jarmer seinen Smart unmittelbar vor dem Hauptportal des altehrwürdigen Gerichtsgebäudes zum Stehen. Zusammen mit Jana Hardenberg sprang er aus dem Auto und wollte gerade die Stufen zum Eingang des Gerichts emporsprinten, als sich ihnen ein Mitarbeiter des Ordnungsamtes in den Weg stellte.

»Hey, det scheint jetzt ja alljemeine Übung zu werden. Erst parkt der Typ mit seinem Ford Mustang direkt im Halteverbot und dann halten Sie mit Ihrer Schuhschachtel dahinter. So jeht det aba nich«, bellte er sie in breitestem Berliner Dialekt an.

Noch bevor Jarmer etwas erwidern konnte, zog Jana Hardenberg ihren Dienstausweis aus der Tasche ihrer Jeans und hielt ihn dem Ordnungsbeamten unter die Nase.

»Kripo. Das ist ein Notfalleinsatz. Machen Sie sofort Platz.«

Nach einem Blick auf die Marke nahm der Mann Habtachtstellung ein und stotterte. »Aba, aba natürlich Frau Hauptkommissarin. Allet klar. Dann viel Erfolg.«

Während sie an dem Mann vorbei die Stufen hochstürmten, drehte Jana Hardenberg sich noch einmal um. »Und passen Sie auf die Autos auf. Alle beide.«

Wenige Sekunden später erreichten sie die Sicherheitsschleuse, vor der Tobias Baumann laut fluchend auf die Justizwachtmeister einredete, ihn sofort durchzulassen. Doch wie es aussah, erreichte er mit seiner Aufregung genau das Gegenteil. Die Beamten hielten ihn ganz offensichtlich für einen der üblichen Störer und legten ihm nahe, sich wie jede andere Person in die Schlange zu stellen oder, wenn er weiter Ärger machen wollte, das Gebäude zu verlassen.

Jarmer und Hardenberg eilten an der Schlange vorbei, um Baumann zu Hilfe zu kommen. Auch hier tat der Dienstausweis von Jana Hardenberg Wunder, und kurze Zeit später rannten die drei über die Stufen des imposanten Treppenhauses hinauf in Richtung Schwurgerichtssaal 700.

58. KAPITEL

Berlin-Moabit, Kriminalgericht:
Donnerstag, 22. Juli, 9.25 Uhr

Rocco blickte von der Vorsitzenden Richterin zu Hauptkommissarin Hardenberg und wieder zurück.

Richterin Paul schien für einen Moment zu überlegen, was jetzt zu tun war, und beriet sich mit dem Richterkollegen zu ihrer Rechten. Währenddessen sprangen die Reporter in den ersten Reihen des Zuschauerraums auf, die ebenso wie alle anderen Beteiligten im Gerichtssaal noch bis vor wenigen Sekunden vor Überraschung absolut still gewesen waren. Sie zückten ihre Kameras und Smartphones und hielten die ungewöhnliche Szene aus jedem erdenklichen Blickwinkel fest.

»Wir unterbrechen die Sitzung bis auf Weiteres«, schallte dann die Stimme der Vorsitzenden Richterin über die Mikrofonanlage. Offensichtlich hatte sie sich mit ihren Kollegen über das weitere Vorgehen geeinigt. »Ich bitte, alle nicht am Prozess Beteiligten, den Saal zu verlassen. Wir werden Sie in Kürze informieren, wann die Verhandlung fortgesetzt wird.«

Da weder Zuschauer noch Journalisten irgendwelche Anstalten machten, ihrer Aufforderung zu folgen, drückte sie erneut auf den Mikrofonknopf vor sich.

»Wachtmeister, bitte räumen Sie den Saal.« Sie hielt kurz inne und blickte über Rocco und Oberstaatsanwältin Doktor Bunzel zu Hardenberg, Jarmer und Baumann.

Mit schrofferem Ton als sonst fügte sie hinzu: »Die Vertreter von Staatsanwaltschaft und Verteidigung sowie unsere drei Überraschungsgäste mögen doch bitte an die Richterbank treten.«

Rocco drehte sich zu Dieter Möller um und fragte seinen Mandanten: »Haben Sie eine Ahnung, worum es hier geht?«

Der schüttelte nur den Kopf, fügte dann aber mit einer Mischung aus Erleichterung und Vorwurf hinzu: »Ich habe Ihnen doch die ganze Zeit gesagt, dass ich unschuldig bin. Hoffe mal, dass das jetzt auch dem Gericht klar wird.«

Rocco nickte und sah zu Tobi rüber. Der hob einfach nur den Daumen und schlängelte sich mit Jarmer und Jana Hardenberg an den Wachtmeistern vorbei zur Richterbank.

»So«, wandte sich Richterin Doktor Paul an die junge Hauptkommissarin. »Dann hoffe ich jetzt mal für Sie, dass Sie einen guten Grund für Ihr Benehmen haben.«

»Ja, erzählen Sie doch«, munterte Oberstaatsanwältin Bunzel die Hauptkommissarin auf, aber in dem Moment, als diese zu sprechen beginnen wollte, ging Rocco dazwischen.

»Moment!«, rief er so laut, dass Jana Hardenberg erschrocken zusammenzuckte. Verwundert sah sie ihn an. Sie hatte keine Ahnung, was hier vor sich ging. Die Oberstaatsanwältin hingegen wusste ganz genau, warum Rocco die Hauptkommissarin unterbrochen hatte, das sah er ihr an. Und auch die Vorsitzende Richterin schaltete sich jetzt ein.

»Der Herr Verteidiger hat natürlich recht«, sagte sie entschuldigend. »Ich war wohl etwas vorschnell. Natürlich müssen wir mit Bedacht vorgehen, bevor Sie irgendetwas sagen. Wir wollen keinen Verfahrensfehler produzieren, der zur Unverwertbarkeit Ihrer Aussage führt.« Sie dachte kurz nach, ehe sie sich an Rocco wandte.

»Wie es aussieht, haben wir hier eine neue Zeugin für die Verteidigung. Ich schlage vor, dass Sie sich kurz besprechen und dann entscheiden, ob Sie einen Beweisantrag stellen möchten. Ich denke …«, sagte sie und blickte auf ihre Uhr, »… dass dreißig Minuten ausreichen sollten. Wir werden die Verhandlung um Punkt 10.15 Uhr fortsetzen.« Mit diesen Worten erhob sie sich.

59. KAPITEL

Berlin-Moabit, Kriminalgericht:
Donnerstag, 22. Juli, 10.17 Uhr

Nachdem Jana Hardenberg, Justus Jarmer und Tobi Rocco im Anwaltszimmer innerhalb von gut fünfzehn Minuten auf den neuesten Stand gebracht hatten, stellte sich die Frage, wie sie weiter vorgehen würden. Der erste Schritt war klar. Rocco müsste einen Beweisantrag stellen, um die Aussage der Hauptkommissarin offiziell in das Verfahren einbringen zu können. Das war aber erst der Anfang und die nächsten Schritte waren momentan noch unklar. Aufgrund der Zeitnot beschlossen sie trotzdem, sich erst im Anschluss an die Verhandlung weiter zu beraten.

Als alle Prozessbeteiligten, Möller und auch Reporter und Zuschauer wieder im Saal Platz genommen hatten, setzte die Vorsitzende Richterin die Verhandlung fort. Rocco stellte seinen Beweisantrag, und nachdem Oberstaatsanwältin Doktor Bunzel diesen erfolglos wegen Verspätung gerügt hatte, wurde Jana Hardenberg in den Saal gerufen. Bevor die Richterin mit der Vernehmung begann, wandte sie sich eindringlich an die Polizistin. Es war offensichtlich, dass sie im Begriff war, sich selbst zu belasten und von ihrem Schweigerecht keinen Gebrauch zu machen.

»Frau Hauptkommissarin Hardenberg, ich weiß, dass Sie als Profi um die Bedeutung des Zeugnisverweigerungsrechts wissen. Dennoch muss ich Sie an dieser Stelle darüber belehren, dass Sie keine Angaben zur Sache machen müssen, wenn Sie mit dem Angeklagten verwandt oder verschwägert sind. Des Weiteren können Sie die Antwort auf solche Fragen verweigern, deren Beantwortung Sie selbst oder einen nahen Angehörigen in Gefahr bringen würde, wegen einer Straftat oder Ordnungswidrigkeit verfolgt zu werden.«

Sie machte eine Pause und sah Jana Hardenberg durchdringend an.

»Haben Sie das verstanden?«

»Ja, Frau Vorsitzende, das habe ich«, antwortete sie mit fester Stimme. »Ich bin mir der Tragweite der Situation durchaus bewusst und möchte trotzdem eine Aussage machen. Oder gerade deswegen. Es ist einfach das Richtige.«

»Nun gut, dann erzählen Sie mal, was Sie heute hierhergeführt hat«, bat Doktor Karla Paul so offen, wie es nur möglich war, um sie in keine bestimmte Richtung zu leiten. Suggestivfragen hatten noch zu keiner Zeit in der Geschichte der Justiz zur Wahrheitsfindung beigetragen.

»Ich muss ein bisschen ausholen, damit Sie alles verstehen«, begann Jana Hardenberg. »Wäre das in Ordnung?«

»Natürlich. Nehmen Sie sich alle Zeit, die Sie brauchen.«

»Gut, danke«, sagte sie und drehte sich kurz zu Rocco um, der ihr aufmunternd zunickte.

»Vor einem knappen Jahr hat mein Freund, der Vater unseres gemeinsamen Sohnes, uns von einem Tag auf den anderen verlassen. Alles, was er uns hinterlassen hat, war eine WhatsApp-Nachricht und ein riesiger Haufen Schulden. Er hatte unser gemeinsames Girokonto geplündert und danach die beiden Kreditkarten bis ans Limit ausgereizt.«

Jana Hardenberg ballte ihre Fäuste und jede Person im Saal ahnte, was gerade emotional in ihr vorging.

»Könnten Sie uns sagen, wie hoch der Betrag ungefähr war, den Ihr damaliger Freund Ihnen genommen hat?«

»Das kann ich allerdings. Das waren über sechzigtausend Euro. Gut zwölftausend davon waren Ersparnisse. Der Rest Schulden.«

»Das bedeutet also«, versuchte die Vorsitzende klarzustellen,

»dass er Sie mit etwa fünfzigtausend Euro Schulden zurückgelassen hat?«

»Genauso war es«, bestätigte Jana Hardenberg. »Natürlich hatte ich das Geld nicht. Als mir klar wurde, wie aussichtslos meine Lage war, habe ich mit der Bank gesprochen. Da ich als Beamtin einen sicheren Job habe, konnten wir uns auf einen langjährigen Rückzahlungsplan einigen, der zu diesem Zeitpunkt auch realistisch aussah. Das war auch möglich, weil ich in all den Jahren, die ich Kundin bei der Bank war, bis zu dieser Situation keinerlei Schulden hatte. Und schließlich sah die Bank so zumindest eine kleine Chance, wieder an ihr Geld zu kommen und es nicht gänzlich abschreiben zu müssen. Aber so gut das am Anfang auch klang, hatte die Sache doch einen Haken. Langfristig wurden die Schulden größer statt kleiner, weil die auflaufenden Zinsen den Betrag überstiegen, den ich monatlich abzahlen konnte.«

»Wie kam es dazu?«

»Das war ganz einfach. Da ich nun alleine auf meinen Sohn aufpassen musste, aber unregelmäßige Arbeitszeiten habe, brauchte ich zusätzlich immer wieder einen Babysitter. Das hat natürlich extra gekostet. Dann wurden im selben Monat auch noch die Miete für unsere Wohnung und die Gebühren für den Kindergarten ›angepasst‹, wie es so schön heißt. Das war für mich mehr oder weniger das Aus. Ich konnte kaum meine laufenden Kosten decken, geschweige denn die Schulden zurückzahlen.«

Jana Hardenberg machte eine Pause und trank einen Schluck Wasser. Rocco konnte sich vorstellen, wie schwer es ihr fallen musste, ihre Geschichte in aller Öffentlichkeit preiszugeben.

»Und dann kam das nächste Schreiben von der Bank. Ich traute mich kaum, es zu öffnen. Sie drohten mit der Zwangsvollstreckung und der Pfändung meines Gehaltes.«

»Kam es dazu?«

»Nein, kam es nicht. Ich bat eine Freundin um Hilfe und sie gab mir eine Telefonnummer. Um genau zu sein, leitete sie mir gleich eine ganze E-Mail weiter. ›Einfache Privatdarlehen‹, hieß es da. Schnell und unkompliziert. Es war kein Spam oder etwas in der Art. Ich dachte, das könnte meine Rettung sein, und habe mich dort gemeldet. Der Mann, mit dem ich am Telefon gesprochen habe, war sehr freundlich, und wir haben uns noch am selben Tag getroffen. Ich habe einen Vertrag unterzeichnet und er hat mir die Darlehenssumme in bar übergeben.«

»Wie hoch war der Betrag?«

»Genau fünfzigtausend Euro. Rückzahlbar in drei Jahren«, antwortete Hardenberg und schüttelte den Kopf. Ihre Stimme war jetzt leiser und bei ihrem nächsten Satz blickte sie auf den Boden. »So hatten wir es zumindest besprochen. Aber dann kam alles ganz anders.«

»Inwiefern anders?«, hakte die Vorsitzende Richterin nach.

»Weil ich drei Monate später eine Voicemail auf meinem Telefon hatte. Es war ein Mitarbeiter der Darlehensfirma. Er hat mich informiert, dass ich den Betrag jetzt vereinbarungsgemäß zurückzahlen müsste, inklusive aufgelaufener Zinsen. Insgesamt siebenundfünfzigtausend Euro.«

Bei der Erwähnung der Summe ging ein Raunen durch den Raum.

»Siebenundfünfzigtausend Euro?«, fragte Doktor Karla Paul. »Siebentausend Euro Zinsen in drei Monaten? Das sind über fünfzig Prozent pro Jahr! Das ist Wucher und damit vollkommen rechtswidrig. Ist Ihnen das nicht merkwürdig vorgekommen?«

»Natürlich, ich bin ja nicht vollkommen bescheuert«, rief Jana Hardenberg wie aus der Pistole geschossen. Sie schüttelte den Kopf und starrte auf den Boden. Hektische rote Flecken zeichneten sich auf ihrem Gesicht ab und es war nicht zu übersehen, wie unangenehm ihr die Situation war. Sie schloss die Augen und kämpfte ganz offensichtlich mit der Fassung, ehe sie sich wieder an das Gericht wandte. »Entschuldigen Sie bitte meine Wortwahl, das war nicht so gemeint.«

»Alles gut, das ist eine schlimme Situation«, beruhigte sie die Vorsitzende.

»Aber die Höhe des Zinssatzes war nicht das Einzige, was nicht stimmte. Auch die Laufzeit hatten wir ursprünglich nicht auf drei Monate, sondern auf drei Jahre festgelegt. Bei sieben Prozent Zinsen pro Jahr. So hatten wir es besprochen und so stand es in dem Vertragsentwurf, den mir der Mann zugeschickt hatte. Allerdings waren die Konditionen in dem Vertrag, den ich unterzeichnet habe, ganz anders. Er muss die Verträge bei der Unterschrift unbemerkt ausgetauscht haben.«

»Was ist dann geschehen?«

»Ich war natürlich außer mir und habe ihn gleich angerufen. Ich habe ihn gefragt, ob er noch alle Tassen im Schrank hat, und ihn als Betrüger beschimpft. Er ist aber vollkommen ruhig geblieben und hat begonnen, mir zu drohen. Er würde den Vertrag öffentlich machen, sodass jeder sehen könnte, wie viele Schulden ich hatte. Damit wäre ich erpressbar und könnte meine Karriere abschreiben.«

»Unfassbar«, entfuhr es Dieter Möller, der bisher ruhig hinter Rocco gesessen hatte. »Wer auch immer dahintersteckt, hat nicht nur die Hauptkommissarin fertiggemacht, sondern bestimmt auch Stecher getötet und mir das Ganze in die Schuhe geschoben.«

Dieses Mal sah die Richterin nur kurz auf, ohne ihn allerdings zur Ruhe zu rufen. Er hatte nur laut geäußert, was jeder im Saal zu denken schien.

»Nachdem ich ihn mit einer Hasstirade überzogen hatte, bat er mich, ihm ganz ruhig zuzuhören. Es gäbe eine Möglichkeit, wie wir das Ganze klären könnten und ich alle meine Schulden auf einen Schlag los wäre.«

»Und was mussten Sie dafür tun?«, fragte die Vorsitzende Richterin in die Stille im Saal hinein.

Jede Person im Saal hing an Jana Hardenbergs Lippen.

»Ein Hemd mit den Blutspuren von Stecher auf der Jacht von Dieter Möller verstecken.«

60. KAPITEL

Berlin-Mitte, Torstraße 1:
Donnerstag, 22. Juli, 10.53 Uhr

Der Prozess hatte eine Wendung genommen, die @Mieter38 so nicht vorhergesehen hatte. Er hatte nicht damit gerechnet, dass die Hauptkommissarin aussagen würde. Das ergab seiner Meinung nach auch keinen Sinn. Sie war ihre Schulden und damit alle ihre Probleme los. Was um alles in der Welt wollte sie denn noch? Hätte sie einfach nur die Klappe gehalten, wäre ihr nichts passiert. Und sein Plan wäre einwandfrei aufgegangen. Immer wieder hatte er der Freundin von Hardenberg E-Mails mit Angeboten für Kredite zugesandt. Er war zu Recht davon ausgegangen, dass diese sie weiterempfehlen würde. Und trotz all seiner Vorbereitung und dem für sie guten Ergebnis warf Hardenberg jetzt alles hin. Sie würde ja selbst dafür bestraft werden!

@Mieter38 konnte das nicht verstehen. Welchen Sinn hatte dieses moralische Getue? Als Folge lief sein so sorgfältig konstruiertes Beweisgebäude, das die Schuld von Möller bisher zweifelsfrei belegt hatte, Gefahr, jeden Moment in sich zusammenzufallen.

Wobei das zwar sehr bedauerlich, aber letztlich nicht kriegsentscheidend war. Viel wichtiger war es, dass Möller weg vom Fenster war. Und dass man keine Spuren zu ihm zurückverfolgen konnte. Was das anstehende Immobiliengeschäft betraf, hielt er die Fäden längst wieder in der Hand. Alleine. Ohne dass Möller darin herumpfuschte.

Möller! Er hatte nie verstanden, warum der Mann einen Deal abschließen wollte, der nur gerade so profitabel war. Weit entfernt von dem, was der Markt wirklich hergab. Gerade in seiner Position hätte Möller das nicht nur sehen, sondern die Weichen auch für die Zeit nach seiner eigenen politischen Karriere stellen können. Aber nein, er musste ja die Welt verbessern und hätte mit seinen Ideen um ein Haar den Berliner Immobilienmarkt über Jahre, möglicherweise sogar Jahrzehnte hinaus vollkommen unattraktiv gemacht.

Im letzten Moment hatte @Mieter38 dieses Horrorszenario erfolgreich abwenden können und damit den Weg für den Investor freigemacht, den er in den vergangenen beiden Jahren mit viel Mühe und Überredungskunst für dieses Geschäft sensibilisiert hatte. Wenngleich seine eigenen Motive nicht rein pekuniärer Natur waren. Ihm ging es um mehr als nur um Geld. Doch das war für den Moment unbedeutend.

Jetzt galt es nur noch, sämtliche Hinweise, die ihn mit Jana Hardenberg in Verbindung brachten, zu beseitigen. Mit einigen wenigen Klicks sorgte er dafür, dass die elektronischen Spuren auf seinem Computer gelöscht und mit an Sicherheit grenzender Wahrscheinlichkeit zumindest von den Berliner Ermittlungsbehörden nicht wiederhergestellt werden konnten. Der Typ, der für ihn dieser bescheuerten Polizistin das Geld überreicht und den Vertrag bei der Unterschrift getauscht hatte, war längst wieder im Ausland. Er hatte lediglich mit ihr telefoniert und sie nie gesehen. Und der einzige Mensch, der ihn, da war er sich sicher, jemals in Zusammenhang mit dem von ihm initiierten Rügen-Gate-Video gesehen hatte, war nicht mehr am Leben. Er hatte zwar ursprünglich nicht beabsichtigt, Dirk Stecher umzubringen, aber das hatte sich leider nicht vermeiden lassen. Ob Stecher Junghans, dem Kameramann des Videos, von ihrer Begegnung erzählt hatte, wusste er nicht, es war für den Moment aber auch nicht relevant. Junghans war Hals über Kopf abgehauen, hatte das Weite gesucht. Vermutlich würde der sich so schnell nicht mehr blicken lassen. Und wenn doch, würde er sicher die Klappe halten, wenn er nicht das gleiche Schicksal wie Stecher erleiden wollte. Das sollte ihm Warnung genug sein.

Als Nächstes checkte er die Stimmung auf Twitter in seiner Chatgruppe. Auch wenn Möller sich als unschuldig erweisen würde, schadete es nicht, die Öffentlichkeit weiter anzustacheln. Überrascht stellte er fest, dass das ohne Weiteres gelingen sollte. Wie nicht anders zu erwarten, hatten auch die übrigen Mitglieder den aktuellen Verlauf der Verhandlung verfolgt. Doch anstatt für Möller Partei zu ergreifen, weil er ganz offensichtlich Opfer gefälschter Beweise geworden war, richtete sich der Zorn der Aktivisten weiter gegen den ehemaligen Senator. Allen voran vermutete ihre Rädelsführerin, Nina Fromm, dass die Szene vor Gericht von Möller selbst inszeniert worden war und er die Hauptkommissarin bestochen hatte. @Mieter38 schüttelte den Kopf. Denen war einfach nicht mehr zu helfen. Wenn sie sich einmal auf etwas eingeschossen hatten, setzten sie ihre Scheuklappen auf und blickten nicht mehr nach rechts und links. Möller musste einfach schuldig sein. Vollkommen gleichgültig, ob es jetzt Tatsachen gab, die ein anderes Bild zeichneten.

Zufrieden klappte @Mieter38 seinen Laptop zu und checkte seine E-Mails. Ein Lächeln spielte auf seinem Gesicht. Sein Kontakt hatte geantwortet. Und ihrem Geschäft stand auch der aktuelle Verlauf nicht entgegen.

61. KAPITEL

Berlin-Charlottenburg, Fasanenstraße 72,
Kanzlei Eberhardt: Donnerstag, 22. Juli, 15.12 Uhr

Im Anschluss an die Zeugenvernehmung von Jana Hardenberg hatte Rocco Eberhardt die Aufhebung des Haftbefehls gegen Dieter Möller beantragt. Trotz Beschwerde der Staatsanwaltschaft hatte die Strafkammer dem Antrag stattgegeben. Wie die Vorsitzende Richterin erklärte, sei das Verfahren zwar noch nicht abgeschlossen. Nach den wenig glaubhaften Angaben des Zeugen Becker aus der *Hildegard Bar* und der Aussage von Hauptkommissarin Jana Hardenberg kam die Kammer aber zu der Auffassung, dass kein dringender Tatverdacht mehr gegen Dieter Möller bestehe. So, wie es sich momentan darstellte, war er Opfer einer gegen ihn gerichteten Verschwörung geworden. Zumindest, was die Tötung von Dirk Stecher betraf. Die Vorwürfe wegen möglicher Bestechlichkeit und Vorteilsannahme standen zwar noch im Raum, waren aber aufgrund der nach wie vor laufenden Ermittlungen Gegenstand eines anderen Verfahrens. Daraufhin hatte Rocco zusammen mit seinem Mandanten dessen Sachen aus dem Untersuchungsgefängnis geholt und ihn dann zu Hause abgesetzt.

Zwei Stunden später saßen sie gemeinsam mit Tobi in Roccos Kanzlei am Besprechungstisch. Denn auch wenn es jetzt Anlass zur Hoffnung gab, dass Dieter Möller im Hinblick auf das Tötungsdelikt freigesprochen würde, war eine Frage nach wie vor ungeklärt: Wer hatte Dirk Stecher umgebracht? Und wer steckte hinter der Rügen-Gate-Affäre?

»Am Ende«, sagte Dieter Möller, »müssen wir nur der Spur des Geldes folgen.«

»Könnten Sie das vielleicht etwas präzisieren?«, bat Rocco. »Denn der Vertrag, den Sie mit meinem Vater entworfen haben, ist ja nicht umgesetzt worden.«

»Ganz genau. Und dadurch ist auch der Deal zum Kauf der Wohnungen geplatzt.«

»Geplatzt?«, fragte Rocco. »Ich hatte angenommen, der Vertrag sei noch im Entwurfsstadium.«

»War er«, stimmte Möller zu. »Aber wir hatten natürlich schon mit den Parteien verhandelt. Der Ankauf von zwanzigtausend Wohnungen zu einem sehr guten Preis und die Auswahl der Grundstücke für den Wohnungsneubau waren so gut wie in trockenen Tüchern.«

»Das heißt, weil Sie gezwungen waren, Ihr Amt niederzulegen, kam Ihr Deal mit dem Land Berlin nie zustande?«, fragte Tobi. »Aber die Wohnungen stehen nach wie vor zum Verkauf, oder?«

»Allerdings. Und das zu einem Preis, der auch für einen anderen Käufer riesige Gewinne verspricht. Die private *Berliner Vermögens-und-Immobilien-AG*, der die Wohnungen derzeit noch gehören, hat diese vor knapp zwanzig Jahren für ein Schnäppchen vom Land Berlin gekauft. Der Preis, den sie jetzt aufrufen, ist ein Vielfaches davon, aber immer noch unter dem aktuellen Marktniveau. Im Ergebnis machen sie damit über eine Milliarde Euro Gewinn. Und für potenzielle Käufer ist es nach wie vor ein attraktives Geschäft, weil sie Wohnungen unter Wert erwerben können.«

»Wie geht es jetzt weiter, wo Ihr ursprünglicher Plan gescheitert ist? Was wird aus dem Deal?«, hakte Rocco nach. »Hat die *Berliner Vermögens-und-Immobilien-AG* sich denn wirklich schon nach einem anderen Vertragspartner umgesehen?«

»Hat sie«, erwiderte Möller. »Und so wie es aussieht, gibt es nicht nur einen, sondern zwei Interessenten. Beides finanzstarke Player, die das Geschäft stemmen könnten.«

»Halten Sie es für möglich, dass eine dieser Gruppen hinter der ganzen Sache steckt? Ich meine, hinter den falschen Vorwürfen gegen Sie?«, fragte Rocco weiter.

»Das halte ich sogar für sehr wahrscheinlich.«

»Wissen Sie auch, wer diese beiden Gruppen sind?«

»Allerdings. Die eine ist ein etabliertes und jahrzehntealtes Familienunternehmen. Dahinter steckt die Familie Kampen. Grundsolide und meines Erachtens eher unauffällig.«

»Kampen?«, sagte Tobi. »Habe ich nie gehört.«

»Kein Wunder. Die haben eine PR-Abteilung, bestehend aus drei Mitarbeitern, deren einzige Aufgabe es ist, die Familie aus den Medien herauszuhalten. Das ist altes Geld. Die haben kein Interesse daran, dass man sie kennt. Sie leben relativ bescheiden für ihre Verhältnisse, gehören aber zu den größten Forstbesitzern in Deutschland und sind darüber hinaus an fast allen großen Werften beteiligt.«

»Interessant«, sagte Rocco, der genau wie Tobi noch nie von der Familie gehört hatte. »Und wer sind die anderen?«

»Die andere Gruppe ist ein relativ neuer Zusammenschluss von Investoren, die nach Beginn der Rezession im Tech-Markt wieder konservativere Anlagen gesucht haben. Sie besteht sowohl aus Fondsgesellschaften als auch aus wohlhabenden Privatpersonen.«

»Woher wissen Sie das alles?«, fragte Tobi. »Sie scheinen die ja zu kennen.«

»Das stimmt. Ich kenne sie sogar sehr gut. Es ist die Gruppe, die Ihr Vater und ich für den ursprünglichen Deal ins Leben gerufen haben. Nur, dass ich jetzt nicht mehr dabei bin.«

62. KAPITEL

Berlin-Wilmersdorf, Tübinger Straße:
Donnerstag, 22. Juli, 20.16 Uhr

Im Anschluss an die *Tagesschau,* die der überraschenden Wendung in der Rügen-Gate-Affäre ganze drei Minuten Sendezeit gewidmet hatte, saßen Rocco, Tobi, Justus Jarmer und Jana Hardenberg auf Roccos Terrasse. Rocco hatte die anderen um dieses Treffen gebeten, weil nach den letzten Informationen von Möller immer mehr auf eine Beteiligung seines eigenen Vaters hindeutete. Jana Hardenberg war aufgrund des manipulierten Beweises vom Dienst suspendiert worden. Anstatt sich in Existenzängsten zu ergehen, schien sie aber wie befreit. Und fest entschlossen. Es war ihr offenbar ein Anliegen, bei der Beantwortung der letzten Fragen mitzuhelfen, *als läge eine Etappe vor ihr, der sie sich auf jeden Fall stellen musste, wenn sie je wieder die Chance auf einen Neuanfang haben wollte,* dachte Rocco.

»Ich kann mir nicht vorstellen, dass mein Vater in die Verschwörung gegen Möller verwickelt ist«, sagte er. »Okay, mein Vater ist ein gewiefter Geschäftsmann durch und durch. Und ja, wenn Möllers Angaben stimmen, wird er vermutlich von der neuen Situation finanziell profitieren und ganz erhebliche Profite einstreichen.« Rocco machte eine Pause und sah in die Runde. »Aber ein Mörder oder Totschläger, das ist er gewiss nicht.«

»Sind Sie sich da sicher?«, fragte Jarmer. »Vielleicht ist das Ganze ja im Affekt passiert. Vielleicht hat Ihr Vater das Rügen-Video in Auftrag gegeben und wurde dann von Stecher erpresst. Es könnte zu einem Handgemenge gekommen sein, und der Tod von Stecher war eher die Folge eines Unfalls.«

Rocco erwiderte nicht gleich etwas auf Jarmers Idee, musste aber gestehen, dass er an einen Unfall bisher nicht gedacht hatte.

»Was meinst du?«, fragte Tobi jetzt an Rocco gewandt. »Könnte es so gewesen sein? Ich meine, dass dein Vater ein Totschläger ist, glaube ich auch nicht. Aber eine unglückliche Verkettung von Umständen wäre immerhin möglich, oder?«

Noch bevor Rocco antworten konnte, schaltete Jana Hardenberg sich in das Gespräch ein. Bisher war sie eher ruhig gewesen und Rocco hatte vermutet, dass ihre eigenen Gedanken sie doch sehr gefangen nahmen.

»Es tut mir leid, aber ich glaube, Sie denken gerade alle in die falsche Richtung. Im Prinzip gibt es nur zwei Möglichkeiten: Entweder Möller ist schuldig und einfach unglaublich raffiniert. Er könnte alle Beweise so manipuliert haben, dass sie zunächst auf seine Schuld hindeuten, aber im Ergebnis doch Zweifel aufwerfen, weil eine derart perfekte Beweiskette im Ergebnis konstruiert wirken musste.«

Daran hatte Rocco noch gar nicht gedacht. Und tatsächlich glaubte er auch nicht daran. Sein Instinkt hatte ihm von Anfang an gesagt, dass Möller unschuldig war. Außerdem gab es einen anderen Punkt, der ihn zweifeln ließ.

»Diese Theorie hat einen Haken«, widersprach Rocco deshalb. »Selbst wenn Möller all diesen Aufwand betrieben hätte, um uns alle zu täuschen, stellt sich die Frage nach dem Motiv. Welchen Vorteil hätte er davon, sich selbst vor Gericht zu bringen, nur um sich dann wieder zu entlasten? Er hat dadurch sein Ansehen und sein Amt verloren, und so wie es aussieht, ist er jetzt auch aus dem Immobiliengeschäft raus, das ihm so wichtig war.«

»Das stimmt«, ergänzte Jana Hardenberg mit gesenktem Blick. »Denn am Ende war es ja gar nicht die zu perfekte Beweiskette, die Zweifel an Möllers Schuld gesät hatten. Es war meine Aussage, in der ich den wahrscheinlich schlimmsten Fehler meines

Lebens gestanden habe. Diese Aussage hat das Verfahren gedreht.«

Betreten blickte sie zu Rocco hinüber. Doch dann, von einem Moment auf den anderen, fingen ihre Augen wieder an zu strahlen und ihre Lippen verzogen sich zu einem Lächeln. Es schien ganz so, als könnte sie ihr Vergehen für den Moment verdrängen, um sich wieder ganz der Lösung des Falles zu widmen. Voller Energie wandte sie sich erneut an die Runde: »Was uns zu der zweiten Möglichkeit führt: Möller sollte aus dem Rennen genommen werden, damit das Immobiliengeschäft ohne ihn abgewickelt werden konnte. Lassen Sie uns noch einmal durchgehen, was hier alles passiert ist. Das war eine von langer Hand vorbereitete Aktion. Begonnen hat es mit dem Rügen-Gate-Video. Darauf folgte der Tod von Stecher. Und dann hat der Täter das komplette Gerichtsverfahren gesteuert; er ist nicht nur fähig, einen Fingerabdruck perfekt zu fälschen und einen GPS-Tracker zu manipulieren, er hat auch noch mich dazu benutzt, ein Hemd von Möller mit den Blutspuren von Stecher zu platzieren.« Zweifelnd sah sie Rocco an. »Glauben Sie wirklich, dass Ihr Vater zu alldem in der Lage war?«

63. KAPITEL

Zwei Wochen später

Berlin-Moabit, Kriminalgericht:
Donnerstag, 5. August, 9.05 Uhr

@Mieter38 sah sich in dem großen Gerichtssaal um. Wie an jedem Verhandlungstag waren die Bänke auch heute bis auf den letzten Platz besetzt. Die meisten Zuschauer, ebenso wie die zahlreichen Vertreter der Journaille, folgten dem Prozess seit Beginn. Für @Mieter38 war es allerdings der erste Tag, an dem er persönlich anwesend war. Tatsächlich war es überhaupt das erste Mal, dass er seinen Fuß in einen Gerichtssaal setzte, in dem über eine Straftat verhandelt wurde. Und auch wenn er nicht wusste, wie der heutige Tag sich entwickeln würde – schließlich war man ja vor Gericht und auf hoher See in Gottes Hand, wie das Sprichwort sagte – war er zuversichtlich. Er hatte alles bedacht. Obwohl das Verfahren sich kurz vor Schluss noch einmal anders entwickelt hatte als geplant, standen die Chancen doch gut für ihn. Das Einzige, was ihn störte und was er zu verdrängen suchte, war die Aufmerksamkeit, die er erregte. Damit musste er sich allerdings wohl oder übel abfinden. Er vermutete, dass es nicht eine einzige Person im Saal gab, die nicht wusste, wer er war. Das konnte er nicht ändern. Was sie allerdings nicht wussten, war, welch raffiniertes Spiel er gespielt hatte. Und er war sich sicher, dass das auch so bleiben würde. Ein Gefühl von Stolz machte sich in ihm breit. Er hatte sie alle an der Nase herumgeführt. Einer nach dem anderen waren sie, ohne es zu wissen, seinen sorgfältig konstruierten Hinweisen gefolgt. Voller Aufregung und mit diebischer Freude hatte er dem heutigen Tag entgegengefiebert. Das große Finale eines Theaterstücks, dessen Regisseur und einziger Puppenspieler er gewesen war.

Im nächsten Moment wurde er aus seinen Gedanken gerissen. Die Tür hinter der Richterbank ging auf und die Richterinnen und Richter, allen voran die Vorsitzende, Doktor Karla Paul, betraten den Saal.

64. KAPITEL

Berlin-Moabit, Kriminalgericht:
Donnerstag, 5. August, 9.12 Uhr

Rocco Eberhard kannte im Unterschied zu einer erstaunlich großen Zahl seiner Kollegen vor Gericht kein Lampenfieber. Ganz im Gegenteil. Er liebte seine Arbeit, und die Verhandlungssäle im Kriminalgericht waren im Laufe der Jahre so etwas wie sein zweites Wohnzimmer geworden. Normalerweise fühlte er sich hier ganz in seinem Element.

Normalerweise. Heute hingegen war alles anders. Heute würde ein Zeuge gehört, dessen Vernehmung ihm schon bei dem bloßen Gedanken daran den Schweiß auf die Stirn trieb. Heute würde sein Vater vor Gericht aussagen. Er selbst war es, der ihn über einen Beweisantrag als Zeugen in den Prozess eingeführt hatte.

Und im Gegensatz zum letzten Mal, als Helmut Eberhardt geladen war, war er heute auch tatsächlich im Saal.

»So, meine Damen und Herren«, begann die Vorsitzende Richterin. »Dann bitte ich Sie jetzt alle, zur Ruhe zu kommen und Platz zu nehmen. Wir wollen anfangen.«

Nach dem Aufruf der Sache war die Verhandlung offiziell eröffnet. Einziger für heute vorgesehener Punkt war die Vernehmung von Helmut Eberhardt. Die Vorsitzende belehrte ihn zunächst über seine Rechte und Pflichten als Zeuge und vernahm ihn dann zu seiner Person.

Rocco wippte während der ganzen Zeit mit seinem rechten Fuß auf und ab und hatte auch innerlich Schwierigkeiten, ruhig zu bleiben. Er griff in die Tasche seiner Robe, fischte eine Packung TicTac heraus und steckte sich drei Dragees auf einmal in den Mund.

»Herr Eberhardt, erzählen Sie uns doch bitte, in welcher Beziehung Sie zu dem Angeklagten Dieter Möller stehen«, begann die Vorsitzende die Vernehmung von Roccos Vater.

»Wir haben uns anlässlich einer Galaveranstaltung vor zwei Jahren das erste Mal getroffen. Wir saßen am selben Tisch und nach einer Weile kam das Gespräch auf die Wohnungspolitik des Senats. Meiner Meinung nach lief in den vergangenen Jahren einiges falsch und das habe ich vorsichtig in der Runde geäußert. Zu meiner Überraschung stimmte Möller, der ja amtierender Bausenator war, mir zu. Tatsächlich war er in seiner Kritik noch deutlicher als ich. Das hat mich überrascht und ich habe ihn gefragt, was er dagegen zu tun gedenke. Seine Antwort hat mir gefallen«, sagte Helmut Eberhardt und lächelte.

»Wieso, was hat er denn gesagt?«, hakte die Vorsitzende nach.

»Er meinte, dass er jetzt einige Zeit lang versucht habe, den Drehstuhl-Helden in den Behörden die einfachsten Zusammenhänge wirtschaftlichen Arbeitens nahezubringen, aber damit weitestgehend gescheitert sei. Deshalb arbeite er derzeit an einem geradezu radikalen Konzept, das er in jedem Fall umsetzen wolle. Auch wenn es in den Behörden ebenso wie in der privaten Wirtschaft wohl auf viel Widerstand stoßen würde.«

»Und hat er geschildert, wie dieses Konzept aussehen sollte?«

»Ja, hat er«, antwortete Helmut Eberhardt und erläuterte in den nächsten zwanzig Minuten Möllers Projektidee, die dann zur Gründung der Investorengemeinschaft, den Verhandlungen mit der *Berliner Vermögens-und-Immobilien-AG* und der Erstellung des Vertragsentwurfs geführt hatte. Dabei beschrieb er detailliert seine eigene Rolle, wie er langsam zum Teilhaber und dann sogar zur treibenden Kraft der Gruppe privater Investoren wurde.

Tatsächlich, stellte Rocco fest, deckte sich die Schilderung seines Vaters bis ins Detail mit dem, was Dieter Möller ihm erzählt hatte.

»Das hört sich in der Theorie nach einem sehr pragmatischen und im Ergebnis für die Berliner Bürger sehr vorteilhaften Projekt an. Wenn ich es richtig verstanden habe, ist dieses Geschäft aber so nie zustande gekommen, oder?«, fragte die Vorsitzende Richterin.

»Ja, so ist es. Denn nur wenige Tage bevor der Vertrag und der Bebauungsplan für die neu zu errichtenden Wohnungen dem Abgeordnetenhaus zur Zustimmung vorgelegt werden konnten, wurde das sogenannte Rügen-Gate-Video veröffentlicht. Damit war die Sache erst einmal vom Tisch, denn mit Dieter Möller war der einzige Fürsprecher innerhalb der Senatsverwaltung politisch erledigt. Da das ganze Vorhaben in den Reihen der Regierung, ja sogar in der Senatsverwaltung für Stadtentwicklung, Bauen und Wohnen selbst höchst umstritten war, gab es auch niemanden, der sich dessen angenommen hätte.«

»Okay, und was geschah dann?«

»Dadurch hat sich der Druck auf mich ganz wesentlich erhöht. Denn ich hatte ja die anderen Investoren von dem Geschäft überzeugt, die zu diesem Zeitpunkt alle bereits einiges an Zeit und Geld investiert hatten. Denen musste ich jetzt mitteilen, dass aus dem Geschäft, so wie wir es ursprünglich geplant hatten, zunächst nichts werden würde.«

»Das war bestimmt keine angenehme Unterhaltung«, bemerkte Richterin Paul.

»Nein, ganz und gar nicht. Aber das war noch nicht alles. Die *Berliner Vermögens-und-Immobilien-AG* meldete sich ebenfalls bei mir. Die hatten ja gleichermaßen ein Interesse an der Durchführung des Deals. Schließlich hätte ihnen das Geschäft über eine Milliarde Euro Gewinn gebracht.«

Bei der Erwähnung dieser Summe ging ein Raunen durch den Saal. Rocco drehte sich in Richtung der Zuschauer und konnte sehen, dass nicht nur die Reporter sich eifrig Notizen machten, sondern auch die übrigen Anwesenden aufgeregt durcheinanderredeten.

»Bitte, bitte, kommen Sie zur Ruhe. Ich habe keine Lust, den Saal schon wieder räumen zu lassen«, rief die Vorsitzende mit strenger Stimme in ihr Mikrofon, woraufhin sofortige Stille eintrat. Ganz offensichtlich wollte niemand sich das bevorstehende Finale des Prozesses entgehen lassen.

»Wie ging es weiter?«, nahm Richterin Paul den Faden wieder auf.

»Die *Berliner Vermögens-und-Immobilien-AG* ließ durchklingen, dass sie daran dachten, Schadensersatzforderungen gegen das Land Berlin und die von mir vertretene Investmentgruppe geltend zu machen. Sie hätten ja auf das Geschäft mit uns vertraut und daher andere, ebenso lukrative Angebote ausgeschlagen.«

»Das heißt, Sie beziehungsweise die Investoren und ebenfalls das Land Berlin sahen sich einer möglichen Schadensersatzpflicht ausgesetzt?«

»Allerdings. Und zwar in ganz erheblicher Höhe.«

»Was haben Sie daraufhin unternommen?«

»Was jeder vernünftige Geschäftsmann in dieser Situation auch getan hätte. Ich habe mich mit allen Beteiligten zusammengesetzt und wir haben nach einer Lösung gesucht.«

»Und was war das Ergebnis dieser Unterhaltung?«

»Das Land Berlin hatte kein Interesse mehr daran, den Vertrag zum Abschluss zu bringen. Möllers kommissarischer Vertreter sah darin nur Nachteile für die Stadt.«

»Und die Investorengruppe?«

»Wir waren weiter am Erwerb der Wohnungen interessiert. Der Preis stimmte und für uns wäre das Projekt auch ohne die Beteiligung des Landes profitabel. Bedingung war allerdings, dass Möller keine Rolle mehr dabei spielen sollte. Allein das Rügen-Gate-Video und Möllers zweifelhaftes Benehmen hatten seinem

Ruf so nachhaltig geschadet, dass seine Beteiligung einen Schatten auf das Vorhaben geworfen hätte, und dazu kam noch die Sache mit Stecher. Die Investoren hatten kein Interesse an der schlechten Presse, die mit Möllers Beteiligung so sicher gewesen wäre wie das Amen in der Kirche. Deshalb wurden ihm seine Anteile entsprechend einer in unserer Geschäftsordnung vorgesehenen Mehrheitsentscheidung entzogen.«

»Und was ist mit Möllers Anteilen geschehen?«, fragte die Vorsitzende Richterin. »Die mussten ja einen nicht unerheblichen Wert darstellen und standen dann zum Verkauf.«

Die Antwort von Roccos Vater war nur vier Worte lang, genügte aber, um im Gerichtssaal den nächsten Tumult auszulösen. Er sagte: »Die habe ich erworben.«

65. KAPITEL

Zwei Wochen zuvor

Berlin-Kladow, Uferpromenade:
Freitag, 23. Juli, 17.14 Uhr

Es hatte nicht nur der Hilfe von Roccos Mutter bedurft, sondern auch einer ganzen Reihe von Entschuldigungen, bevor Helmut Eberhardt sich wieder mit Rocco an einen Tisch gesetzt hatte. Schließlich aber hatte er sich durch drei einfache Sätze seines Sohnes überzeugen lassen, die das ganze Dilemma ihres Verhältnisses auf den Punkt brachten.

»Ich war mir einfach unsicher, weil ich dich nicht wirklich kenne. Das war falsch und das tut mir leid. Aber wenn wir nicht irgendwann anfangen, miteinander zu reden und einander zuzuhören, wird sich das niemals ändern.«

Die Formulierung dieser drei Sätze hatte Rocco im Wesentlichen Claudia Spatzierer zu verdanken, mit der er sich ein weiteres Mal getroffen hatte. Im Unterschied zu Rocco, der nicht besonders gut darin war, Emotionen zu äußern und zu teilen, hatte Claudia das Talent, diese auf den Punkt zu bringen.

Doch das Zustandekommen des Treffens war nur der Anfang. Das Problem zwischen Rocco und seinem Vater war dadurch noch lange nicht gelöst.

Jetzt saßen er und sein Vater einander schweigend auf der großen Terrasse seines Elternhauses gegenüber.

Dann machte Rocco den Anfang.

»Ich kann nicht glauben, dass du eine Verschwörung gegen Möller geplant hast. Ich kann nicht glauben, dass du in etwas verwickelt bist, bei dem ein Mensch zu Tode gekommen ist. Ich kann nicht glauben, dass du Beweise gefälscht hast. Das alles kann ich nicht glauben.«

Helmut Eberhardt sah seinen Sohn durchdringend an, ohne jedoch etwas zu sagen.

»Aber irgendjemand hat genau das getan, Papa. Irgendjemand hat Möller mit dem Video in eine Falle gelockt, Stecher getötet und es dann Möller in die Schuhe geschoben. Ich bin mir nicht mal sicher, ob das von Anfang an geplant war, aber es ist geschehen. Und dieser Jemand hat dabei auch eine junge und bis dahin unbescholtene Hauptkommissarin erpresst, die jetzt womöglich ihren Job verliert.«

Helmut Eberhardt nickte.

»Das stimmt. Und ich nehme deine Entschuldigung an. Ich habe vielleicht etwas überreagiert und hätte viel früher wieder auf dich zukommen müssen. Aber das ist jetzt nicht so wichtig. Denn da draußen läuft immer noch ein Totschläger frei herum. Und ich habe da so eine Ahnung, wer das sein könnte.«

Rocco horchte auf.

»Hast du? Woher?«

»Ganz einfach, lieber Sohn. Folge der Spur des Geldes.«

66. KAPITEL

Zwei Wochen später

Berlin-Moabit, Kriminalgericht:
Donnerstag, 5. August, 11.23 Uhr

Als sich die Stimmung im Saal wieder beruhigt hatte, fuhr die Vorsitzende Richterin fort.

»Damit ich das richtig verstehe: In dem ursprünglichen Deal hat Möller nicht nur das Land Berlin vertreten, sondern war auch selbst Teil der Investorengesellschaft?«

»Das ist zutreffend«, bestätigte Helmut Eberhardt.

»Aber ist das nicht im höchsten Maße unmoralisch? Möller hätte durch dieses Geschäft, das nur aufgrund seines politischen Amtes möglich wurde, als Privatperson eine ganz erhebliche Summe verdient.«

»Ja und nein«, erwiderte Roccos Vater und im Saal machte sich eine gewisse Verwirrung breit.

»Das müssen Sie mir jetzt aber genauer erklären«, forderte die Richterin ihn auf.

»Es ist gar nicht so kompliziert«, antwortete Helmut Eberhardt. »Dieter Möller war so sehr von dem Vorhaben überzeugt, dass er auch einen nicht unerheblichen Teil seines Privatvermögens investieren wollte. Hätte er die Erträge für sich behalten, dann hätte er sich moralisch mehr als nur fragwürdig verhalten, da haben Sie absolut recht. Aber das wollte er nicht. Stattdessen hat er von Anfang an verfügt, dass alle seine Gewinne aus diesem Deal in eine Stiftung fließen, die sozial benachteiligte Kinder unterstützt. Also ja, er hätte vermutlich erhebliche Gewinne über seine Anteile generiert. Und nein, das wäre moralisch nicht fragwürdig gewesen, weil er diese Gewinne nicht eingestrichen hätte. Er ist sogar so weit gegangen, dass er die zu erwartenden Steuervorteile aus den Spenden gleichermaßen gespendet hätte. Er hätte durch den Deal also keinerlei persönliche Vorteile gehabt.«

Überrascht sahen die Zuschauer im Saal einander an. Diese Information zeichnete ein ganz anderes Bild von Möller, als man es bisher kannte. Aus dem arroganten, profitgierigen und, wie sich aus dem Video ergab, moralisch durch und durch korrupten Mann wurde auf einmal ein etwas komplexerer Charakter, der offensichtlich auch Gutes im Sinn haben konnte.

»Gibt es dafür Belege?«, fragte die Richterin.

»Gibt es«, erwiderte Eberhardt. »Die Verträge sind allesamt bei dem Notar hinterlegt, der sie für uns entworfen hat.«

Rocco, der natürlich ganz genau gewusst hatte, was sein Vater heute aussagen würde, drehte sich zu Dieter Möller um und lächelte ihm zu. Das war der erste wichtige Punkt, den sie am heutigen Tag gemacht hatten. Das vermutete Motiv Möllers, Stecher aus Rache umgebracht zu haben, weil dieser ihn nicht nur um Amt und Ansehen, sondern vor allem um ein riesiges Geschäft gebracht hatte, war gerade krachend in sich zusammengefallen.

»Frau Vorsitzende«, unterbrach Rocco die Vernehmung im selben Moment und erhob sich. »Ich habe die entsprechenden Unterlagen dabei und kann sie dem Gericht bei Bedarf gerne vorlegen.«

Richterin Paul sagte nur kurz: »Darauf werde ich sicher im Anschluss an die Befragung zurückkommen.«

Rocco nickte und freute sich insgeheim. Wenn der heutige Tag weiter so gut lief wie bisher, würden sie nicht nur Möllers Unschuld beweisen, sondern auch den tatsächlichen Täter überführen können. Bis dahin hatten sie allerdings noch einiges vor sich.

»Gut, kommen wir zum nächsten Komplex Ihrer heutigen Aussage«, nahm die Richterin den Faden wieder auf. »Nachdem, wie Sie behaupten, Dieter Möller zu keiner Zeit einen privaten Vorteil aus dem geplanten Immobiliendeal gehabt hätte, stellt sich nun die Frage, wer sonst davon profitiert hätte.«

»Diese Frage habe ich mir in den vergangenen Monaten auch gestellt. Und tatsächlich habe ich bis vor kurzer Zeit keine Antwort darauf gefunden.«

Im Saal konnte man vereinzelt spöttische Lacher hören, denn ganz offensichtlich hörte sich diese Erklärung etwas zu einfach an. Schließlich hatte Eberhardt sich kurz zuvor selbst noch als Nutznießer von Möllers Ausscheiden geoutet. Das war auch der Vorsitzenden Richterin nicht entgangen.

»Hätten Sie durch den Erwerb von Möllers Anteilen nicht direkt profitiert?«

»Erneut lautet die Antwort Ja und Nein«, entgegnete Eberhardt. »Tatsächlich habe ich eine ähnliche Verwendung für die Gewinne vorgesehen wie Dieter Möller. Nur dass ich sie nicht in seine Stiftung eingebracht hätte, sondern mich durch eine notariell beglaubigte Urkunde verpflichtet habe, sie für eine andere gemeinnützige Organisation zu spenden. Entsprechende Unterlagen kann Ihnen mein Sohn, Herr Rechtsanwalt Eberhardt, im Anschluss an meine Vernehmung überreichen.«

Helmut Eberhardt drehte sich zu Rocco und zwinkerte ihm zu. Rocco lächelte zurück, zog dann aber die Augenbrauen hoch. Sie waren noch lange nicht am Ziel, und der Totschläger war immer noch auf freiem Fuß.

»Aber in Wahrheit«, fuhr Helmut Eberhardt schließlich fort, »ist das reine Makulatur, denn das Geschäft ist am Ende gar nicht mit unserer Gruppe zustande gekommen. Es ist also müßig, über die Verteilung von Gewinnen zu sprechen, die weder Herr Möller noch ich jemals erzielen werden.«

»Wieso ist das Geschäft nicht zustande gekommen?«, wollte Richterin Paul wissen.

»Ich sagte nicht, dass es nicht zustande gekommen ist. Ich sagte nur, dass es nicht mit unserer Gruppe zustande gekommen ist. Tatsächlich hat die *Berliner Vermögens-und-Immobilien-AG* durch notariellen Kaufvertrag vom 3. August dieses Jahres zwanzigtausend Wohnungen für einen Kaufpreis von knapp dreieinhalb Milliarden an eine Holding verkauft, die im weitesten Sinne der Familie Kampen zuzuordnen ist.«

Ein Raunen ging durch den Saal.

»Und dafür haben Sie auch entsprechende Belege, nehme ich an?«, fragte die Vorsitzende. »Es ist ja erstaunlich, dass ein Geschäft von dieser Größenordnung nicht in der Presse besprochen wird.«

»Oh, da machen Sie sich keine Sorgen. Darüber wird mit Sicherheit in den nächsten Tagen berichtet werden«, erwiderte Eberhardt. »Und nein, dieses Mal kann ich leider keine Unterlagen vorweisen. Da müssen Sie schon die beteiligten Vertragsparteien selbst kontaktieren.«

Richterin Paul nickte und blickte auf ihre Uhr. Rocco wusste, dass es an der Zeit für die Mittagspause war. Allerdings fehlte ihnen für die komplette Lösung des Falls noch ein Puzzlestein, ohne den sie den wahren Täter des ganzen Komplotts nicht würden festsetzen können. Es war ihnen zwar gelungen, ihn zu identifizieren, was im Wesentlichen Jana Hardenberg zu verdanken war. Sie hatte schließlich die Stimme des Darlehensvermittlers erkannt, was sie zunächst auf eine sehr unerwartete Spur gebracht hatte. Einen weiteren Hinweis hatte daraufhin Roccos Vater selbst durch seine Verbindungen in die Berliner Finanzwelt erbringen können. Geschäfte von einer gewissen Größenordnung hinterließen immer Spuren und Roccos Vater verstand es, seine Beziehungen für sie einzusetzen. Allein, ein Beweis fehlte. Doch so, wie der Vormittag sich entwickelt hatte, befürchtete Rocco, dass der wahre Verantwortliche sich so schnell wie möglich aus dem Staub machen und untertauchen würde. Sobald die Richterin die Verhandlung unterbrach, hätte er die Gelegenheit dazu. Es kam jetzt auf jede Minute an.

Im selben Moment spürte er, wie sein Handy vibrierte. Er zog das Smartphone aus der Tasche, öffnete die Nachricht und ballte dann unter dem Tisch die Faust. Tobi hatte es geschafft! Er hatte Junghans aufgetrieben. Der hatte bei seiner Hals-über-Kopf-Flucht zunächst sein Auto in Berlin zurückgelassen. Tobi war sich sicher, dass er das irgendwann abholen würde und hat kurzerhand einen GPS-Tracker mit einem Magnet unter dem Fahrzeug angebracht. Wie sich jetzt herausstellte, nicht umsonst. Und nicht nur das. Endlich hatten sie den entscheidenden Hinweis erhalten, der ihnen für die Überführung des Täters gefehlt hatte. Eines Täters, an den er bis vor zwei Wochen nicht ansatzweise gedacht hätte.

Rocco blickte zu Oberstaatsanwältin Doktor Bunzel und nickte ihr zu. Die erwiderte seinen Blick und sprach kurz mit dem Mitarbeiter der Staatsanwaltschaft, der neben ihr saß. Der junge Mann erhob sich und verließ den Saal.

Rocco atmete tief durch. Sie hatten es fast geschafft.

67. KAPITEL

Berlin-Moabit, Kriminalgericht:
Donnerstag, 5. August, 12.17 Uhr

Das ungute Gefühl, das @Mieter38 seit Beginn der Aussage von Helmut Eberhardt beschlichen hatte, wuchs sich allmählich zu einer Panik aus. Wie um alles in der Welt hatten sie das alles rausbekommen? Er musste den Saal verlassen. Noch bevor die Richterin die Verhandlung zur Mittagspause unterbrach. So unauffällig wie möglich erhob er sich und ging auf den Wachtmeister zu, der neben der Tür, die zum Gang hinausführte, seine Position eingenommen hatte. So freundlich, wie es ihm möglich war, nickte er dem Beamten zu und ging hinaus. Als er auf dem Gang stand, atmete er dreimal tief durch. Jetzt musste er noch aus dem Gebäude kommen und zusehen, dass er so schnell wie möglich die Stadt, ja, am besten gleich das Land verließ. Geld sollte nach dem Deal kein Problem mehr sein. Nie wieder. Er würde sich ein Privatflugzeug organisieren, das ihn in ein anderes EU-Land brachte, und von da aus würde er dann weitersehen.

Als er Richtung Treppenhaus gehen wollte, spürte er eine Hand auf seiner Schulter. Er drehte sich um und blickte in das Antlitz zweier Polizisten in Uniform.

»Carsten Herfurth«, sagte der ältere der beiden mit nüchternem Ton. »Ich nehme Sie hiermit wegen des Verdachts des Totschlags an Dirk Stecher fest.«

68. KAPITEL

Berlin-Moabit, Kriminalgericht:
Donnerstag, 5. August, 12.42 Uhr

Im Anschluss an Herfurths Festnahme hatte Oberstaatsanwältin Doktor Bunzel darauf bestanden, ihn selbst noch im Gerichtsgebäude zu vernehmen. Auf ihre Anweisung hin hatten die Polizeibeamten ihn kurzerhand in einen Besprechungsraum in der Nähe des Verhandlungssaals verfrachtet. Nach der ordnungsgemäßen Belehrung, er könne zu den Vorwürfen schweigen, hatte er sich erwartungsgemäß geweigert, ohne seinen Anwalt irgendwelche Angaben zur Sache zu machen. Oberstaatsanwältin Doktor Bunzel ließ sich dadurch jedoch nicht im Geringsten von ihrem Vorhaben abbringen. Sie hatte genug Trümpfe auf der Hand, Herfurth aus der Reserve zu locken. In den vergangenen zwei Wochen hatten sie aufgrund der Hinweise von Rocco Eberhardt, die sie zum Teil aus der Verhandlung selbst und zum Teil durch die Ermittlungsergebnisse von Rocco Eberhardt und seinem Privatermittler erhalten hatte und die Carsten Herfurth in ein ganz neues Licht rückten. Dennoch, die Beweise hatten nicht ausgereicht. Ein entscheidendes Puzzleteil hatte ihnen die ganze Zeit gefehlt. Bis vor wenigen Minuten, als sie von Eberhardt die schriftliche Aussage und weitere Unterlagen von Carlo Junghans erhalten hatte.

Jetzt war sie sicher, dass Herfurth hinter diesem Komplott steckte. Und sie wusste aus Erfahrung, dass sie nur ein kleines Zeitfenster hatte, ihn zu einem Geständnis zu bewegen. In der Stunde unmittelbar nach der Festnahme ist die emotionale Belastung eines Verdächtigen am allergrößten. Eine bessere Gelegenheit würde sie nie wieder bekommen.

Bereits knappe fünfzehn Minuten später betrat Herfurths Verteidiger, Rechtsanwalt Berner, den kleinen Raum. Er war nur zufällig aufgrund eines anderen Termins im Landgericht zugegen. Etwa einen Meter neunzig groß, von drahtiger Statue und mit kurzen, schwarzen, an der Schläfe leicht ergrauten Haaren, stellte er eine imposante Erscheinung dar. Nach einer kurzen Begrüßung nahm er neben Herfurth Platz.

Oberstaatsanwältin Doktor Bunzel kramte ein silbernes Diktiergerät aus ihrer Aktentasche und legte es vor sich auf den Tisch. Auf die Frage, ob Herfurth und Berner mit einer Aufzeichnung der Vernehmung einverstanden seien, äußerten diese keine Einwände.

»Sie können gerne alles mitschneiden, was Sie wollen. Es versteht sich ohnehin von selbst, dass wir uns nicht zu der Sache äußern werden«, begann Berner, der in den Fluren Moabits kein Unbekannter war. Er blickte seinen Mandanten eindringlich an. »Damit ich diese etwas ungewöhnliche Situation richtig verstehe: Bevor ich mit meinem Mandanten das Gericht verlassen werde, wäre ich höchst erfreut, wenn Sie mir darlegen könnten, was ihm überhaupt vorgeworfen wird.«

»Sie werden mit Ihrem Mandanten ganz sicher nicht das Gericht verlassen«, erwiderte Bunzel ungerührt. »Es steht Ihnen allerdings frei, ihm in seiner Zelle Gesellschaft zu leisten, bis wir ihn dem Haftrichter vorführen. Und was ihre Frage betrifft. Wir haben Herrn Herfurth gemäß Paragraf 127 Strafprozessordnung vorläufig festgenommen. Es besteht dringender Tatverdacht, dass Ihr Mandant Dirk Stecher vorsätzlich ermordet hat.«

»Das ist doch lächerlich, ich kenne diesen Stecher überhaupt nicht«, platzte Herfurth dazwischen, was ihm einen tadelnden Blick seines Verteidigers einbrachte.

»Nun, wir haben zwingende Beweise, die eine andere Geschichte erzählen«, erwiderte Bunzel nüchtern.

Rechtsanwalt Berner hob die Augenbrauen, doch bevor er etwas sagen konnte, kam ihm Herfurth erneut zuvor. »Na, diese Beweise will ich sehen!«

»Herfurth, Gott verdammt, jetzt halten Sie endlich den Mund!«, fuhr Berner seinen Mandanten an. Er was es ganz offensichtlich nicht gewohnt, dass seine Anweisungen ignoriert wurden.

»Wieso denn, sollen sie doch offenlegen, was sie so Beeindruckendes gegen mich in der Hand haben«, entgegnete Herfurth unwirsch, offensichtlich ebenfalls nicht damit einverstanden, dass ihm sein Anwalt vor aller Augen so über den Mund gefahren war.

»Na los«, fuhr er fort. »Zeigen Sie mal.«

Oberstaatsanwältin Doktor Bunzel, die sich eine solche Unverschämtheit unter normalen Umständen nicht hätte gefallen lassen, hatte Herfurth genau da, wo sie ihn haben wollte. Selbstgefällig und arrogant. Die perfekte Voraussetzung, um sich zu verplappern und etwas auszusagen, was er hinterher bereuen würde. Sie öffnete den vor ihr liegenden Aktenordner und händigte Berner und Herfurth zwei DIN-A4-Seiten aus.

»Dieser Ausdruck zeigt einen Chatverlauf zwischen dem späteren Opfer, Dirk Stecher, und Carlo Junghans. Stecher war der Tonmann der verdeckten Aufnahme in Rügen, Junghans hat die Kameras vor Ort installiert. Wie Sie der Unterhaltung entnehmen können, beschreibt Stecher, wie er Ihnen zwei Stunden vor dem Treffen auf dem Gelände vor der Villa über den Weg gelaufen war.«

Bunzel wusste erst seit wenigen Minuten, dass dieser Chatverlauf, den sie schon seit einer guten Woche in ihrem Besitz hatte, genauso stattgefunden hatte. Eberhardts Ermittler war es am Morgen gelungen, Junghans aufzuspüren. Aus Sorge um sein Leben war er untergetaucht. Nachdem Baumann ihm allerdings davon berichtet hatte, wie sich die Sache zwischenzeitlich entwickelt hatte und dass ihm keine Gefahr mehr drohte, hatte er nur zu gerne die Echtheit der WhatsApp-Unterhaltung durch eine eidesstattliche Versicherung bestätigt. Genau diesen Beweis hatte Bunzel gebraucht.

Herfurth riss die Seiten an sich und während er las, bildeten sich hektische Flecken auf seinem Gesicht.

Stecher: »Hey Alter, ich muss dir was sagen, was du wissen solltest. Wollte ich eigentlich für mich behalten, aber is' vielleicht besser, wen'ste weißt.«

Junghans: »Worum geht's?«

Stecher: »Am Tag von dem Dreh habe ich zwei Stunden vor dem Termin die Mirkos überprüft. Ich wollte checken, ob die Akkus voll waren.«

Junghans: »Und?«

Stecher: »Akkus waren okay. Aber viel wichtiger: Dieser Herfurth war schon da. Ich meine der Typ, den wir ja eigentlich reinlegen sollten. Hat sich irgendwie die Räume angeschaut und so ausgesehen, als wenn er genau wüsste, was wir da installiert haben.«

Junghans: »Echt? Scheiße. Und dann?«

Stecher: »Na ja, ich hab ihn gefragt, was er da macht. Und er hat irgendwas von Verabredung gestammelt, er sei wohl zu früh dran. Und dann ist er wieder abgehauen.«

Junghans: »Okay??????«

Stecher: »Na als wir dann am nächsten Tag das Material gesichtet haben, war mir klar, dass der offensichtlich seinen Boss in die Scheiße reiten wollte. Keine Ahnung, warum. Auf jeden Fall habe ich ihn dann 'ne Woche später angerufen und gesagt, ich weiß genau, was da läuft.«

Junghans: »DU VOLLIDIOT!!!«

Stecher: »Sachte, sachte Alter. Ist alles in Ordnung. Ich habe ihm gesagt, er soll mir einfach fünf Mille geben und ich halte meine Klappe.«

Junghans: »Au Mann!!!«

Stecher: »Alles gut. Wir haben uns dann in der Hildegard Bar getroffen. Da gehe ich jeden Samstag was trinken. Geiler Schuppen. Er hat mir die Kohle gegeben und ist wieder abgehauen.«

Junghans: »WARUM ERZÄHLST DU DAS ERST JETZT?«

Stecher: »Na ja, ich dachte, irgendwie solltest du das wissen. Hast mir ja den Job besorgt. Dachte, vielleicht teilen wir die Kohle. Ist irgendwie fair, oder?«

Junghans: »Alter, wenn das mal gut geht. Lass uns ma' morgen treffen.«

Nachdem Herfurth mit der Lektüre am Ende war, warf er die Blätter vor sich auf den Tisch. Es kam Oberstaatsanwältin Doktor Bunzel so vor, als wenn er langsam ein kleines bisschen seiner Selbstsicherheit zurückgewann. Herausfordernd sah er sie an.

»Das ist alles totaler Quatsch. Das ist gefälscht.«

Klassische Übersprungshandlung, dachte Bunzel. Jetzt fängt er an, das Ganze zu leugnen. Allerdings war sie mit ihren Beweisen noch nicht am Ende.

»Das mag Ihre Meinung sein. Aber in Verbindung mit den Informationen und Daten, die wir hier gefunden haben«, fuhr sie fort und stellte einen Lenovo Laptop unmittelbar vor Herfurth auf den Tisch, »sieht die Sache schon ganz anders aus.«

»Wo haben Sie den her?«, echauffierte sich Herfurth, der ganz offensichtlich nicht damit gerechnet hatte. Unsicher sah er seinen Anwalt an. »Die können doch nicht einfach meinen Laptop beschlagnahmen, oder?« Wütend fügte er hinzu: »Und überhaupt, da ist eh alles gelöscht.«

Treffer, versenkt, dachte Bunzel und konnte sich ein Lächeln nicht verkneifen. *Das ging schneller als erwartet.* Kopfschüttelnd blickte sie Rechtsanwalt Berner an, als im selben Moment Herfurth sämtliche Farbe aus dem Gesicht wich. Offensichtlich hatte er selbst realisiert, dass er sich gerade um Kopf und Kragen geredet hatte.

Bunzel blickte ihm direkt in die Augen.

»Wollen Sie wirklich weiter bei Ihrer Aussage bleiben, dass Sie damit nichts zu tun haben? Das hat doch alles keinen Sinn, Herr Herfurth. Ich mache Ihnen folgenden Vorschlag. Wenn Sie jetzt umfassend gestehen, kann sich das strafmildernd für Sie auswirken.«

Sie machte eine kurze Pause, ehe sie hinzufügte. »Andernfalls können wir gerne Hauptkommisssarin Hardenberg dazubitten, die gleichfalls einiges zu dieser Sache beizutragen hätte. Das würde dann aber in jedem Fall ein späteres Geständnis von Ihnen in ein anderes Licht rücken.«

Die Oberstaatsanwältin wählte ihre Worte extrem vorsichtig, weil sie nichts versprechen wollte, was sie später nicht halten konnte. Außerdem rechnete sie insgeheim damit, dass Herfurth spätestens jetzt keine weitere Angaben mehr machen würde.

Der spielte nervös mit seinen Händen und blickte stumm auf den Boden.

»Wir haben genug gehört«, ergriff Rechtsanwalt Berner schließlich das Wort. »Mein Mandant wird kein weiteres Wort äußern. Die Vernehmung ist beendet.«

Schade, dachte Bunzel. Es hatte so gut angefangen. Und gerade als sie im Begriff war, den Laptop wieder an sich zu nehmen, um die nächsten Schritte für eine Vorführung Herfurths vor dem Haftrichter in die Wege zu leiten, brach dieser von einem Moment auf den anderen förmlich auf seinem Stuhl zusammen.

»Ich hatte das überhaupt nicht gewollt«, stammelte er. »Die Sache ist vollkommen aus dem Ruder gelaufen.«

Wie weggeblasen war die selbstgefällige Überheblichkeit, die er noch kurz zuvor an den Tag gelegt hatte. Als hätte sich das Scheingebäude, das er in den vergangenen Monaten errichtet hatte, in Sekundenschnelle in Rauch aufgelöst.

Jetzt war es Rechtsanwalt Berner, der den Kopf schüttelte und gänzlich die Lust verloren zu haben schien, seinen Mandanten erneut einzubremsen.

»Könnten Sie das vielleicht etwas genauer erläutern?«, hakte Bunzel nach, die eine Chance witterte, die Vernehmung doch noch zu einem Erfolg zu drehen. Sie vergewisserte sich durch einen Blick auf ihr Diktiergerät, dass die Aufnahme weiterlief.

»Ich wollte nur den Deal abschließen. Und dazugehören. Und dann hat Möller, dieser Idiot, mit seinem idiotischen Vorhaben alles in Gefahr gebracht.«

Herfurth stützte sich mit seinen Ellenbogen auf den Tisch und begann, mit erregter Stimme die ganze Geschichte zu erzählen.

69. KAPITEL

Berlin-Moabit, Kriminalgericht:
Donnerstag, 5. August, 16.23 Uhr

»Nachdem die Berliner Politik so ziemlich jeden wohnungspolitischen Fehler begangen hatte, den man machen kann, kam mir die Idee, diesen Umstand für mich zu nutzen. Und zwar ohne dass dabei jemand einen Nachteil erleiden sollte«, sprudelte es aus Herfurth hervor.

»Es war ein offenes Geheimnis auf den Fluren unserer Behörde, dass die *Berliner Vermögens-und-Immobilien-AG* eine große Anzahl von Wohnungen, die sie zuvor dem Land Berlin abgekauft hatten, wieder verkaufen wollte. Und ich hatte einen Käufer an der Hand.«

Doktor Bunzel zog die Augenbrauen hoch. »Die Familie Kampen, meinen Sie?«

»Ja, ganz genau. Ich kannte die Tochter der Familie. Ariane. Wir waren uns bei einer Veranstaltung begegnet und hatten uns angefreundet. Danach war ich einige Male zum Essen bei ihren Eltern eingeladen. Doch irgendwie hatte ich das Gefühl, dass ich nicht dazugehörte. Diese Leute sind superreich und bleiben gerne in ihren Kreisen.«

»Und das hat Ihnen nicht gefallen?«

»Ganz und gar nicht. Ich dachte, dass ich irgendwas tun müsste, was Arianes Vater beeindrucken würde. Irgendetwas, was mir seinen Respekt verschaffen würde.«

»Und dann hatten Sie die Idee, den Wohnungsdeal zu vermitteln?«, fragte Bunzel weiter.

»Ganz genau«, fuhr Herfurth fort. »Das war ein Geschäft, das

Eindruck machen würde. Ich wusste zwar, dass Möller die Wohnungen für das Land Berlin zurückkaufen wollte. Aber es waren schlichtweg keine Mittel da. Zumindest keine, über die er verfügte. Und dann hatte er die Idee, das zum Teil über eine Investorengruppe zu finanzieren. Als Joint Venture quasi. Am Anfang hatte ich nicht damit gerechnet, dass er so ein Konstrukt wirklich organisiert kriegt. Vor allem, weil er ja selbst daran beteiligt sein wollte. Doch dann nahm das Ganze Formen an und ich sah meinen Deal den Bach runtergehen.«

»Und das gefiel vermutlich auch der Familie Kampen nicht?«

»Ganz und gar nicht. Nicht, dass sie mich irgendwie unter Druck gesetzt hätten. Aber Arianes Vater nahm mich jetzt noch viel weniger ernst. Ich hätte ihn mit meinen Hirngespinsten viel Zeit und Arbeit für nichts und wieder nicht gekostet, hatte er gesagt. Und dass ich das nächste Mal genau überlegen sollte, was ich mache, bevor ich vollmundig Dinge verspreche, die ich offensichtlich nicht halten kann.«

Herfurths Augen glänzten und seine Wangen glühten. Er trank einen Schluck Wasser und wischte sich die Lippen mit dem Handrücken ab.

»Na ja, und da hatte ich die Idee mit dem Video. Ich wusste, dass Möller total frustriert mit den Abläufen in unserer Behörde war, und hatte gehofft, dass er auf die Einladung in der Villa anspringen würde. Das versprach ja ein interessantes Gespräch mit einem neuen Bauträger zu werden. Doch er war erst zögerlich und ich konnte ihn nur überreden, sich das anzuhören, wenn ich selbst ebenfalls mitkäme.«

»Was aber auch Ihre Karriere gefährdete und schließlich auch beendet hat«, ergänzte Bunzel.

»Ja, das war ursprünglich so nicht geplant, aber es schien mir der einzige Weg zu sein, die Sache durchzuziehen. Ich war extra etwas früher in der Villa, um mich zu vergewissern, dass alles bereit war.«

»Und da sind Sie dann Stecher über den Weg gelaufen?«

»Genau. Das war aber eigentlich kein großes Problem, denn offiziell wusste ich ja nicht, was er da machen würde. Den ganzen Auftrag mit Junghans habe ich über einen Mittelsmann abgewickelt. Ich hatte ihn dann einfach gefragt, ob das die und die Adresse sei, dass ich zu einem Treffen eingeladen war und so. Und Stecher war relativ cool, sodass wir kaum miteinander gesprochen hatten.«

Herfurth schüttelte den Kopf. »Zumindest dachte ich das. Bis er mich ein paar Tage später angerufen hatte.«

»Und dann haben Sie Ihre Meinung geändert und angenommen, dass Stecher für Sie zu einer Gefahr werden konnte.«

»Total. So ein Vollidiot. Er hatte mich erpresst und ich bin zum Schein darauf eingegangen. Mir war aber klar, dass er das nicht auf sich beruhen lassen würde. Und natürlich hat er sich immer und immer wieder gemeldet. Da wusste ich, was ich tun musste.« Herfurth war jetzt wie in einer eigenen Welt und schien sein Umfeld gar nicht mehr wahrzunehmen. Er hatte seinen Blick starr auf seine gefalteten Hände gerichtet und wippte nervös mit seinem rechten Fuß.

»Er musste weg. Einfach weg. Und Möller sollte dafür zur Verantwortung gezogen werden.«

In den folgenden zwanzig Minuten erläuterte Herfurth haarklein, wie er den Mord an Stecher geplant und die zahlreichen falschen Indizien hergestellt und Stück für Stück in das Verfahren eingestreut hatte.

Oberstaatsanwältin Doktor Bunzel lauschte gebannt und fragte nur hier und da zur Klarstellung etwas nach. Als Herfurth zum Ende gekommen war, schüttelte sie kaum merklich den Kopf. Da saß ein Mann vor ihr, der ein Menschenleben genommen und ein anderes beinahe zerstört hatte. Und all das nur, um die Anerkennung von Ariane Kampens Vater zu erlangen. Einem Milliardär, dem Carsten Herfurth mit an Sicherheit grenzender Wahrscheinlichkeit vollkommen egal war.

70. KAPITEL

Berlin-Moabit, Kriminalgericht:
Freitag, 6. August, 11.13 Uhr

Entgegen dem sonst üblichen Vorgehen hatte die Vorsitzende Richterin Doktor Karla Paul am heutigen Verhandlungstag Dieter Möller die Gelegenheit gegeben, nicht in dem abgesperrten Bereich für Angeklagte, sondern direkt neben Rocco am Tisch der Verteidigung zu sitzen.

Nach Herfurths umfassendem Geständnis vom Vortag war die Sachlage klar. Er hatte nicht nur zugegeben, dass er die Beweise gegen seinen ehemaligen Vorgesetzten gefälscht, sondern auch, dass er Dirk Stecher getötet hatte. Wie in so vielen anderen Verfahren war es maßgeblich Tobis guter Arbeit zu verdanken, dass sie die entscheidenden Hinweise noch rechtzeitig erhalten hatten.

Oberstaatsanwältin Doktor Bunzel hatte auf Stechers Geständnis hin mit Gericht und Verteidigung Kontakt aufgenommen und die sofortige Einstellung des Verfahrens angeregt. Doch Rocco hatte Möller empfohlen, sich nicht auf eine Einstellung einzulassen, sondern einen weiteren Verhandlungstag in Kauf zu nehmen, um das Verfahren dann mit einem Freispruch zu beenden. Am Ende würden beide Wege zwar mehr oder weniger auf das gleiche juristische Ergebnis hinauslaufen, in den Augen der Öffentlichkeit war ein Freispruch aber unendlich viel mehr wert.

Die Fakten lagen jetzt auf dem Tisch und alle waren sich einig. Da sie nur kurze Plädoyers halten wollten, hatte Richterin Doktor Karla Paul den Schlusstermin gleich für den darauffolgenden Freitag anberaumt. Heute würde das Verfahren endlich abgeschlossen werden.

Nachdem Oberstaatsanwältin Doktor Bunzel ihr Schlussplädoyer in aller Kürze gehalten und auf Freispruch plädiert hatte, war Rocco an der Reihe.

Er legte seine Hand auf die Schulter von Dieter Möller und blickte den ehemaligen Senator an.

»Das wird jetzt das kürzeste Plädoyer meiner Laufbahn«, sagte er lächelnd. »Und selten habe ich mich so darauf gefreut wie heute.«

Möller erwiderte seinen Blick und Rocco meinte, in den Augen seines Mandanten ehrliche Dankbarkeit zu erkennen. Dann zog Möller die Augenbrauen hoch, lächelte ebenfalls und sagte: »Da sind Sie nicht der Einzige, Herr Rechtsanwalt. Da sind sie nicht der Einzige.«

Rocco erhob sich und rückte seine Krawatte zurecht.

»Hohes Gericht, verehrte Vertreterin der Staatsanwaltschaft«, begann er gelassen. »Ich schließe mich den Ausführungen von Oberstaatsanwältin Doktor Bunzel in vollem Umfang an. Und zwar im Hinblick auf ihre Sachverhaltsdarstellung, Beweiswürdigung und rechtliche Würdigung.«

Dann blickte er zu Dieter Möller.

»Vor allem aber schließe ich mich dem Antrag der Staatsanwaltschaft, meinen Mandanten vom Vorwurf des Totschlags freizusprechen, an.«

71. KAPITEL

Berlin-Moabit, Kriminalgericht:
Freitag, 6. August, 12.00 Uhr

Um Punkt zwölf Uhr sprach die Vorsitzende Richterin der 32. Großen Strafkammer des Landgerichts Berlin, Doktor Karla Paul, Dieter Möller nach nur zehnminütiger Beratung der Richter frei. Keine Sekunde nachdem sie die Verhandlung offiziell beendet hatte, kam es im ehrwürdigen Schwurgerichtssaal 700 des Kriminalgerichts Berlin zu tumultartigen Zuständen. Die Vertreter der Presse waren allesamt aufgesprungen und jeder von ihnen wollte der erste sein, der mit Dieter Möller sprach. Der machte jedoch keine Anstalten, sich interviewen zu lassen, und verließ dank der Unterstützung zahlreicher Wachtmeister, die die Masse der Zuschauer und Journalisten erfolgreich von ihm und den übrigen Prozessteilnehmern fernhielten, zusammen mit Rocco den Verhandlungssaal.

Möller hatte Rocco um ein kurzes Gespräch gebeten. Anstatt direkt das Gebäude zu verlassen und vor den Pforten des Gerichts erneut in die zahlreichen Vertreter der Presse zu laufen, waren sie kurzerhand ins Anwaltszimmer gegangen, um sich eine ruhige Ecke zu suchen.

Gerade als Möller zu sprechen beginnen wollte, klingelte sein Telefon. Er nahm das Gespräch nach einem kurzen Blick auf das Display an und lauschte dem Anrufer für einen Moment, ehe sich sein Gesicht zu einem breiten Grinsen verzog.

»Ja, da haben Sie recht gehabt«, hörte Rocco seinen Mandanten sagen. »Ja, da stimme ich Ihnen zu. Hat ja alles in allem ganz ordentliche Arbeit geleistet.« Dann legte er auf.

Rocco hatte keine Ahnung, mit wem Möller sich unterhalten hatte, und da er die Privatsphäre seiner Mandanten würdigte, fragte er auch nicht weiter nach. Dazu bestand allerdings auch kein Anlass, denn Möller sagte es ihm, ohne dass es einer Frage von Rocco bedurft hatte.

»Schöne Grüße von Ihrem Vater«, sagte er. »Ich habe mich vorhin schon per WhatsApp bei ihm dafür bedankt, dass er Sie empfohlen hat, und ihn um Rückruf gebeten. Ich will gar nicht daran denken, wie die Sache mit einem weniger qualifizierten Anwalt ausgegangen wäre.«

Rocco wollte das Lob beiseitewischen, aber Möller ließ ihn gar nicht zu Wort kommen.

»Und seien Sie versichert, für Ihre gute Arbeit werde ich mich bei anderer Gelegenheit entsprechend bedanken. Das ist allerdings nicht der Grund, warum ich Sie noch einmal sprechen wollte.«

Rocco ahnte, was kommen würde. Denn auch wenn das Verfahren wegen Totschlags vom Tisch war, war der ursprüngliche Grund, warum Möller ihn vor einigen Monaten in seiner Kanzlei aufgesucht hatte, noch nicht geklärt.

»Was wird wegen der Video-Affäre auf mich zukommen?«, fragte Möller und zog seine Stirn in Falten.

»In dieser Sache ermittelt die Staatsanwaltschaft nach wie vor. Das ist auch der Grund, weshalb sie das nicht zusammen mit dem Totschlag angeklagt haben«, erwiderte Rocco. »Nach Sichtung des gesamten Videomaterials sind sie immer noch auf der Suche nach den anderen beiden Personen, der eher leicht bekleideten Dame und dem etwas übergewichtigen Herrn, die neben Ihnen und Herfurth zu sehen sind. Sie wollen diese auch befragen, ehe sie zu einer Entscheidung kommen. Ich könnte mir allerdings vorstellen, dass wir Licht ins Dunkel bringen können. Mein Ermittler, Tobias Baumann hat ja ein weiteres Ass im Ärmel. Der Kameramann, Carlo Junghans, den er gerade noch rechtzeitig aufgetrieben hatte, schuldet ihm jetzt den ein oder anderen Gefallen. Und vermutlich hat auch Herfurth nach der aktuellen Entwicklung kein Problem mehr damit, die letzten Unbekannten dieses Falles offenzulegen. Die Nennung weiterer Fakten, die für die Staatsanwaltschaft von Bedeutung sind, kann sich in seinem eigenen Verfahren durchaus weiter strafmildernd für ihn auswirken.«

»Und was kann mir da im schlimmsten Fall passieren?«, fragte Möller weiter.

»Die Staatsanwaltschaft könnte Anklage wegen Bestechlichkeit und gegebenenfalls weiterer Vergehen erheben. Im schlimmsten Fall droht Ihnen eine Verurteilung und je nachdem, wie das Gericht die Schwere der Schuld einschätzt, eine Geld- oder Freiheitsstrafe.«

»Das heißt, ich müsste noch mal ins Gefängnis?«

»Könnte sein. Halte ich aber für sehr unwahrscheinlich. Wenn es zu einer Freiheitsstrafe käme, würde die vermutlich weniger als zwei Jahre betragen und aller Voraussicht nach zur Bewährung ausgesetzt werden.«

Möller nickte. »War nicht gerade meine Sternstunde, dieses Treffen.« Er erhob sich und sah Rocco direkt in die Augen. »Nun, darüber machen wir uns Gedanken, wenn es so weit ist. Für heute, Herr Eberhardt, möchte ich Ihnen danken. Sie haben die ganze Zeit für mich gekämpft, obwohl ich Ihnen weiß Gott nicht immer Anlass dazu gegeben habe, sich für mich einzusetzen. Das werde ich Ihnen nie vergessen.«

Dann drehte er sich um und war im nächsten Moment aus dem Anwaltszimmer verschwunden.

72. KAPITEL

Berlin-Charlottenburg, *Restaurant Engelbecken:*
Samstag, 7. August, 21.17 Uhr

»Das wird ja langsam Tradition«, sagte Tobi und prostete Rocco und Justus Jarmer zu. »Ich meine, dass wir uns im Anschluss an Roccos Prozesse treffen und unser Glas erheben«, fügte er hinzu.

Die drei hatten sich für zwanzig Uhr in dem wie an jedem Tag völlig ausgebuchten *Restaurant Engelbecken* im Herzen Charlottenburgs, unmittelbar am Lietzensee, verabredet. Rocco hatte die beiden eingeladen, da er sich für ihre Unterstützung in dem Verfahren gegen Möller bedanken wollte. Ohne Jarmer und Tobi hätte er die Sache niemals zum Guten wenden können.

»Na ja«, ergänzte Jarmer Tobis Kommentar gespielt skeptisch und blickte Rocco dabei direkt an. »Mit meiner Unterstützung können Sie nur rechnen, solange Sie für die richtige Sache kämpfen. Und da war dieser Fall hart an der Grenze.«

»Wenn wir Ihren moralischen Maßstab anlegen, auf jeden Fall«, erwiderte Rocco lachend.

»Aber das Ganze fing mit einem nicht ganz unschuldigen Video an. Und wenn ich das richtig sehe, ist diese Sache noch nicht ausgestanden«, hielt Jarmer Rocco entgegen.

»Da haben Sie allerdings recht. Das Video war ohne Frage Herfurths größter Geniestreich. Nachdem ich es gesehen hatte, wäre ich im Traum nicht darauf gekommen, dass Carsten Herfurth, Möllers eigener Staatssekretär, hinter der ganzen Verschwörung steckte. Er ist ja selbst nicht gut dabei weggekommen und musste sogar seine eigene politische Karriere beenden.«

»Absolut. Was ihn denkbar unverdächtig gemacht hat«, bestätigte Jarmer. »An sich ein perfekter Plan. Er soll sogar im Internet unterwegs gewesen sein, um falsche Spuren zu streuen und die Debatte anzuheizen. Als @Mieter38 hat er da sein Unwesen getrieben. Frage mich nur, warum er diesen Namen gewählt hat.«

»Das ist nun wirklich nicht schwer«, warf Tobi ein. »Carsten Herfurth. C und H, der dritte und der achte Buchstabe im Alphabet.«

Jarmer schüttelte den Kopf. »Wäre ich im Leben nicht drauf gekommen«, sagte er. »Nur tragisch, dass die Sache so aus dem Ruder gelaufen ist und Stecher dabei den Tod fand.«

»Stimmt«, entgegnete Rocco. »Wäre Stecher Herfurth am Tag der Aufnahme des Rügen-Gate-Videos nicht direkt in die Arme gelaufen, weil er zwei Stunden früher als vereinbart mit der Verkabelung der Villa begonnen hatte, würde er vielleicht noch leben.«

»Und dann hat Herfurth auf geradezu geniale Weise Stück für Stück Möller zum Sündenbock gemacht.«

»Hätte auch beinahe geklappt«, sagte Rocco. »Und die zwei Prozent Vermittlungsprovision für den Deal waren für ihn Anlass genug, so viel Aufwand zu betreiben.«

Jarmer rechnete laut nach. »Zwei Prozent von dreieinhalb Milliarden sind …«

»Siebzig Millionen Euro«, ergänzte Tobi. »Dafür kann man schon mal einen Handschlag machen.«

»Aber wirklich«, sagte Jarmer. »Hat er dann ja auch getan. Ein nahezu perfektes Lügengebäude hat er errichtet.«

»Allerdings ohne die Rechnung mit Jana Hardenberg zu machen. Am Ende hat ihr schlechtes Gewissen dazu geführt, dass alles in sich zusammengefallen ist. Sie war die Letzte, deren Lüge Möllers Schicksal beinahe besiegelt hätte.«

»Das war sie«, stimmte Rocco Jarmer zu. »Allerdings war sie auch die Erste, die Licht ins Dunkel gebracht hat.«

»Wenn auch nicht, ohne dass sie vorher einen großen Fehler begangen hatte«, fügte Jarmer hinzu. »Aber den hat sie wohl mehr als wiedergutgemacht. Nichtsdestotrotz wird das bestimmt nicht ohne Folgen für sie bleiben. Was genau passiert jetzt eigentlich mit ihr?«

»Na ja, da kommt durchaus einiges auf sie zu«, sagte Rocco. »Sie hat Beweise gefälscht und mit ihrem Verhalten nicht nur beinahe die Aufklärung eines Kapitalverbrechens vereitelt, sondern um ein Haar noch einen Unschuldigen für viele Jahre hinter Gitter geschickt.«

»Unschuldig«, sagte Jarmer skeptisch und zog seine Augenbrauen hoch. »Also unschuldig kam mir Möller in dem Video nicht gerade vor.«

»Und woran machen Sie das fest?«, fragte Rocco.

»Ich weiß nicht, ob ich von einem Volksvertreter etwas mehr Anstand erwarten kann. Wie er die junge Dame an dem Tag in Rügen betatscht hat, hat mir wirklich nicht gefallen.«

Jetzt mischte sich Tobi in die Unterhaltung ein.

»Mal ehrlich, Herr Doktor«, sagte er. »Das in dem Video hat mir auch nicht gefallen. Aber ist es denn an uns, einen Politiker danach zu beurteilen, welchen privaten Vorlieben er nachkommt? Ist es nicht vielmehr entscheidend, dass er den Job ordentlich erledigt, für den er von uns bezahlt wird? Selbst wenn jemand nach Feierabend Bock darauf hat, sich mit einer Prostituierten zu treffen oder sonst was zu machen, ist das vielleicht nicht das, was ich machen würde. Aber können wir ihn dafür verurteilen?«

»Hm«, stieß Jarmer hervor. »Gute Frage. Weiß ich nicht. Aber gefallen hat es mir nicht. Seine ganze Art, Geschäfte zu betreiben, ist mir sehr suspekt. Bei einer Flasche Wodka über Bauaufträge zu verhandeln, kommt mir komisch vor. Und irgendwie hatte das ja doch einen Bezug zu seinem Amt. Man kann von einem Politiker erwarten, dass er Werte vertritt, dass er ein integres Auftreten hat, möglichst durchgängig. Dass er als Vorbild taugt, auch in vermeintlich unbeobachteten Momenten.«

»Was diesen Punkt betrifft, stimme ich Ihnen zu. Allerdings wird das ja noch gerichtlich geklärt«, sagte Rocco. »Was sein Privatleben betrifft, habe ich allerdings eine ganz andere Ansicht. Auch wenn das weitestgehend ein Tabuthema ist, ist in Deutschland Prostitution seit vielen Jahrzehnten erlaubt. Zumindest solange sie freiwillig und von volljährigen Personen ausgeübt wird. Und auch wenn mir selbst nie in den Sinn kommen würde, einen Prostituierten oder eine Prostituiere aufzusuchen, steht mir deshalb kein Urteil darüber zu, wie andere ihr Liebesleben gestalten.«

Jarmer dachte kurz nach. »Vielleicht haben Sie da beide recht. Am Ende zeichnet sich eine Demokratie wohl gerade dadurch aus, dass sie von Toleranz geprägt ist. Und das gilt ebenso für Lebensbereiche, die mir persönlich eher abstrus erscheinen. Zumindest«, fügte er hinzu, »solange sie mit Recht und Gesetz in Einklang stehen.«

»Darauf erhebe ich mein Glas«, erwiderte Rocco. »Auf die Toleranz.«

Sie stießen miteinander an. Und als sie ihre Gläser wieder abgesetzt hatten, blickte Tobi Rocco neugierig an.

»Aber noch mal zurück zu Jana Hardenberg. Was passiert jetzt mit ihr?«

»Ein weiterer schwieriger Sachverhalt«, sagte Rocco. »Es steht außer Frage, dass sie sich falsch verhalten hat. Aber wieder einmal haben wir da einen Fall, der nicht eindeutig schwarz und weiß ist. Auf jeden Fall wird sie einen guten Anwalt brauchen, der sie in der nächsten Zeit berät.«

»Aber das ist ja das Problem«, sagte Tobi. »Die Gute hat überhaupt keine Kohle. Wie soll sie das auf die Beine stellen?«

»Na ja«, entgegnete Rocco. »Ohne dass ich das Anwalts-Mandanten-Geheimnis verletzen möchte, kann ich doch so viel sagen: Ich bin mir sicher, dass sie bereits einen Verteidiger hat, der sich der Sache annimmt, ohne dass unsere junge Hauptkommissarin dadurch finanziell weiter belastet wird. Und das wird auch der Schlüssel sein, um ihre private Situation wieder in Ordnung zu bringen.«

Vergnügt zwinkerte Rocco Tobi zu, ehe er einen großen Schluck Wein trank und sich wieder an Jarmer wandte. Eine Sache gab es da noch zu besprechen, die ihm keine Ruhe ließ.

»Mal was ganz anderes«, sagte er deshalb. »Was ist eigentlich aus der Sache Moosmann geworden? Dem Vater der Klavierlehrerin, meine ich.«

»Oh, sein Fall hat sich am Ende leider wirklich als Suizid herausgestellt. Zum einen hat das zweite Gutachten zur Verifizierung der Echtheit von Moosmanns Abschiedsbrief eindeutig ergeben, dass er der Verfasser war. Die Untersuchung hat gleichfalls keinen Hinweis darauf ergeben, dass das Schreiben unter irgendeinem Zwang erstellt wurde. Zum anderen haben wir auch bezüglich des fehlenden Körpers einen Abschluss finden können. Zunächst hatten wir ja nur den Kopf von Moosmann in der Rechtsmedizin. Vor ziemlich genau einer Woche haben Passanten dann aber auch einen Körper gefunden, einige Kilometer flussabwärts von der Fundstelle des Kopfes. Anhand einer DNA-Analyse konnten wir die beiden Körperteile einander zuordnen. Und schließlich war es uns möglich, zu rekonstruieren, was eigentlich passiert war. Ich hatte da so eine Vermutung und auf meine Veranlassung hin hat die Polizei die Geländer der flussaufwärts liegenden Brücken untersucht. Und ist fündig geworden. Moosmann hat sich eine Drahtschlinge um den Hals gelegt und ist dann von einer Havelbrücke gesprungen. Als sich das Seil straffte und die Schlinge sich zuzog, war die Wucht so heftig, dass der Draht den Kopf vom Rumpf trennte. Das ist sehr ungewöhnlich, kommt aber leider vor. Die Schlinge hing noch an der Brücke und wurde von den Beamten sichergestellt.«

Jarmer machte eine Pause, ehe er mit ernstem Ton hinzufügte: »Das ist eine ganz tragische Geschichte. Und wir werden wahrscheinlich nie erfahren, welche Umstände Moosmann zu seiner verzweifelten Tat bewegt haben. Aber am Ende steht fest, dass er sich selbst das Leben genommen hat.«

»Und wie ist seine Tochter mit der Information umgegangen?«, wollte Tobi wissen.

»Es war ein Schock für sie. Aber da sie jetzt Gewissheit hat, was geschehen ist, kann sie mit der eigentlichen Trauerarbeit beginnen. Das macht es für den Moment nicht einfacher. Ich hoffe aber sehr, dass es ihr über die Zeit helfen wird, loszulassen und ihren Frieden zu finden.«

»Verdammt tragisch, das Ganze«, sagte Rocco, dem der Hunger ebenso wie Jarmer und Tobi zwischenzeitlich vergangen war. Die drei beschlossen, es für den Abend genug sein zu lassen, und nachdem sie sich verabschiedet hatten, entschied Rocco, nicht gleich nach Hause zu fahren. Er war noch viel zu aufgewühlt und versuchte, seine Gedanken in Ordnung zu bringen. Deshalb spazierte er eine Weile am Ufer des Lietzensees entlang. Er kickte einen Stein ins Wasser und beobachtete, wie sich erst kleine und dann immer größere Kreise auf der Oberfläche abzeichneten.

Plötzlich klingelte sein Telefon. Als er sah, wer ihn anrief, lächelte er. Noch vor wenigen Wochen hätte es keinen Menschen auf der Welt gegeben, mit dem er weniger hätte sprechen wollen. Jetzt aber nahm er den Anruf nur zu gerne entgegen.

»Hallo Papa«, sagte er. »Schön, dass du dich meldest.«

DANKSAGUNG

Dies ist nun schon unser drittes gemeinsames Buch. Und wieder hat es uns riesengroßen Spaß gemacht, unsere Protagonisten Rocco Eberhard und Justus Jarmer, zwei völlig unterschiedliche Charaktere mit ganz unterschiedlichen Professionen, mit Leben zu füllen.

Wie schon bei den Vorgängern, »Die 7. Zeugin« und »Der 13. Mann«, möchten wir uns bei all den großartigen Menschen bedanken, die dazu beigetragen haben, dass Sie, liebe Leserin und lieber Leser, »Die letzte Lügnerin« jetzt in Ihren Händen halten und lesen können.

Wir danken dabei vor allem unseren Lektorinnen Hannah Paxian und Antje Steinhäuser, die uns abermals durch ihre engagierte, inspirierende und außerordentlich fruchtbare Zusammenarbeit unterstützt haben.

Ein herzliches Dankeschön geht an Roman Hocke, unseren Agenten und seine Mitarbeiterinnen Susanne Wahl, Claudia von Hornstein, Cornelia Petersen-Laux und Janine Hilz, stellvertretend für das gesamte großartige Team von AVA international in München.

Bei Droemer Knaur danken wir, ebenfalls stellvertretend für alle anderen im Verlag, die uns wieder so toll unterstützt haben: Doris Janhsen, Katharina Ilgen, Natalja Schmidt, Nina Vogel, Patricia Keßler, Antje Buhl, Monika Neudeck, Hanna Pfaffenwimmer, Karoline Liebe und Steffen Haselbach.

Bei meinen guten Freunden Patrick und Staffan, ebenso wie den ungenannt bleiben wollenden Mitarbeiterinnen der Staatsanwaltschaft Berlin und der Kripo Potsdam, bedanke ich, Florian Schwiecker, mich herzlich für großartige Ideen, Hintergründe und den so wichtigen Faktencheck. Eure Insidereinblicke helfen mir immer wieder, Szenen vor Gericht und bei der Ermittlungsarbeit so realistisch wie möglich darzustellen und so den Leserinnen und Lesern außergewöhnliche Insidereinblicke zu gewähren.

Ein ganz spezielles Dankeschön geht von mir, Michael Tsokos, an meine Mitarbeiterinnen und Mitarbeiter in den beiden Berliner rechtsmedizinischen Instituten, mit denen ich jeden Tag unfassbar spannende, lehrreiche und teilweise auch skurrile Todesfälle untersuche. Und natürlich auch tragische Fälle, die uns wenn auch nicht sprachlos, dann doch still und demütig zurücklassen. Außerdem danke ich meiner Frau Anja für ihre Liebe, ihr Verständnis und fortwährende Unterstützung.

Und Ihnen, liebe Leserinnen und Leser, danken wir für den Griff auf den richtigen Büchertisch beziehungsweise den richtigen Klick bei Ihrem Onlinebuchhändler. Ohne Sie wäre das alles gar nicht möglich. Sie sind die, auf die es hier ankommt! Wir wünschen Ihnen spannende Unterhaltung mit dem dritten Teil der Rocco-Eberhardt-und-Doktor-Justus-Jarmer-Reihe!

Florian Schwiecker & Michael Tsokos